“十四五”职业教育国家规划教材

“十三五”职业教育国家规划教材
“十二五”职业教育国家规划教材
经全国职业教育教材审定委员会审定

新编21世纪高等职业教育精品教材

智慧财经系列

财经法规与会计职业道德

（第六版）

主　编◎丁增稳
副主编◎郑兴东　丁　锐

中国人民大学出版社
· 北京 ·

图书在版编目（CIP）数据

财经法规与会计职业道德/丁增稳主编．-- 6 版．-- 北京：中国人民大学出版社，2025.2. --（新编 21 世纪高等职业教育精品教材）. -- ISBN 978-7-300-33182-9

Ⅰ. D922.2；F233

中国国家版本馆 CIP 数据核字第 202431AG81 号

“十四五”职业教育国家规划教材
“十三五”职业教育国家规划教材
“十二五”职业教育国家规划教材
经全国职业教育教材审定委员会审定
新编 21 世纪高等职业教育精品教材·智慧财经系列

财经法规与会计职业道德（第六版）

主　编　丁增稳
副主编　郑兴东　丁　锐

Caijing Fagui yu Kuaiji Zhiye Daode

出版发行	中国人民大学出版社		
社　　址	北京中关村大街 31 号	**邮政编码**	100080
电　　话	010－62511242（总编室）		010－62511770（质管部）
	010－82501766（邮购部）		010－62514148（门市部）
	010－62515195（发行公司）		010－62515275（盗版举报）
网　　址	http://www.crup.com.cn		
经　　销	新华书店		
印　　刷	天津鑫丰华印务有限公司	**版　　次**	2010 年 3 月第 1 版
开　　本	787 mm×1092 mm　1/16		2025 年 2 月第 6 版
印　　张	13.75	**印　　次**	2025 年 2 月第 1 次印刷
字　　数	332 000	**定　　价**	42.00 元

前言

P r e f a c e

本书自2010年出版发行以来，得到全国职业院校师生的广泛认可，社会效益显著。本书于2014年被评为“十二五”职业教育国家规划教材，2020年被评为“十三五”职业教育国家规划教材，2023年被评为“十四五”职业教育国家规划教材。

2021年3月，按照“十四五”国家经济社会发展和2035年远景目标对职业教育的要求，教育部公布了《职业教育专业目录（2021年）》（以下简称《目录》）。同时，教育部将根据《目录》陆续发布相应专业简介，组织制定相应专业教学标准；要求各地有关部门指导职业院校对照《目录》和专业简介等，全面修（制）订并发布实施相应专业人才培养方案，及时调整优化师资配备，开发或更新专业课程教材。按照《目录》要求，会计专业、财务管理专业和审计专业分别更名为“大数据与会计专业”“大数据与财务管理专业”“大数据与审计专业”。《目录》和新专业教学标准的施行，必将引发高职院校新一轮人才培养方案和“三教”改革。但对于财经商贸类专业学生来说，加强习近平总书记法治思想教育，熟练掌握和运用财经法规，提高从业人员的会计职业道德，仍然是永恒的主题。

习近平总书记在全国高校思想政治工作会议上指出：“要用好课堂教学这个主渠道，思想政治理论课要坚持在改进中加强，提升思想政治教育亲和力和针对性，满足学生成长发展需求和期待，其他各门课都要守好一段渠、种好责任田，使各类课程与思想政治理论课同向同行，形成协同效应。”为了落实教育部印发的《高等学校课程思政建设指导纲要》，贯彻立德树人办学宗旨，专业课也同样负有对学生的价值塑造、知识传授、能力培养的重任。为此，本次教材修订增加了“财经素养专栏”，体现专业课程素养的要求。通过案例分析的方式，宣传、贯彻和落实党的二十大关于法治中国、人民至上、新发展格局、问题导向、科教兴国等会议精神。

按照《目录》、新专业教学标准的总体规划，同时为了满足广大职业院校师生对税收法律制度的学习需求，我们对本书进行了修改和完善，增加了“财经素养专栏”和税收法律制度等内容。本书由国家级课程教学名师、全国首届教材建设先进个人、安徽商贸职业技术学院丁增稳教授担任主编，安徽商贸职业技术学院郑兴东和上海理工大学丁锐担任副主编。具体分工如下：丁增稳编写第一章、第三章和第四章，郑兴东编写第二章，丁锐编写第五章。全书最后由丁增稳总纂定稿。

由于编者水平有限，对新的财经法规制度理解不深，不妥之处在所难免，敬请院校广大师生批评指正，以便不断修订和完善。

编　者

目 录

Contents

第一章　会计法律制度

教学目标

知识目标

- 掌握会计法律制度的概念与构成、会计工作管理体制的内容、会计核算和会计监督的内容、会计机构和会计人员的有关规定。
- 熟悉会计法律责任等方面的知识。

能力目标

- 全面掌握我国现行会计法律制度的概念与构成，为会计管理工作提供法律保障。
- 掌握我国会计工作管理体制，加强会计行政管理、会计行业自律和单位内部的会计管理。
- 掌握会计核算的基本内容，做好会计基础工作。
- 掌握会计监督的基本内容，正确处理单位内部的会计监督、政府监督和社会监督的关系，加强会计资料质量的控制。
- 根据会计法规的要求，正确建立、健全会计机构，配备会计人员，保证会计工作的顺利进行。
- 在明确会计人员的权利和责任的基础上，做一个守法的会计人员。

素养目标

- 培养遵守财经法规的意识、严于律己的职业操守。
- 积极践行习近平总书记的法治思想，成为依法办事的践行者。
- 逐步养成爱岗敬业、诚实守信、坚持准则的职业道德。
- 以国家治理引领会计法律法规建设，为实现中华民族伟大复兴保驾护航。

案例导入

科技公司财务造假手段曝光：两个账套、利润数据靠“策划”

金×科技股份有限公司（以下简称金×科技）财务造假案终于落锤。2018 年 3 月 7 日，金×科技发布公告称，公司及实际控制人周某于 3 月 6 日收到证监会《行政处罚决定书》及《市场禁入决定书》。证监会对金×科技给予警告，并处以 60 万元的罚款；对实际控制人周某采取终身证券市场禁入措施，对时任财务负责人张某、丁某分别采取 10 年证券市场禁入措施，对董事罗某、何某分别采取 5 年证券市场禁入措施。

随着《行政处罚决定书》的公开，金×科技财务造假手段被曝光。

金×科技2013年大幅亏损，为了扭转公司的亏损，时任董事长周某在2014年年初定下了公司当年利润为3 000万元左右的目标。每个季末，金×科技时任财务负责人（2014年6月20日之前是张某，之后是丁某）会将真实利润数据和按照年初确定的年度利润目标分解的季度利润数据报告给周某，最后由周某来确定当季度对外披露的利润数据。

在周某确认季度利润数据以后，张某、丁某于每个季度末将季度利润数据告诉金×科技财务部工作人员，要求他们按照这个数据来做账，虚增收入、成本，配套地虚增存货、往来款项和银行存款，并将这些数据分解到月，相应地记入每个月的账中。参与伪造财务数据的人员包括周某、张某、丁某、李某等多人。

金×科技的会计核算设置了006和003两个账套。003账套核算的数据用于内部管理，以真实发生的业务为依据进行记账。006账套核算的数据用于对外披露，伪造的财务数据都记录于006账套。2015年4月1日，金×科技依据006账套核算的数据对外披露了《金×科技股份有限公司2014年年度报告》。

金×科技通过虚构客户、伪造合同、伪造银行单据、伪造材料产品收发记录、隐瞒费用支出等方式虚增利润。经核实，金×科技2014年年度报告合并财务报表共计虚增营业收入7 363万元，虚增营业成本1 925万元，少计销售费用368万元，少计管理费用132万元，少计财务费用795万元，少计营业外收入19万元，少记营业外支出1 317万元，虚增利润总额8 049万元，占当期披露的利润总额的比例为335.14%，上述会计处理使金×科技2014年年度报告利润总额由亏损变为盈利。

同时，2014年末，金×科技在中国工商银行××支行账户的银行日记账余额为21 930万元，实际银行账户余额为139万元，该账户虚增银行存款21 791万元，占当期披露的资产总额的比例为16.46%。

另外，2014年，金×科技子公司的建设项目，由某建设工程有限公司施工，建设面积385 133平方米，每平方米造价约2 000元，按40%的预付比例估算需要预付工程款3.1亿元。为此金×科技制作了假的建设工程合同，填制了虚假银行付款单据3.1亿元，减少银行存款3.1亿元，同时增加3.1亿元预付工程款。

证监会认为，金×科技披露的2014年年度报告虚假记载的行为，违反了《中华人民共和国证券法》（以下简称《证券法》）第六十三条有关“发行人、上市公司依法披露的信息，必须真实、准确、完整，不得有虚假记载、误导性陈述或者重大遗漏”的规定，构成《证券法》第一百九十三条所述“发行人、上市公司或者其他信息披露义务人未按照规定披露信息，或者披露的信息有虚假记载、误导性陈述或者重大遗漏”的行为。对金×科技的上述违法行为，周某为直接负责的主管人员，张某、丁某、罗某、何某、周某、李某等为其他直接责任人员。

依据《证券法》第一百九十三条第一款、第三款的规定，证监会决定对金×科技给予警告，并处以60万元的罚款；对周某给予警告，并处以90万元的罚款，其中作为直接负责的主管人员罚款30万元，作为实际控制人罚款60万元；对张某、丁某给予警告，并分别处以30万元的罚款；对罗某、何某、李某给予警告，并分别处以25万元的罚款；对其他相关人员给予警告和不同金额的罚款。

此外，根据《证券法》第二百三十三条和《证券市场禁入规定》（证监会令第33

号）第三条第（一）项、第（二）项及第五条的规定，证监会对周某采取终身证券市场禁入措施，对张某、丁某分别采取10年证券市场禁入措施，对罗某、何某分别采取5年证券市场禁入措施。[①]

第一节　会计法律制度的概念与构成

一、会计法律制度的概念

会计法律制度的概念与构成

会计作为一项管理活动，必然涉及国家、单位、组织、职工个人等相关方面的经济利益关系。会计要想处理好各种经济利益关系，必须依靠具有约束力的规范——这是各方面经济利益关系者的客观要求。经济越发展，会计越重要，建立和完善会计法律制度也越重要。

会计法律制度是国家权力机关和行政机关单位制定的用以调整会计关系的各种法律、法规、规章和规范性文件的总称。会计法律制度是调整会计关系的法律规范。会计关系是会计机构和会计人员在办理会计事务过程中以及国家在管理会计工作过程中发生的经济关系。

二、会计法律制度的构成

我国已经形成了以《中华人民共和国会计法》为主体，以会计法律、会计行政法规、会计部门规章和地方性会计法规为有机构成的会计法律制度体系。

（一）会计法律

会计法律是指由全国人民代表大会及其常务委员会经过一定立法程序制定的有关会计工作的法律。我国目前有两部会计法律，分别是《中华人民共和国会计法》（以下简称《会计法》）和《中华人民共和国注册会计师法》（以下简称《注册会计师法》）。

1.《会计法》

1985年1月21日，第六届全国人民代表大会常务委员会第九次会议通过了《会计法》，1993年、1999年、2017年和2024年全国人民代表大会常务委员会四次对《会计法》进行了修订。目前施行的《会计法》包括总则、会计核算、会计监督、会计机构和会计人员、法律责任和附则六章，共五十一条。《会计法》的修订与实施，是我国会计法制建设中的一件大事，对规范会计行为，保证会计资料的真实、完整，加强经济管理和财务管理，提高经济效益，维护社会主义市场经济秩序具有十分重要的意义。《会计法》是我国

---

① 本案例发生于2014年，2019年12月28日第十三届全国人民代表大会常务委员会第十五次会议已对《证券法》进行第二次修订，相关法条内容已更新。

会计法律中层次最高的法律规范，是制定其他一切会计法规、制度、办法等的法律依据，也是指导会计工作的最高准则。

2.《注册会计师法》

《注册会计师法》于1993年颁布，2014年修正，是我国中介行业的第一部法律。《注册会计师法》对注册会计师行业管理体制、注册会计师考试和注册会计师事务所的组织形式和业务范围、法律责任等进行了系统规范，为注册会计师行业发展提供了有力的法律保障。

（二）会计行政法规

会计行政法规是指由国务院制定并发布，或者国务院有关部门拟订并经国务院批准发布，调整经济生活中某些方面会计关系的法律规范。如1990年12月31日国务院发布的《总会计师条例》（2011年1月修订），2000年6月21日国务院发布的《企业财务会计报告条例》等。

（1）《总会计师条例》是对《会计法》中有关规定的细化和补充，共五章二十三条，主要规定了单位总会计师的职责、权限、任免、奖惩等。

（2）《企业财务会计报告条例》是《会计法》中有关财务会计报告的规定的细化，共六章四十六条。该条例要求企业负责人对本企业的财务会计报告的真实性和完整性负责；强调任何组织或者个人不得授意、指使、强令企业编制和对外提供虚假的或者隐瞒重要事实的财务会计报告；规定有关部门或机构必须依据法律法规查阅企业财务会计报告。该条例还对违法违规行为应承担的责任作了明确的规定。

（三）会计部门规章

会计部门规章是指国家主管会计工作的行政部门即财政部以及其他相关部委根据法律和国务院的行政法规、决定、命令，在本部门的权限范围内制定的调整会计工作中某些方面内容的国家统一的会计准则制度和规范性文件，包括国家统一的会计核算制度、会计监督制度、会计机构和会计人员管理制度及会计工作管理制度等。

目前有效的会计部门规章有：《财政部门实施会计监督办法》（财政部令第10号）、《会计师事务所审批和监督暂行办法》（财政部令第24号）、《注册会计师注册办法》（财政部令第25号）、《代理记账管理办法》（财政部令第80号）、《企业会计准则——基本准则》（财政部令第33号）、《注册会计师全国统一考试违规行为处理办法》（财政部令第40号）等。

此外，还有：企业会计准则体系中的42项具体准则及应用指南、《小企业会计准则》《会计基础工作规范》《政府会计准则》《政府会计制度》《民间非营利组织会计制度》《会计人员继续教育规定》《全国先进会计工作者评选表彰办法》，以及财政部与国家档案局联合发布的《会计档案管理办法》等。

（四）地方性会计法规

地方性会计法规是指由省、自治区、直辖市人民代表大会或常务委员会在同宪法、会计法律、行政法规和国家统一的会计准则制度不相抵触的前提下，根据本地区情况制定发布的关于会计核算、会计监督、会计机构和会计人员以及会计工作管理的规范性文件。

案例分析 1-1

Q 公司主要从事建筑材料生产，2020 年 1 月经批准在上海证券交易所上市，成为一家上市公司。W 公司是一家小型电器生产企业。请问：这两家公司应该执行什么会计制度？为什么？

分析与提示：

Q 公司应该执行财政部颁布的《企业会计准则——基本准则》和《企业会计准则第 1 号——存货》等 42 项具体会计准则，不得执行《小企业会计准则》。W 公司应该执行《小企业会计准则》，也可参照执行《企业会计准则——基本准则》和《企业会计准则第 1 号——存货》等 42 项具体会计准则。这是由两个会计制度的适用范围决定的。

练习题

在线测试 1-1

第二节　会计工作管理体制

为了规范会计工作，保证会计工作在经济管理中发挥作用，政府部门应在宏观上对会计工作进行必要的指导、监督和管理，建立科学、合理的会计工作管理体制。会计工作管理体制是指国家划分会计工作管理权限的制度。目前，我国的会计管理体制在《会计法》和《注册会计师法》中已作明确规定，形成了会计工作的行政管理、会计工作的自律管理和单位内部的会计工作管理三位一体的会计工作管理体制。

一、会计工作的行政管理

（一）会计工作的行政管理体制

我国会计工作管理体制实行统一领导、分级管理的原则。《会计法》第七条规定：“国务院财政部门主管全国的会计工作。县级以上地方各级人民政府财政部门管理本行政区域内的会计工作。”正确理解这一规定的内涵，应该掌握以下三点：

（1）财政部门主管会计工作具有中国特色。从国家机构的设置和权责归属的划分看，新中国一成立就在财政部设立专门管理会计工作的机构。多年来，会计工作一直由财政部门管理，财政部门在管理会计工作方面积累了一定的经验。从会计工作与我国经济管理职能相关的密切程度看，财务会计工作同国家财税工作的关系十分密切，它是确定税基、规范财政收支的重要基础。财政部门主管会计工作，有利于相互结合、相互促进，更好地为财税工作和其他经济工作服务。财政部门把会计这项基础工作抓好，是维护财经纪律、做好增收节支、强化财政管理职能的重要措施。

（2）财政部门主管会计工作应遵循“统一领导、分级管理”的原则。“统一领导、分级管理”是划分会计工作管理权责的重要原则，也体现了管理的效率原则。财政部门主管会计工作，主要是在统一规划、统一领导的前提下，实行分级负责、分级管理，充分调动地区、部门、单位管理会计工作的积极性和创造性。

（3）财政部门在管理会计工作时应发挥业务主管部门和其他政府管理部门的作用。对会计工作的监管，除发挥财政部门的主导作用外，还要发挥政府其他管理部门的作用。《会计法》第三十一条规定：“财政、审计、税务、金融管理等部门应当依照有关法律、行政法规规定的职责，对有关单位的会计资料实施监督检查，并出具检查结论。”这一规定体现了财政部门与其他政府管理部门在管理会计事务中的相互协作、相互配合的关系。

（二）会计工作的行政管理内容

会计工作的行政管理内容主要包括：制定国家统一的会计准则制度、会计市场管理、会计专业人才评价和会计监督检查等内容。

1. 制定国家统一的会计准则制度

制定国家统一的会计准则制度是财政部管理会计工作的一项最基本的职能。财政部负责管理全国的会计工作，研究提出会计改革和发展的政策建议，草拟会计法律法规和国家统一的会计制度，并组织贯彻实施；加强会计国际交流，推动会计国际趋同和等效。例如，财政部颁布、修订和实施了《企业会计准则》基本准则和42项具体会计准则，2015年颁布了《政府会计准则》，2016年陆续发布存货等10个项目的具体会计准则。2017年10月颁布了《政府会计制度——行政事业单位会计科目和报表》等。

国家实行统一的会计制度。国家统一的会计准则制度是指在全国范围内实施的会计工作管理方面的规范性文件，主要包括四个方面：（1）国家统一的会计核算制度；（2）国家统一的会计监督制度；（3）国家统一的会计机构和会计人员管理制度；（4）国家统一的会计工作管理制度。

各地区、各部门可以在国务院财政部门制定的国家统一会计制度的基础上，制定符合《会计法》要求且与具体情况相适应的会计制度或者补充规定，报国务院财政部门审核批准或者备案后实施。

2. 会计市场管理

会计信息质量以及会计师事务所执业质量直接影响市场秩序，进而关系到国家和社会公众利益。在市场经济条件下，政府必须加强对会计市场的管理，包括会计市场准入管理、过程的监督管理和会计市场退出管理三个方面。

（1）确保从事会计工作的人员必须具备专业能力。这里的“专业能力”，是指取得国家教育行政主管部门认可的中专以上会计类专业（会计学、会计电算化、注册会计师专门化、审计学、财务管理、理财学）学历（或学位）证书，或者取得初级以上会计专业技术资格证书，或者取得注册会计师的全国统一考试会计科目合格证明，或者取得财政部认可的其他会计能力水平证明等。

（2）注册会计师审计在经济活动中起鉴证作用，其目的是增强相关利益方对鉴证对象的信任程度。为保证注册会计师鉴证作用的发挥，维护社会公众利益和投资者的合法权益，我国规定从事社会审计的人员必须具有注册会计师资格。我国实行注册会计师考试制度，考试成绩合格并从事审计业务工作两年以上的人员，才可以申请成为注册会计师。注册会计师执行业务，必须加入会计师事务所。

（3）不具备设置会计机构或会计人员条件的单位应当委托代理记账机构办理会计业务。除会计师事务所以外，代理记账机构应当经所在地的县级以上人民政府财政部门批准，并取得由财政部统一印制的代理记账许可证书。

获准进入会计市场后，这些机构和人员还应当持续符合相关的资格条件，并主动接受财政部门的监督检查；不符合时，原审批机关可以撤回行政许可。同时，这些机构和人员还应当严格遵守各项法律法规，依据相关制度、准则、规则执行业务。违反《会计法》《注册会计师法》规定的，财政部门有权对其进行处罚，情节严重的，可吊销其执业资格，强制其退出会计市场。

3. 会计专业人才评价

会计人才是国家人才战略的重要组成部分，选拔、评价会计人员是财政部门的重要职责。目前，我国基本形成阶梯式的会计专业人才评价机制，包括初级、中级、高级会计人才评价机制和会计行业领军人才的培养、评价等。

会计专业技术资格考试是会计人才评价的一种方式，主要用于对初级、中级、高级会计人才的评价。会计领军（后备）人才培养是适应我国当前经济发展的一种新的会计人才评价方式。同样，对先进会计工作者的表彰也属于会计人才评价的范畴。

4. 会计监督检查

会计监督检查属于政府市场监管的范畴，它是规范会计秩序，打击违法行为，保证会计信息质量，保护国家、投资者、债权人、社会公众利益，维护社会主义市场经济秩序的重要举措。财政部门实施的会计监督检查主要是会计信息质量检查和会计师事务所执业质量检查。

二、会计工作的自律管理

除了财政部门对会计市场进行监管外，还应依法加强对会计行业自律组织的监督、指导。行业自律是指行业协会根据会员一致的意愿，自行制定规则，并据此对各成员进行管理，以促进成员之间的公平竞争和行业的有序发展。会计行业自律管理制度是对会计行政管理制度的一种有益的补充，有助于督促会计人员依法开展会计工作，树立良好的行业风气，促进行业的发展。

（一）中国注册会计师协会

中国注册会计师协会是由注册会计师组成的社会团体。中国注册会计师协会是注册会计师行业的全国组织，各省、自治区、直辖市注册会计师协会是注册会计师行业的地方组织。

注册会计师协会的宗旨是服务、监督、管理、协调，即以诚信建设为主线，服务本会会员，监督会员执业质量、职业道德，依法实施注册会计师行业管理，协调行业内、外部关系，维护社会公众利益和会员合法权益，促进行业健康发展。

（二）中国会计学会

中国会计学会是由全国会计领域各类专业组织及个人自愿结成的学术性、专业性、非营利性社会组织。各省、自治区、直辖市会计学会和全国性专业会计学会可申请成为中国会计学会的会员。其主要职责是：组织协调全国会计科研力量，开展会计理论研究和学术交流，促进科研成果的推广和运用；总结我国会计工作和会计教育经验，研究和推广会计专业的教育改革；发挥学会的智力优势，开展多层次、多形式的智力服务工作；开展会计领域国际学术交流与合作等。

（三）中国总会计师协会

中国总会计师协会是经财政部审核同意、民政部正式批准，依法注册登记成立的跨地区、跨部门、跨行业、跨所有制的非营利性国家一级社团组织，是总会计师行业的全国性自律组织。

单位会计工作管理

三、单位内部的会计工作管理

单位内部的会计工作管理主要包括单位负责人的职责、会计机构的设置、会计人员的选拔任用和会计人员回避制度四个方面。

（一）单位负责人的职责

《会计法》第四条规定："单位负责人对本单位的会计工作和会计资料的真实性、完整性负责。"这一规定明确了单位负责人是本单位会计行为的责任主体。

单位负责人是指单位法定代表人或者法律、行政法规规定代表单位行使职权的主要负责人。主要包括两类人员：一是单位的法定代表人（也称法人代表），是指依法代表法人单位行使职权的负责人，如国有企业的厂长或经理、公司制企业的董事长、国家机关的最高行政长官等；二是依法代表非法人单位行使职权的负责人，如个人独资企业的投资人、代表合伙企业执行合伙企业事务的合伙人等。根据《会计法》的规定，单位负责人并不是指具体经营管理事务的负责人，如公司制企业的总经理等。

单位负责人负责单位内部的会计工作管理，应当保证会计机构、会计人员依法履行职责，不得授意、指使、强令会计机构、会计人员违法办理会计事项。由于单位负责人是单位的最高管理者，必须对本单位的一切经营管理和业务活动负责任，当然也必须对会计工作和会计资料的真实性、完整性负责任。

案例分析 1-2

新源公司是N市一家外商投资企业。2024年1月，N市财政局对该公司的会计工作情况进行检查，公司董事长李某正在外地出差，公司总经理王某认为自己不是单位负责人，公司是外商投资企业，不受《会计法》的约束。总经理王某的观点是否正确？

分析与提示：

总经理王某对单位负责人的理解是正确的，单位负责人是公司董事长。但是，外资企业也是中国企业，企业无权拒绝财政部门对其会计工作进行监督检查。

（二）会计机构的设置

《会计法》第三十四条规定，各单位应当根据会计业务的需要，设置会计机构，或者在有关机构中设置会计岗位并指定会计主管人员；不具备设置条件的，应当委托经批准设立从事会计代理记账业务的中介机构代理记账。这是对设置会计机构作出的规定。

（三）会计人员的选拔任用

根据《会计法》的规定，会计机构、会计人员的基本职责是进行会计核算、实行会计监督。这些基本职责的履行还需要单位负责人、单位的其他人员和其他单位的有关人员的支持与配合。此外，会计人员隶属于所在单位，对于会计人员的任免、轮岗、提拔和调用都由所在单位负责。单位应对认真执行会计法律制度、忠于职守、坚持原则、做出显著成绩的会计人员，给予精神或者物质奖励。

（四）会计人员回避制度

回避制度是指为了保证执法或者执业的公正性，对可能影响其公正性的执法或者执业的人员实行职务回避和业务回避的一种制度。回避制度已成为我国人事管理的一项重要制度，同样也是我国会计人员管理的一项重要制度。

从会计工作的特殊性出发，《会计基础工作规范》对会计人员回避问题作出了更加明确的规定，即：国家机关、国有企业、事业单位任用会计人员应当实行回避制度；单位领导者的直系亲属不得担任本单位的会计机构负责人、会计主管人员；会计机构负责人、会计主管人员的直系亲属不得在本单位会计机构中担任出纳工作。

存在夫妻关系、直系血亲关系、三代以内旁系血亲以及配偶亲关系等亲属关系时需要回避。

直系血亲关系还包括本来没有自然的或者直接的血缘关系，但法律上确定其地位与血亲相等，如养父母和养子女之间的关系。三代以内旁系血亲包括自己兄弟姐妹及其子女和父母的兄弟姐妹及其子女；配偶亲关系则指配偶的父母、兄弟姐妹，儿女的配偶及儿女配偶的父母等。

案例分析 1－3

某市国有企业最近组织干部轮岗，讨论决定任命原人事科科长小刘担任财务科科长。小刘系某大学历史学专业毕业，一直在行政部门工作，取得经济师职称。同时，任命厂长的侄儿小王担任出纳。分析该企业对会计人员的任命是否符合《会计法》的规定。

分析与提示：

（1）该企业不能任命小刘担任会计机构负责人。《会计法》规定，担任单位会计机构负责人的，应当具备会计师以上专业技术职务资格或从事会计工作 3 年以上经历。

（2）任命厂长的侄儿小王担任出纳符合规定。《会计基础工作规范》规定，单位负责人的直系亲属不得担任本单位的会计机构负责人；会计机构负责人的直系亲属不得在本单位会计机构中担任出纳工作。

练习题

在线测试 1－2

第三节　会计核算

会计核算是会计最基本的职能。我国会计法律制度从会计信息质量要求、会计资料的基本要求以及会计年度、记账本位币、填制会计凭证、登记会计账簿、编制财务会计报告、财产清查、会计档案管理等方面对会计核算进行统一规定。

会计核算的总体要求

一、总体要求

（一）会计核算的依据

《会计法》第九条规定：“各单位必须根据实际发生的经济业务事项进行会计核算，填制会计凭证，登记会计账簿，编制财务会计报告。任何单位不得以虚假的经济业务事项或者资料进行会计核算。”

1. 会计核算必须以实际发生的经济业务事项为依据

实际发生的经济业务事项是指各单位在生产经营或预算执行过程中发生的包括引起或

未引起资金增减变动的经济活动。并非所有实际发生的经济业务事项都需要进行会计记录和会计核算。如单位双方签订购销合同或协议时，就不必进行会计核算；只有实际履行购销合同并引起资金增减变化时才需要对这一交易或事项进行会计核算。

以实际发生的经济业务事项为依据进行会计核算，是会计核算的重要前提，是填制会计凭证、登记会计账簿、编制财务会计报告的基础，是保证会计资料质量的关键。会计核算的主要环节有确认、计量和报告。

2. 以虚假的经济业务事项或资料进行会计核算，是一种严重的违法行为

会计核算应该有凭有据，不能臆造或捏造。如果以不真实或虚假的经济业务事项或者资料为依据进行会计核算，会导致所生成的会计资料与实际发生的经济业务事项不相符，造成会计资料失实、失真，从而影响会计资料的有效使用，扰乱社会经济秩序，这是一种严重的违法行为。《会计法》对此作出了禁止性规定，即任何单位不得以虚假的经济业务事项或资料进行会计核算。如果违反了这个规定，将受到法律的严厉制裁。

（二）对会计资料的基本要求

1. 会计资料的生成和提供必须符合国家统一的会计准则制度的规定

会计资料主要是指会计凭证、会计账簿、财务会计报告等会计核算专业资料，它是会计核算的重要成果，是投资者作出投资决策、经营者进行经营管理、国家进行宏观调控的重要依据。因此，《会计法》和《会计基础工作规范》都规定，会计资料的内容和要求必须符合国家统一的会计制度的规定。

使用电子计算机进行会计核算的，其软件及其生成的会计凭证、会计账簿、财务会计报告和其他会计资料，也必须符合国家统一的会计准则制度的规定。

2. 提供虚假的会计资料是违法行为

会计资料的真实性和完整性，是对会计资料最基本的质量要求，是会计工作的生命线，各单位必须严格按照《会计法》的要求执行，保证所提供的会计资料的真实性和完整性。

会计资料的真实性主要是指会计资料所反映的内容和结果，应当同单位实际发生的经济业务的内容及结果相一致。会计资料的完整性主要是指构成会计资料的各项要素必须齐全，以使会计资料如实、全面地记录和反映经济业务的发生情况，便于会计资料使用者全面、准确地了解经济活动情况。会计资料的真实性和完整性是会计资料最基本的质量要求，是会计工作的生命，因此，各单位必须保证所提供的会计资料真实和完整。

与会计资料的真实性、完整性相对的是会计资料的不真实、不完整。造成会计资料不真实、不完整的原因很多，伪造、变造会计资料是主要手段之一。伪造会计资料，包括伪造会计凭证和会计账簿，是以虚假的经济业务为前提来编制会计凭证和会计账簿，旨在以假充真。变造会计资料，包括变造会计凭证和会计账簿，并用涂改、刮擦、挖补等手段来改变会计凭证和会计账簿的真实内容，以歪曲事实真相。伪造、变造会计资料必然导致会计资料失实、失真，误导会计信息的使用者，损害国家和社会公众利益，给投资者、债权人、社会公众造成巨大的经济损失。因此，《会计法》也对此作出了禁止性规定。例如，《会计法》第四十一条规定，伪造、变造会计凭证、会计账簿，编制虚假财务会计报告，

构成犯罪的，依法追究刑事责任。

二、会计凭证

会计凭证是指记录经济业务发生和完成情况，明确经济责任的书面证明，是登记账簿的依据。填制和审核会计凭证，是会计工作的起点，对企业经济管理工作起着举足轻重的作用，也是会计核算的一种专门方法。通过填制和审核会计凭证可以经常地、有效地实施会计监督，为企业经济管理提供真实、有用的会计信息资料。会计凭证按照填制程序和用途的不同，可分为原始凭证和记账凭证两种。

（一）原始凭证

原始凭证又称单据，是在经济业务发生时取得或填制的，用以记录和证明经济业务的发生或完成情况的具有法律效力的证明文件。原始凭证是编制记账凭证的依据，是会计主体进行会计核算的原始资料和重要证据。因此，凡是不能证明经济业务已经发生或完成的各种单据，如商品购销合同、银行对账单、银行存款余额调节表等均不能作为会计核算的原始证据。

经济业务是多种多样的，原始凭证也是多种多样的。例如，增值税专用发票、普通发票、领料单、收据、车船票、差旅费报销单等，都是原始凭证。这些原始凭证尽管格式不统一，项目也不尽相同，但都具备一些共同的基本内容。归纳起来，原始凭证必须包括以下基本要素：名称和编号；填制日期；接受单位名称；经济业务的基本内容（包括经济业务发生时的数量、单价和金额等）；填制单位或个人的签名、盖章；凭证附件等。

以经济业务活动实际发生为依据而填制完毕的原始凭证，必须经会计主管或具体处理该事项的会计人员审核无误后才能作为记账凭证填制的依据。会计机构、会计人员必须按照国家统一的会计制度的规定对原始凭证进行审核，对不真实、不合法的原始凭证有权不予接受，并向单位负责人报告；对记载不准确、不完整的原始凭证予以退回，并要求按照国家统一的会计制度的规定更正、补充。

原始凭证记载的各项内容均不得涂改，随意涂改过的原始凭证即为无效凭证，不能以此作为填制记账凭证或登记账簿的依据。原始凭证记载的内容有错误的，应当由出具单位重开或者更正，更正处应当加盖出具单位印章。原始凭证金额有错误的，应当由出具单位重开，不得在原始凭证上更正。

案例分析 1-4

某企业出纳人员在审核原始凭证时发现：业务员戴某提供的住宿费发票金额由出具单位更改，并由出具单位加盖财务专用章。出纳员指出：这张发票无效，不予报销。业务员戴某说，发票是出具单位填写错误，并且已经加盖财务专用章，应该是合法的凭证，认为出纳员不予报销是故意刁难。你认为谁是正确的？

分析与提示：

出纳员的会计处理是正确的。会计法律规定：原始凭证记载的内容有错误的，应当由出具单位重开或者更正，更正处应当加盖出具单位印章。原始凭证金额有错误的，应当由出具单位重开，不得在原始凭证上更正。显然，业务员对原始凭证错误的更正方法理解错误。

（二）记账凭证

记账凭证是指对审核无误的原始凭证，按照经济业务的内容加以归类，并据以确定会计分录后填制的会计凭证，它是登记账簿的直接依据。

记账凭证应具备以下基本内容：凭证的名称；填制日期；经济业务的内容、摘要；会计科目名称（包括一级科目、二级科目或明细科目）、金额和借贷方向；凭证的编号；所附原始凭证张数；制单、审核、记账、会计主管等人员的签名、盖章，如果为收款、付款凭证，还应由出纳人员签名或盖章；记账标记。

三、会计账簿

（一）会计账簿的含义及种类

会计账簿是指由一定格式的账页组成的，以经过审核的会计凭证为依据，全面、系统、连续地记录各项经济业务的簿籍。各单位应当按照国家统一的会计制度的规定和会计业务的需要设置会计账簿。设置和登记账簿，是会计工作的重要环节，是编制会计报表的基础，是连接会计凭证与会计报表的中间环节，也是会计信息处理的一个重要的专门方法。

《会计法》第十五条规定："会计账簿包括总账、明细账、日记账和其他辅助性账簿。"

1. 总账

总账，也称总分类账，是根据一级会计科目设立的总分类账户，按照总括分类记录全部经济业务的账簿。它可以提供各种资产、负债、收入、成本、费用等的总括核算资料。各单位必须设置总账，进行总分类核算。总账一般采用订本式账簿。

2. 明细账

明细账，也称明细分类账，是根据总账科目所属的二级或明细会计科目设立的分类账户，用以详细登记某一类经济业务事项，提供有关明细核算资料。明细账一般采用活页式账簿。

3. 日记账

日记账，是一种特殊的序时明细账，是按照经济业务发生时间的先后顺序，逐日逐笔登记经济业务的账簿。我国要求企事业单位设置的日记账包括现金日记账和银行存款日记账。日记账一般采用订本式账簿。

4. 其他辅助性账簿

其他辅助性账簿，也称备查账簿，是指对一些在序时账簿和分类账簿中不能记载或记载不全的经济业务进行补充登记的账簿，对序时账簿和分类账簿起补充作用。相对于序时账簿和分类账簿这两种主要账簿而言，与其他账簿之间不存在严密的钩稽关系，不受总账或明细账的控制。它可以为经营管理提供参考资料，如租入的固定资产登记簿、应收票据的备查簿、代销商品登记簿等。

案例分析 1－5

根据《会计法》的规定，本章“案例导入”中金×科技公司在账簿设置上有哪些违法行为？

分析与提示：

（1）以虚假的利润表数据作为收入、成本账簿数据，违背了真实性原则。

（2）设置两个账套，伪造财务数据对外披露，违背了会计诚信原则。

（二）登记会计账簿

根据有关规定，会计账簿的登记应满足下列要求：

（1）根据审核无误的会计凭证登记会计账簿。依据会计凭证登记会计账簿，是基本的会计记账规则；依据审核无误的会计凭证登记会计账簿，是保证会计账簿记录质量的重要环节。

（2）登记会计账簿必须按照记账规则进行。《会计工作基础规范》中规定的记账规则包括：

1）准确、完整。

2）登记账簿要及时。

3）注明记账符号。

4）书写留空。

5）正常记账使用墨水。

6）顺序连续登记。

7）不得刮擦、涂改等。

（三）账目核对

账目核对，也称对账。为了保证账簿记录的真实、可靠、正确、完整，对账簿和账户所记录的有关数据应加以检查和核对，这种检查和核对工作，在会计上叫对账。对账的基本内容包括如下几方面。

1. 账证核对

账证核对是指将会计账簿记录与会计凭证（包括记账凭证和原始凭证）的有关内容进行核对。由于会计账簿是根据会计凭证登记的，两者之间存在钩稽关系，因此，通过账证核对，可以检查、验证会计账簿记录与会计凭证的内容是否正确无误，以保证账证相符。各单位应当定期将会计账簿记录与其相应的会计凭证记录（包括时间、编号、内容、金额、记录方向等）逐项核对，检查是否一致。如有不符之处，应当及时查明原因，予以更正。

2. 账账核对

账账核对是指将各种会计账簿之间相对应的记录进行核对。由于会计账簿之间相对应的记录存在内在联系，因此，通过账账核对，可以检查、验证会计账簿记录的正确性，以便及时发现错账，予以更正，保证账账相符。

3. 账实核对

账实核对是在账账核对的基础上，将各种财产物资的账面余额与实存数额进行核对。由于实物的增减变化、款项的收付都要在有关账簿中如实反映，因此，通过会计账簿记录与实物、款项的实有数进行核对，可以检查、验证款项、实物会计账簿记录的正确性，以便及时发现财产物资和货币资金管理中存在的问题，查明原因，分清责任，改善管理，保证账实相符。

四、财务报表

（一）财务报表的构成

财务报表是对企业财务状况、经营成果和现金流量的结构性表述。一套完整的财务报表至少应当包括资产负债表、利润表、现金流量表、所有者权益（或股东权益）变动表以及附注。

资产负债表、利润表和现金流量表分别从不同角度反映企业的财务状况、经营成果和现金流量。资产负债表反映企业在某一特定日期所拥有的资产、需偿还的债务以及股东（投资者）拥有的净资产情况。利润表反映企业在一定会计期间的经营成果（即利润或亏损）的情况，表明企业运用所拥有的资产的获利能力。现金流量表反映企业在一定会计期间现金和现金等价物流入和流出的情况。所有者权益变动表反映构成所有者权益的各组成部分当期的增减变动情况。附注是财务报告不可或缺的组成部分，是对在资产负债表、利润表、现金流量表和所有者权益变动表等报表中列示项目的文字描述或明细资料，以及对未能在这些报表中列示项目的说明等。

财务报表是财务会计报告的核心内容，除了财务报表之外，财务会计报告还应当包括其他相关信息，具体可以根据有关法律、行政法规、部门规章等的规定和外部使用者的信息需求而定。

（二）财务报表的编制要求

第一，企业编制财务会计报告，应当根据真实的交易、事项以及完整、准确的账簿记录等资料，并按照国家统一的会计制度规定的编制基础、编制依据、编制原则和方法来进行。

第二，企业应当依照法律、行政法规和国家统一的会计制度中有关财务会计报告提供期限的规定，及时对外提供财务会计报告。

第三，财务会计报告应当由单位负责人和主管会计工作的负责人、会计机构负责人（会计主管人员）签名并盖章；设置总会计师的企业，还应当由总会计师签名并盖章。单位负责人应当保证财务会计报告的真实和完整。

第四，向不同的会计资料使用者提供的财务会计报告，其编制依据应当一致。

第五，财务会计报告须经注册会计师审计的，企业应当将注册会计师及其会计师事务所出具的审计报告随同财务会计报告一并对外提供。

案例分析 1－6

2023 年 12 月 8 日，某公司董事会研究决定，公司对外报送的会计报表由财务经理全权负责，并委托财务经理在财务会计报告中加盖董事长、财务经理和会计机构负责人的印章。该公司的做法是否符合会计法律制度的规定？

分析与提示：

该公司董事会作出的关于对外报送会计报表的决定是错误的。《会计法》规定，企业对外提供的财务会计报告应当由企业负责人和主管会计工作的负责人、会计机构负责人（会计主管人员）签名并盖章；设置总会计师的企业，还应当由总会计师签名并盖章。

五、会计档案管理

会计档案的管理

会计档案是记录和反映单位经济业务事项的主要史料和证据。《会计法》和《会计基础工作规范》都对会计档案管理作了原则性规定。财政部、国家档案局 2015 年 12 月发布修订后的《会计档案管理办法》，对会计档案管理的有关内容作出了具体规定。

（一）会计档案的内容

会计档案是指会计凭证、会计账簿、财务会计报告等会计核算专业资料。会计档案一般分为：

（1）会计凭证类，包括原始凭证、记账凭证。

（2）会计账簿类，包括总账、日记账、明细账、固定资产卡片及其他辅助性账簿。

（3）财务会计报告类，包括月度、季度、半年度、年度财务报告。

（4）其他会计资料，包括银行存款余额调节表、银行对账单、纳税申报表、会计档案移交清册、会计档案保管清册、会计档案销毁清册、会计档案鉴定意见书及其他具有保存价值的会计资料。

（二）会计档案的管理部门

县级以上各级人民政府财政部门和档案行政管理部门共同负责本行政区域内的会计档案工作的指导、监督和检查。

单位应当加强会计档案管理工作，建立和完善会计档案的收集、整理、保管、利用和鉴定销毁等管理制度，采取可靠的安全防护技术和措施，保证会计档案的真实、完整、可用、安全。

（三）会计档案的归档

各单位每年形成的会计档案，应当由会计机构按照归档要求，负责整理立卷归档。

采用计算机、网络通信等信息技术手段进行会计核算的单位，可以以电子形式保存，形成电子会计档案。

（四）会计档案的移交

当年形成的会计档案，在会计年度终了后，可由单位会计管理机构临时保管 1 年，再移交单位档案管理机构保管。因工作需要确需推迟移交的，应当经单位档案管理机构同意。

单位会计管理机构临时保管会计档案最长不超过 3 年。临时保管期间，会计档案的保管应当符合国家档案管理的有关规定，且出纳人员不得兼管会计档案。

保管期满后，原则上应由会计部门编制清册，移交本单位的档案部门保管。会计管理机构在向单位档案部门移交会计档案时要编制移交清册，详细登记所移交档案的名称、卷号、册数、起止年度、应保管期限、已保管期限等内容。

档案部门接受保管的会计档案，原则上应保持原卷册的封装，个别需要拆封重新整理的，应当会同会计部门和原经办人员共同拆封整理，以分清责任。

（五）会计档案的利用

单位应当严格按照相关制度利用会计档案，在进行会计档案查阅、复制、借出时履行登记手续，严禁篡改和损坏。

单位保存的会计档案一般不得对外借出。确因工作需要且根据国家有关规定必须借出的，应当严格按照规定办理相关手续。

会计档案借用单位应当妥善保管和利用借入的会计档案，确保借入会计档案的安全完整，并在规定时间内归还。

单位的会计档案及其复制件需要携带、寄运或者传输至境外的，应当按照国家有关规定执行。

案例分析 1－7

某企业的业务往来单位经该企业负责人批准，因业务需要查阅了该企业 2023 年的会计档案，对有关原始凭证进行了复制，并办理了有关手续。分析该业务往来单位对会计档案的查阅和复制是否符合相关法律的规定。

分析与提示：

该企业向业务往来单位提供会计档案的查阅和复制符合法律的规定。《会计档案管理办法》规定，单位应当严格按照相关制度利用会计档案，在进行会计档案查阅、复制、借出时履行登记手续，严禁篡改和损坏。单位保存的会计档案一般不得对外借出。确因工作需要且根据国家有关规定必须借出的，应当严格按照规定办理相关手续。

（六）会计档案的保管期限

根据2015年财政部、国家档案局发布的《会计档案管理办法》的规定，会计档案保管期限分为永久和定期两类。永久，是指会计档案须永久保存；定期，是指会计档案的保存应达到法定的时间。会计档案的定期保管期限分为10年和30年两种。会计档案的保管期限从会计年度终了后的第一天算起。《会计档案管理办法》规定的具体保管期限如表1-1所示。

表1-1　企业和其他组织会计档案保管期限

序号	档案名称	保管期限	备注
	一、会计凭证类		
1	原始凭证	30年	
2	记账凭证	30年	
	二、会计账簿类		
3	总账	30年	
4	明细账	30年	
5	日记账	30年	
6	固定资产卡片		固定资产报废清理后保管5年
7	其他辅助性账簿	30年	
	三、财务报告类		
8	月、季度财务报告	10年	
9	年度财务报告（决算）	永久	
	四、其他类		
10	银行存款余额调节表	10年	
11	银行对账单	10年	
12	纳税申报表	10年	
13	会计档案移交清册	30年	
14	会计档案保管清册	永久	
15	会计档案销毁清册	永久	
16	会计档案鉴定意见书	永久	

（七）会计档案的销毁

1. 编制会计档案鉴定意见书

会计档案鉴定工作应当由单位档案管理机构牵头，组织单位会计、审计、纪检监察等机构或人员共同进行。单位应当定期对已到保管期限的会计档案进行鉴定，并形成会计档案鉴定意见书。经鉴定，仍需继续保存的会计档案，应当重新划定保管期限；对保管期满，确无保存价值的会计档案，可以销毁。

2. 编制会计档案销毁清册

会计档案保管期满需要销毁的，由本单位档案管理机构编制会计档案销毁清册，列明拟销毁会计档案的名称、卷号、册数、起止年度、档案编号、应保管期限、已保管期限和销毁时间等内容。单位负责人、档案管理机构负责人、会计管理机构负责人、档案管理机构经办人、会计管理机构经办人在会计档案销毁清册上签署意见。

3. 专人负责监销

单位档案管理机构负责组织会计档案销毁工作，并与会计管理机构共同派员监销。监销人在会计档案销毁前，应当按照会计档案销毁清册所列内容进行清点核对；在会计档案销毁后，应当在会计档案销毁清册上签名或盖章。

电子会计档案的销毁还应当符合国家有关电子档案的规定，并由单位档案管理机构、会计管理机构和信息系统管理机构共同派员监销。

4. 不得销毁的会计档案

对于保管期满但未结清的债权债务会计凭证和涉及其他未了事项的会计凭证（如超过会计档案保管期限但尚未报废的固定资产购买凭证等），不得销毁，纸质会计档案应当单独抽出立卷，电子会计档案单独转存，保管到未了事项完结时为止。单独抽出立卷或转存的会计档案，应当在会计档案鉴定意见书、会计档案销毁清册和会计档案保管清册上列明。另外，正在建设期间的建设单位，其保管期满的会计档案也不得销毁。

案例分析 1-8

某企业 2023 年 12 月 31 日清理了一批保管期满需要销毁的会计档案。企业档案管理部门编制了会计档案销毁清册，由其负责人签字后随即销毁。分析该企业销毁会计档案是否符合《会计法》的规定。

分析与提示：

该企业销毁会计档案属违法行为。《会计档案管理办法》规定，会计档案保管期满需要销毁的，由本单位档案部门提出意见，会同会计部门共同进行审查和鉴定，并在此基础上编制会计档案销毁清册。该企业档案管理部门自行编制会计档案销毁清册并予以销毁的行为是错误的。

练习题

在线测试 1-3

第四节 会计监督

会计监督是会计的基本职能之一，是对经济活动的本身进行检查监督，借以控制经济活动，使经济活动能够根据一定的方向、目标、计划，遵循一定的原则正常进行。会计监督是我国经济监督体系的重要组成部分，也是会计资料质量控制的重要环节。

加强会计监督，最重要的是建立有效的会计监督体系。《会计法》以法律的形式确立了三位一体的会计监督体系。所谓三位，是指会计监督体系的机构包括三个层次，即单位内部的会计监督、社会监督和政府监督。所谓一体，是指各层次监督之间的相互联系、相互协调形成了一个有机整体。由于三种不同的监督主体客观上具有不同的利益关系，为消除利益关系可能对监督效果产生的不良影响，各种会计监督之间必须建立相互制约的关系，形成一个有机的会计监督体系，即：内部监督的本质是内部控制，是内部管理的重要组成部分；社会监督是对内部监督的再监督，其特征是监督行为的独立性和有偿性；政府监督是对社会监督和内部监督的再监督，其特征是强制性和无偿性。三者缺一不可，共同构成了我国的会计监督体系。

单位内部
会计监督

一、单位内部的会计监督

（一）单位内部会计监督的概念与要求

1. 单位内部会计监督的概念

单位内部会计监督是指会计机构、会计人员依照法律的规定，通过会计手段对经济活动的合法性、合理性和有效性进行的一种监督。《会计法》第二十五条规定，各单位应当建立、健全本单位内部会计监督制度。建立、健全单位内部会计监督制度，是贯彻执行会计法律、法规、规章，保证会计工作有序进行，完善会计监督体系的主要措施。

2. 单位内部会计监督的主体和对象

根据《会计法》《会计基础工作规范》《内部会计控制规范——基本规范（试行）》的规定，各单位的会计机构、会计人员对本单位的经济活动进行会计监督。内部会计监督的主体是各单位的会计机构、会计人员；内部会计监督的对象是单位的经济活动。

尽管单位内部会计监督的主体是各单位的会计机构、会计人员，但内部会计监督不仅仅是会计机构、会计人员的事情，单位负责人应当积极支持、保障会计机构、会计人员行使好会计监督职权。根据规定，单位负责人负责单位内部会计监督制度的组织实施，对本单位内部的会计监督制度的建立及有效实施承担最终责任。

3. 单位内部会计监督制度的基本要求

单位内部会计监督的内容十分广泛，涉及人、财、物等诸多方面，各单位应当根据实际情况建立、健全本单位内部会计监督制度和内部控制制度。单位内部会计监督制度应当符合以下要求：

（1）记账人员与经济业务事项或会计事项的审批人员、经办人员以及财物保管人员的职责权限应当明确，并相互分离、相互制约。这是机构控制和职务控制的基本要求。

（2）重大对外投资、资产处置、资金调度和其他重要经济业务事项的决策和执行的相互监督、相互制约的程序应当明确。这是业务处理程序控制的基本要求。

（3）财产清查的范围、期限和组织程序应当明确。这是财产安全控制和会计信息控制的基本要求。

（4）对会计资料定期进行内部审计的办法和程序应当明确。这是内部审计控制的基本要求。

（二）内部控制

1. 内部控制的概念与目标

对企业而言，内部控制是指由企业董事会、监事会、经理层和全体员工实施的、旨在实现控制目标的过程。对行政事业单位而言，内部控制是指单位为实现控制目标，通过制定制度、实施措施和执行程序，对经济活动的风险进行防范和管控。

企业内部控制的目标主要包括：合理保证企业经营管理合法合规、资产安全、财务报告及相关信息真实完整，提高经营效率和效果，促进企业实现发展战略。行政事业单位内部控制的目标主要包括：合理保证单位经济活动合法合规、资产安全和使用有效、财务信息真实完整，有效防范舞弊和预防腐败，提高公共服务的效率和效果。

2. 内部控制的原则

企业、行政事业单位建立与实施内部控制，均应遵循全面性原则、重要性原则、制衡性原则和适应性原则。此外，企业还应遵循成本效益原则。

（1）全面性原则。内部控制应当贯穿决策、执行和监督的全过程，覆盖各种业务和事项，实现对经济活动的全面控制。

（2）重要性原则。内部控制应当在全面控制的基础上，关注重要经济活动和经济活动的重大风险。

（3）制衡性原则。企业内部控制应当在企业治理结构、机构设置及权责分配、业务流程等方面形成相互制约、相互监督，同时兼顾运营效率。行政事业单位内部控制应当在单位内部的部门管理、职责分工、业务流程等方面形成相互制约和相互监督。

（4）适应性原则。企业内部控制应当与企业经营规模、业务范围、竞争状况和风险水平等相适应，并随着情况的变化及时调整。行政事业单位内部控制应当符合国家有关规定和单位的实际情况，并随着外部环境的变化、单位经济活动管理要求的提高，不断修订和完善。

（5）成本效益原则。企业内部控制应当权衡实施成本与预期效益，以适当的成本实现有效控制。

3. 内部控制的责任人

对企业而言，董事会负责内部控制的建立健全和有效实施。监事会对董事会建立与实施内部控制进行监督。经理层负责组织领导企业内部控制的日常运行。企业应当成立专门机构或者指定适当的机构具体负责组织协调内部控制的建立实施及日常工作。

对行政事业单位而言，单位负责人对本单位内部控制的建立健全和有效实施负责。单位应当建立适合本单位实际情况的内部控制体系，并组织实施。

4. 内部控制的内容

为了加强和规范企业内部控制，提高企业经营管理水平和增强企业风险防范能力，促进企业可持续发展，维护社会主义市场经济秩序和社会公众利益，财政部、证监会、审计署、银监会、保监会（现为国家金融监督管理总局）五部门于 2008 年 5 月 22 日发布《企业内部控制基本规范》，自 2009 年 7 月 1 日起在大中型企业执行。企业建立与实施有效的内部控制，应当包括下列五个要素：

（1）内部环境。内部环境是企业实施内部控制的基础，一般包括治理结构、机构设置及权责分配、内部审计、人力资源政策、企业文化等。

（2）风险评估。风险评估是指企业及时识别、系统分析经营活动中与实现内部控制目标相关的风险，合理确定风险应对策略。

（3）控制活动。控制活动是企业根据风险评估结果，采用相应的控制措施，将风险控制在可承受范围之内。

（4）信息与沟通。信息与沟通是企业及时、准确地收集、传递与内部控制相关的信息，确保信息在企业内部、企业与外部之间进行有效沟通。

（5）内部监督。内部监督是企业对内部控制建立与实施的情况进行监督检查，评价内部控制的有效性，发现内部控制缺陷时，应当及时加以改进。

行政事业单位建立与实施内部控制的具体工作包括：梳理单位各类经济活动的业务流程，明确业务环节，系统分析经济活动风险，确定风险点，选择风险应对策略，在此基础上根据国家有关规定建立健全单位各项内部管理制度并督促相关工作人员认真执行。

5. 企业内部控制的控制方法

对企业而言，内部控制措施一般包括：不相容职务分离控制、授权审批控制、会计系统控制、财产保护控制、预算控制、运营分析控制和绩效考评控制等。

（1）不相容职务分离控制。要求企业全面系统地分析、梳理业务流程中所涉及的不相容职务，实施相应的分离措施，形成各司其职、各负其责、相互制约的工作机制。

（2）授权审批控制。要求企业根据常规授权和特别授权的规定，明确各岗位办理业务和事项的权限范围、审批程序和相应责任。

企业应当编制常规授权的权限指引，规范特别授权的范围、权限、程序和责任，严格控制特别授权。常规授权是指企业在日常经营管理活动中按照既定的职责和程序进行的授权。特别授权是指企业在特殊情况、特定条件下进行的授权。企业各级管理人员应当在授权范围内行使职权和承担责任。企业对于重大的业务和事项，应当实行集体决策审批或者联签制度，任何个人不得单独进行决策或者擅自改变集体决策。

（3）会计系统控制。要求企业严格执行国家统一的会计准则制度，加强会计基础工作，明确会计凭证、会计账簿和财务会计报告的处理程序，保证会计资料真实完整。

企业应当依法设置会计机构，配备会计从业人员。从事会计工作的人员，必须具备专业技能、遵守职业道德。会计机构负责人应当具备会计师以上专业技术职务资格。大中型企业应当设置总会计师。设置总会计师的企业，不得设置与其职权重叠的副职。

（4）财产保护控制。要求企业建立财产日常管理制度和定期清查制度，采取财产记录、实物保管、定期盘点、账实核对等措施，确保财产安全。企业应当严格限制未经授权的人员接触和处置财产。

（5）预算控制。要求企业实施全面预算管理制度，明确各责任单位在预算管理中的职责权限，规范预算的编制、审定、下达和执行程序，强化预算约束。

（6）运营分析控制。要求企业建立运营情况分析制度，经理层应当综合运用生产、购销、投资、筹资、财务等方面的信息，通过因素分析、对比分析、趋势分析等方法，定期开展运营情况分析，发现存在的问题，及时查明原因并加以改进。

（7）绩效考评控制。要求企业建立和实施绩效考评制度，科学设置考核指标体系，对企业内部各责任单位和全体员工的业绩进行定期考核和客观评价，将考评结果作为确定员工薪酬以及职务晋升、评优、降级、调岗、辞退等方面的依据。

6. 行政事业单位内部控制的控制方法

行政事业单位内部控制的控制方法一般包括：不相容岗位相互分离、内部授权审批控制、归口管理、预算控制、财产保护控制、会计控制、单据控制、信息内部公开等。

（1）不相容岗位相互分离。合理设置内部控制关键岗位，明确划分职责权限，实施相应的分离措施，形成相互制约、相互监督的工作机制。

（2）内部授权审批控制。明确各岗位办理业务和事项的权限范围、审批程序和相关责任，建立重大事项集体决策和会签制度。相关工作人员应当在授权范围内行使职权、办理业务。

（3）归口管理。根据本单位实际情况，按照权责对等的原则，采取成立联合工作小组并确定牵头部门或牵头人员等方式，对有关经济活动实行统一管理。

（4）预算控制。强化对经济活动的预算约束，使预算管理贯穿于单位经济活动的全过程。

（5）财产保护控制。建立资产日常管理制度和定期清查机制，采取资产记录、实物保管、定期盘点、账实核对等措施，确保资产安全完整。

（6）会计控制。建立健全本单位财会管理制度，加强会计机构建设，提高会计人员业务水平，强化会计人员岗位责任制，规范会计基础工作，加强会计档案管理，明确会计凭证、会计账簿和财务会计报告处理程序。

（7）单据控制。要求单位根据国家有关规定和单位的经济活动业务流程，在内部管理制度中明确界定各项经济活动所涉及的表单和票据，要求相关工作人员按照规定填制、审核、归档、保管单据。

（8）信息内部公开。建立健全经济活动相关信息内部公开制度，根据国家有关规定和单位的实际情况，确定信息内部公开的内容、范围、方式和程序。

（三）内部审计

1. 内部审计的概念及内容

内部审计是指单位内部的一种独立客观的监督和评价活动，它通过单位内部独立的审计机构和审计人员，审查和评价本部门、本单位财务收支和其他经营活动以及内部控制的适当性、合法性和有效性，以此来促进单位目标的实现。

内部审计的内容是一个不断发展变化的范畴，主要包括财务审计、经营审计、经济责任审计、管理审计和风险管理等。

2. 内部审计的特点

内部审计的审计机构和审计人员都设在本单位内部，审计的内容更侧重于经营过程是否有效、各项制度是否得到遵守与执行。审计结果的客观性和公正性较低，并且以建议性意见为主。

3. 内部审计的作用

内部审计在单位内部会计监督制度中的重要作用主要体现在以下三个方面：

(1) 预防保护作用。内部审计机构对会计部门工作的监督，有助于强化单位内部管理制度的落实，及时发现问题、纠正错误，堵塞管理漏洞，减少损失，保护资产的安全与完整，提高会计资料的真实性、可靠性。

(2) 服务促进作用。内部审计机构作为企业内部的一个职能部门，熟悉企业的生产经营活动等情况，工作便利。因此，通过内部审计，可在企业改善管理、挖掘潜力、降低生产成本、提高经济效益等方面起到促进作用。

(3) 评价鉴证作用。内部审计是基于受托经济责任的需要而产生和发展起来的，是经济管理分权制的产物。随着企业单位规模的扩大，管理层次增多，对各部门经营业绩的考核与评价已成为现代管理不可缺少的组成部分。通过内部审计，可以对各部门活动作出客观、公正的审计结论和意见，起到评价和鉴证的作用。

二、会计工作的政府监督

(一) 会计工作的政府监督的概念

会计工作的政府监督是一种外部监督，也称国家监督，主要是指财政部门代表国家对各单位和单位中相关人员的会计行为实施的监督检查，以及对发现的违法会计行为实施的行政处罚。这是我国经济监督体系的一个重要方面，它与单位内部会计机构、会计人员实行的会计监督是相辅相成的。

(二) 会计工作的政府监督的主体

根据《会计法》的规定，县级以上人民政府财政部门为各单位会计工作的监督检查部门，对各单位会计工作行使监督权，对违法会计行为实施行政处罚。因此，财政部门是《会计法》的执法主体，是会计工作国家监督的实施主体。这里所说的财政部门，是指国务院财政部门、国务院财政部门的派出机构和县级以上人民政府财政部门。

此外，《会计法》规定，除财政部门外，审计、税务、金融管理等部门依照有关法律、行政法规规定的职责和权限，可以对有关单位的会计资料实施监督检查。如根据《中华人民共和国税收征收管理法》（以下简称《税收征收管理法》）的规定，税务机关有权检查纳税人的账簿、记账凭证、报表和有关资料。

（三）财政部门实施会计监督检查的对象和内容

财政部门实施会计监督检查的对象是会计行为，并对发现的有违法会计行为的单位和个人实施行政处罚。违法会计行为是指公民、法人和其他组织违反《会计法》和其他有关法律、行政法规、国家统一的会计制度的行为。

根据《会计法》的规定，财政部门可以依法对各单位的下列情况实施监督检查。

1. 对单位设置会计账簿的检查

具体包括：依照法律、行政法规和国家统一的会计制度的规定，应当设置会计账簿的单位是否设置账簿；设置会计账簿的单位，其会计账簿的设置情况是否符合法律、行政法规和国家统一的会计制度的要求；各单位是否存在账外账违法行为等。

2. 对单位会计资料是否真实、完整的检查

具体包括：各单位对实际发生的经济业务事项是否及时办理会计手续，进行会计核算；各单位填制的会计凭证、登记的会计账簿、编制的财务会计报告是否与实际发生的经济业务事项相符，是否做到账证相符、账账相符、账实相符、账表相符；各单位提供的财务会计报告是否符合法律、行政法规和国家统一的会计制度的规定等。

3. 对单位会计核算情况的检查

具体包括：各单位会计核算的内容是否真实、完整；各单位采用的会计年度、记账本位币、会计处理方法、会计记录文字是否符合法律、行政法规和国家统一的会计制度的规定；各单位对资产、负债、所有者权益、收入、费用、利润的确认、计量、记录和报告是否符合法律、行政法规和国家统一的会计制度的规定；各单位会计档案的保管是否符合法定要求等。

4. 对单位会计人员具备专业能力、遵守职业道德的检查

会计人员除了具有较强的会计核算能力以外，还应具有税收、审计、内部控制、金融、经营管理、计算机等方面的知识和能力，具备良好的会计职业道德。

5. 对会计师事务所出具的审计报告的程序和内容的检查

财政部应当加强对省级财政部门监督、指导注册会计师、会计师事务所工作的检查。省级财政部门应当建立信息报告制度，将会计师事务所、注册会计师发生的重大违法违规案件及时上报财政部。

根据《会计法》的规定，财政部门有权对会计师事务所出具的审计报告的程序和内容进行监督。也就是说，财政部门对注册会计师及其会计师事务所的审计质量进行再监督。

三、会计工作的社会监督

（一）会计工作的社会监督的概念

会计工作的社会监督主要是指由注册会计师及其所在的会计师事务所依法对委托单位的经济活动进行审计、鉴证的一种监督制度。根据《会计法》的规定，有关法律、行

政法规规定须经注册会计师进行审计的单位，应当向接受委托的会计师事务所如实提供会计凭证、会计账簿、财务会计报告和其他会计资料以及有关情况。任何单位和个人不得以任何方式要求或者示意注册会计师及其所在的会计师事务所出具不实或者不当的审计报告。

《会计法》规定：“任何单位和个人对违反本法和国家统一的会计制度规定的行为，有权检举。”这是为了充分发挥社会各方面力量的作用，鼓励各单位和个人检举违法会计行为，也属于会计工作社会监督的范畴。

会计工作的社会监督是一种外部监督，是对单位内部监督的再监督，其特征是监督行为的独立性和有偿性。社会监督以其特有的中介性和公正性得到法律的认可，具有很强的权威性、公正性。

（二）注册会计师审计与内部审计的关系

注册会计师审计与内部审计既有联系又有区别。二者的联系主要有：（1）都是现代审计体系的重要组成部分；（2）都关注内部控制的健全性和有效性；（3）注册会计师审计可能涉及对内部审计成果的利用等。

注册会计师审计与内部审计之间的区别主要在于：

（1）审计独立性不同。内部审计受本部门、本单位直接领导，只具有相对独立性；注册会计师审计则完全独立于被审计单位。

（2）审计方式不同。内部审计依照单位经营管理的需要自行组织实施，具有较大的灵活性；注册会计师审计则是受托审计，必须按照《注册会计师法》、执业准则和规则实施审计。

（3）审计的职责和作用不同。内部审计的结果只对本部门、本单位负责，只作为本部门、本单位改进经营管理的参考，不对外公开；注册会计师需要对投资者、债权人及其他利益相关者负责，对外出具的审计报告具有鉴证作用。

（4）接受审计的自愿程度不同。注册会计师审计时，委托人可自由选择会计师事务所。内部审计时，单位内部的组织必须接受内部审计人员的监督。

（三）会计师事务所的业务范围

根据《注册会计师法》和《会计师事务所审批和监督暂行办法》的规定，注册会计师及其所在的会计师事务所依法承办下列审计业务：（1）审查企业财务会计报告，出具审计报告；（2）验证企业资本，出具验资报告；（3）办理企业合并、分立、清算事宜中的审计业务，出具有关的报告；（4）法律、行政法规规定的其他审计业务。

注册会计师可以承办会计咨询、会计服务等业务，主要包括：（1）设计财务会计制度；（2）担任会计顾问，提供会计、财务、税务和其他经济管理咨询；（3）代理记账；（4）代理纳税申报；（5）代办申请注册登记，协助拟定合同、协议、章程及其他经济文件；（6）培训会计人员；（7）审核企业前景财务资料；（8）资产评估。

注册会计师承办业务，由其所在的会计师事务所统一受理并与委托人签订委托合同。会计师事务所对本所注册会计师承办的业务承担民事责任。

练习题

在线测试 1-4

第五节　会计机构和会计人员

会计机构是指各单位依据会计工作的需要设置的专门负责办理本单位会计业务事项、进行会计核算、实行会计监督的职能部门。会计人员是直接从事会计工作的专职人员。建立、健全会计机构，配备数量和素质相当的会计人员，是各单位做好会计工作、充分发挥会计职能和作用的重要保证。

一、会计机构的设置

《会计法》规定，各单位应当根据会计业务的需要，设置会计机构，或者在有关机构中设置会计岗位并指定会计主管人员；不具备设置条件的，应当委托经批准设立从事会计代理记账业务的中介机构代理记账。这是对设置会计机构作出的规定。

（一）办理会计事务的组织方式

1. 单独设置会计机构

一个单位是否单独设置会计机构，往往取决于以下三个因素：一是单位规模的大小；二是经济业务和财务收支的繁简；三是经营管理的要求。根据上述要求，一般来说，大中型企业和具有一定规模的行政、事业单位，以及财务收支数额较大、会计业务较多的社会团体和其他经济组织，应当单独设置会计机构，以便及时组织本单位各项经济活动和财务收支的核算，实行有效的会计监督。

2. 有关机构中配置专职会计人员

根据《会计法》的规定，不能单独设置会计机构的单位，应当在有关机构中设置会计岗位并指定会计主管人员。这是提高工作效率、明确岗位责任制的内在要求，同时也是会计工作的专业性、政策性所决定的。“会计主管人员”是《会计法》的一个特定概念，不同于通常所说的“会计主管”“主管会计”“主办会计”等，而是指负责组织管理会计事务，行使会计机构负责人职权的负责人。

3. 代理记账

代理记账是指从事代理记账业务的中介机构接受委托人的委托办理会计业务。目前，代理记账机构主要包括代理记账公司、会计师事务所、具有代理记账资格的其他社会咨询服务机构三类。

（二）会计机构负责人的任职资格

会计机构负责人（会计主管人员）是在一个单位内具体负责会计工作的中层领导人员。在单位负责人的领导下，会计机构负责人（会计主管人员）负有组织、管理本单位所有会计工作的责任，其工作水平的高低、质量的好坏，直接关系到整个单位会计工作的水平和质量。因此，对其任职资格条件加以严格规定是必要的。《会计法》规定：“担任单位会计机构负责人（会计主管人员）的，应当具备会计师以上专业技术职务资格或者从事会计工作三年以上经历。”此外，还应当具有较高的政治素质和业务水平、良好的职业道德、较强的组织领导能力和较好的身体状况等。

会计工作岗位设置

二、会计工作岗位设置

（一）会计工作岗位的概念

会计工作岗位是指单位会计机构内部根据业务分工而设置的从事会计工作、办理会计事项的具体职位。在会计机构内部设置会计工作岗位，有利于明确分工和确定岗位职责，建立岗位责任制；有利于会计人员钻研业务，提高工作效率和质量；有利于会计工作的程序化和规范化，加强会计基础工作；有利于强化会计管理职能，提高会计工作的水平。同时，它也是配备数量适当的会计人员的客观依据之一。

（二）会计工作岗位设置的要求

1. 按需设岗

各单位会计工作岗位的设置应与其业务活动规模、特点和管理要求相适应，保证单位会计信息的生成、加工和传递真实、可靠、及时、有效。通常，业务活动规模大、业务过程复杂、经济业务量大和管理严格的单位，会计机构相应较大，会计人员相对较多，会计机构内部的岗位设置也较为细致；相反，会计机构内部的岗位设置则较为粗略。

2. 符合内部牵制制度的要求

内部牵制是通过实施岗位分离自动实现账目间的相互核对来保证相关账目正确无误的一种控制机制。它是内部控制制度的主要内容之一，主要包括：（1）内部牵制制度的原则，即机构分离、职务分离、钱账分离、物账分离等；（2）对出纳等岗位的职责和限制性规定；（3）有关部门或领导对限制性岗位的定期检查等。

会计工作岗位可以一人一岗、一人多岗或者一岗多人，凡是涉及款项和财物收付、结算及登记的任何一项工作，必须由两人或两人以上分工办理，以起到相互制约的作用。出纳人员不得兼管稽核、会计档案保管，以及收入、费用、债权债务账目的登记工作。出纳以外的人员不得经管库存现金、有价证券、票据。

3. 建立轮岗制度

对会计人员的工作岗位要有计划地进行轮岗，以促进会计人员全面熟悉业务和不断提高业务素质。《会计基础工作规范》规定：“会计人员的工作岗位应当有计划地进行轮换。”定期或不定期地轮换会计人员的工作岗位，有利于会计人员全面熟悉会计核算与监督业务，不断提高业务技能和业务素质，激励会计人员克服惰性，改进工作，而且在一定程度上有助于防止违法乱纪，保护会计人员。

4. 建立岗位责任制

会计工作岗位责任制是指明确各项会计工作的职责范围、具体内容和要求，并落实到每个会计工作岗位或会计人员的一种会计工作责任制度。

根据《会计基础工作规范》和有关制度的规定，会计工作岗位一般分为：总会计师（或行使总会计师职权）岗位；会计机构负责人（会计主管人员）岗位；出纳岗位；稽核岗位；资本、基金核算岗位；收入、支出、债权债务核算岗位；工资核算、成本费用核算、财务成果核算岗位；财产物资的收发、增减核算岗位；总账岗位；对外财务会计报告编制岗位；会计电算化岗位；会计档案管理岗位。

对于会计档案管理岗位，在会计档案正式移交之前，属于会计岗位；正式移交档案管理部门之后，不再属于会计岗位。档案管理部门的人员管理会计档案，不属于会计岗位。医院门诊收费员、住院处收费员、药房收费员、药品库房记账员、商场收银员所从事的工作均不属于会计工作岗位。单位内部审计、社会审计、政府审计工作也不属于会计工作岗位。

三、会计人员的工作交接

会计工作交接

会计人员工作交接，也称会计工作交接，是指会计人员因工作调动、离职或疾病而暂时不能工作，应与接管人员办理交接手续的一种工作程序。《会计法》规定：“会计人员调动工作或者离职，必须与接管人员办清交接手续。一般会计人员办理交接手续，由会计机构负责人（会计主管人员）监交；会计机构负责人（会计主管人员）办理交接手续，由单位负责人监交，必要时主管单位可以派人会同监交。”这是对会计人员工作交接问题作出的法律规定。

（一）交接的范围

会计人员工作交接的范围为：

（1）会计人员临时离职或因病不能工作、需要接替或代理的，会计机构负责人（会计主管人员）或单位负责人必须指定专人接替或者代理，并办理会计工作交接手续。

（2）临时离职或因病不能工作的会计人员恢复工作时，应当与接替或者代理人员办理会计工作交接手续。

（3）移交人员因病或其他特殊原因不能亲自办理移交手续的，经单位负责人批准，可由移交人委托他人代办交接，但委托人应当对所移交的会计凭证、会计账簿、财务会计报告和其他有关资料的真实性、完整性承担法律责任。

（二）交接的程序

会计人员工作调动或者因故离职，必须将本人所经管的会计工作全部移交给接替人员。没有办清交接手续的，不得调动或者离职。

办理会计工作交接，具体应按以下程序进行。

1. 提出交接申请

会计人员在向单位或者有关机关提出调动工作或者离职的申请时，应当同时向会计机构提出会计交接申请，以便会计机构早做准备，安排其他会计人员接替工作。交接申请的内容通常应当包括申请人姓名、申请调动工作或者离职的缘由、调动或离职的时间、会计交接的具体安排、有无重大报告事项或者建议等。

2. 做好移交准备工作

会计人员在办理会计工作交接前，必须做好以下准备工作：

（1）已经受理的经济业务尚未填制会计凭证的，应当填制完毕。

（2）尚未登记账目的，应当登记完毕，结出余额，并在最后一笔余额后加盖经办人员印章。

（3）整理应该移交的各项资料，对未了事项和遗留问题要写出书面说明材料。

（4）编制移交清册，列明移交凭证、账簿、会计报表、公章、现金、有价证券、支票簿、发票、文件、其他会计资料和物品等内容；实行会计电算化的单位，从事该项工作的移交人员应在移交清册上列明会计软件及密码、会计软件数据盘、磁带等内容。

（5）会计机构负责人（会计主管人员）移交时，应将财务会计工作、重大财务收支问题和会计人员的情况等向接替人员介绍清楚。

3. 移交点收

移交人员在离职前，必须将经管的会计工作，在规定的期限内，全部向接替人员移交清楚。接替人员应认真按照移交清册逐项点收。

4. 专人负责监交

为了明确责任，会计人员办理工作交接时，必须有专人负责监交。对监交的具体要求是：

（1）一般会计人员办理交接手续，由单位的会计机构负责人、会计主管人员负责监交。

（2）会计机构负责人、会计主管人员办理交接手续时，由单位领导人员负责监交，必要时，主管单位可以派人会同监交。当出现下列情况时，由上级主管部门派人会同监交：

1）所属单位领导人员不能监交，需要由上级主管单位派人代表主管单位监交。如因单位撤并而办理交接手续等。

2）所属单位领导人员不能尽快监交，需要由上级主管单位派人督促监交。如由上级主管单位责成所属单位撤换不合格的会计机构负责人、会计主管人员，所属单位领导人员以种种借口拖延不办理交接手续时。

3）不宜由单位领导人员单独监交，而需要上级主管单位会同监交。如所属单位领导人员与办理交接手续的会计机构负责人、会计主管人员有矛盾，交接时需要上级主管单位派人会同监交。

4）上级主管单位认为存在某些问题需要派人会同监交的，也可以派人会同监交。

5. 移交后的有关事宜

（1）会计工作交接完毕后，交接双方和监交人要在移交清册上签名、盖章，并在移交清册上注明单位名称，交接日期，交接双方和监交人的职务、姓名，移交清册页数及需要说明的问题和意见等。

（2）接替人员应继续使用移交前的账簿，不得擅自另立账簿，以保证会计记录前后衔接，内容完整。

（3）移交清册填制一式三份，交接双方各持一份，存档一份。

（三）会计资料移交后的责任界定

根据《会计基础工作规范》的规定，移交人员对移交的会计凭证、会计账簿、会计报表和其他会计资料的合法性、真实性承担法律责任。移交人员所移交的会计资料是在其经办会计工作期间所发生的，其应当对这些会计资料的真实性、完整性负责。即便接替人员在交接时因疏忽没有发现所接收的会计资料在合法性、真实性、完整性方面存在的问题，如事后发现，仍应由原移交人员负责，原移交人员不得以会计资料已移交而推脱责任。接替人员不对移交过来的材料的真实性、完整性负法律上的责任。

案例分析 1－9

某企业原会计科科长周某调离本单位，与新上任的会计科科长葛某办理会计工作移交手续。人事科科长进行监交，并在移交清册上签名、盖章。葛某上任后发现该企业银行存款账实不符，存在较大问题，于是联系周某。周某说："我已经办理了移交，移交时没有发现问题，现在有问题与我无关。"分析该企业在会计工作移交上是否符合《会计法》的规定。

分析与提示：

（1）该企业在办理会计工作交接中有违法之处。《会计法》规定：会计机构负责人（会计主管人员）办理交接手续，由单位负责人监交。该企业是由人事科科长进行监交，不符合法律规定。

（2）周某的说法不正确。会计法律制度规定，移交人员所移交的会计资料是在其经办会计工作期间所发生的，其应当对这些会计资料的真实性、完整性负责。即便接替人员在交接时因疏忽没有发现所接收的会计资料在合法性、真实性、完整性方面存在的问题，如事后发现，仍应由原移交人员负责，原移交人员不得以会计资料已移交而推脱责任。

四、代理记账

为了加强代理记账机构的管理，规范代理记账业务，促进代理记账行业的健康、稳步发展，2005 年 1 月 22 日财政部发布了《代理记账管理办法》。为贯彻落实国务院行政审批制度和商事制度改革的相关要求，切实转变政府职能，并进一步规范代理记账资格管理，加强事中事后监管，促进代理记账行业健康发展，2016 年 2 月 16 日财政部发布了修订的《代理记账管理办法》（财政部令第 80 号），自 2016 年 5 月 1 日起施行；2019 年 3 月 14 日再次修订。《代理记账管理办法》对代理记账机构设置的条件、代理记账的业务范围、代理记账机构与委托人的关系、代理记账人员应遵循的道德规则等作出了具体的规定。

（一）代理记账机构及其管理

1. 代理记账机构

代理记账机构是指依法取得代理记账资格，从事代理记账业务的机构。会计师事务所及其分所可以依法从事代理记账业务。除会计师事务所以外的机构从事代理记账业务应当经县级以上地方人民政府财政部门批准，领取由财政部统一规定样式的代理记账许可证书。代理记账许可证书不受区域限制，在全国范围内有效。具体审批机关由省、自治区、直辖市、计划单列市人民政府财政部门确定。

2. 代理记账机构的管理

（1）县级以上人民政府财政部门对代理记账机构及其从事代理记账业务情况实施监督，随机抽取检查对象、随机选派执法检查人员，并将抽查情况及查处结果依法及时向社会公开。

（2）代理记账机构应当于每年 4 月 30 日之前，向审批机关报送下列材料：代理记账机构基本情况表（见表 1－2）；专职从业人员变动情况。

表 1－2　代理记账机构基本情况表

________年度

代理记账机构（分支机构）基本信息			
代理记账许可证书编号		发证日期	
机构名称		组织形式	
注册号/统一社会信用代码		成立日期	
注册资本/出资总额（万元）		企业类型	
办公地址（与注册地不一致时填写实际办公地址）		邮政编码	
机构负责人姓名		机构负责人身份证号	
股东/合伙人数量		机构人员数量	
联系人姓名		联系电话	
传真号码		电子邮箱	

续表

<table>
<tr><td>本年度业务总收入（万元）</td><td colspan="2"></td><td colspan="3">其中：代理记账业务收入（万元）</td><td colspan="2"></td></tr>
<tr><td>代理客户数量</td><td colspan="2"></td><td colspan="3">分支机构数量</td><td colspan="2"></td></tr>
<tr><td colspan="8">代理记账业务负责人信息</td></tr>
<tr><td>业务负责人姓名</td><td></td><td colspan="2">会计专业技术资格证书管理号</td><td></td><td colspan="2">资格等级</td><td></td></tr>
<tr><td colspan="8">专职从业人员信息</td></tr>
<tr><td rowspan="4">代理记账业务负责人姓名</td><td colspan="2">身份证号</td><td colspan="3">会计专业技术资格证书管理号</td><td colspan="2">会计专业技术资格等级</td></tr>
<tr><td colspan="2"></td><td colspan="3"></td><td colspan="2"></td></tr>
<tr><td colspan="2" rowspan="2"></td><td colspan="3">是否具有三年以上从事会计工作的经历</td><td colspan="2">备注</td></tr>
<tr><td colspan="3">□是　　□否</td><td colspan="2">需附书面承诺书</td></tr>
<tr><td>其他专职从业人员姓名</td><td colspan="2">身份证号</td><td colspan="5">备注</td></tr>
<tr><td></td><td colspan="2"></td><td colspan="5">需附书面承诺书</td></tr>
<tr><td></td><td colspan="2"></td><td colspan="5"></td></tr>
<tr><td></td><td colspan="2"></td><td colspan="5"></td></tr>
<tr><td></td><td colspan="2"></td><td colspan="5"></td></tr>
<tr><td colspan="8">我机构保证本表所填内容全部属实。

代理记账机构负责人签名（或签章）：
代理记账机构盖章
年　　月　　日</td></tr>
</table>

注：1.“组织形式”栏根据以下选择填写：有限责任公司、股份有限公司、分公司、非公司企业法人、企业非法人分支机构、个人独资企业、普通合伙企业、特殊普通合伙企业、有限合伙企业。

2.“企业类型”栏根据以下选择填写：内资企业、外商投资企业、港澳商投资企业、台商投资企业。

3. 分支机构填写时，代理记账许可证书编号及发证日期填写总部机构的证书信息；表中部分栏目对分支机构不适用的，分支机构可不用填写。

（3）代理记账机构设立分支机构的，分支机构应当于每年 4 月 30 日之前向其所在地的审批机关报送上述材料。

（4）代理记账机构采取欺骗、贿赂等不正当手段取得代理记账资格的，由审批机关撤销其资格，并对代理记账机构及其负责人给予警告，记入会计领域违法失信记录，根据有关规定实施联合惩戒，并向社会公告。

（5）代理记账机构在经营期间达不到规定的资格条件的，审批机关发现后，应当责令其在 60 日内整改；逾期仍达不到规定条件的，由审批机关撤销其代理记账资格。

（6）代理记账机构依法成立的行业组织，应当维护会员合法权益，建立会员诚信档案，规范会员代理记账行为，推动代理记账信息化建设。代理记账行业组织应当接受县级以上人民政府财政部门的指导和监督。

（二）代理记账机构的申请、变更及注销

1. 代理记账机构的申请

符合下列条件的机构可以申请代理记账资格：

（1）为依法设立的企业。

（2）专职从业人员不少于3名；专职从业人员是指仅在一个代理记账机构从事代理记账业务的人员。

（3）主管代理记账业务的负责人具有会计师以上专业技术职务资格或者从事会计工作不少于三年，且为专职从业人员。

（4）有健全的代理记账业务内部规范。

代理记账机构从业人员应当具有会计类专业基础知识和业务技能，能够独立处理基本会计业务，并由代理记账机构自主评价认定。

2. 申请代理记账资格应提交的资料

申请代理记账资格的机构，应当向所在地的审批机关提交申请及下列材料，并对提交材料的真实性负责：

（1）统一社会信用代码。

（2）主管代理记账业务的负责人具备会计师以上专业技术职务资格或者从事会计工作不少于三年的书面承诺。

（3）专职从业人员在本机构专职从业的书面承诺。

（4）代理记账业务内部规范。

3. 代理记账机构的变更

（1）代理记账机构名称、主管代理记账业务的负责人发生变更，设立或撤销分支机构，跨原审批机关管辖地迁移办公地点的，应当自作出变更决定或变更之日起30日内依法向审批机关办理变更登记，并应当自变更登记完成之日起20日内通过企业信用信息公示系统向社会公示。

（2）代理记账机构变更名称的，应当向审批机关领取新的代理记账许可证书，并同时交回原代理记账许可证书。

（3）代理记账机构跨原审批机关管辖地迁移办公地点的，迁出地审批机关应当及时将代理记账机构的相关信息及材料移交迁入地审批机关。

（4）代理记账机构设立分支机构的，分支机构应当及时向其所在地的审批机关办理备案登记。分支机构名称、主管代理记账业务的负责人发生变更的，分支机构应当按照要求向其所在地的审批机关办理变更登记。

（5）代理记账机构应当在人事、财务、业务、技术标准、信息管理等方面对其设立的分支机构进行实质性的统一管理，并对分支机构的业务活动、执业质量和债务承担法律责任。

4. 代理记账机构的注销

代理记账机构有下列情形之一的，审批机关应当办理注销手续，收回代理记账许可证书并予以公告：

（1）代理记账机构依法终止的。

（2）代理记账资格被依法撤销或撤回的。

（3）法律、法规规定的应当注销的其他情形。

（三）代理记账机构受托业务范围

代理记账机构可以接受委托办理下列业务：

（1）根据委托人提供的原始凭证和其他相关资料，按照国家统一的会计制度的规定进行会计核算，包括审核原始凭证、填制记账凭证、登记会计账簿、编制财务会计报告等。

（2）对外提供财务会计报告。

（3）向税务机关提供税务资料。

（4）委托人委托的其他会计业务。

（四）委托合同应具备的内容

委托人委托代理记账机构代理记账，应当在相互协商的基础上，订立书面委托合同。委托合同除应具备法律规定的基本条款外，应当明确下列内容：

（1）双方对会计资料真实性、完整性各自应当承担的责任。

（2）会计资料的传递程序和签收手续。

（3）编制和提供财务会计报告的要求。

（4）会计档案的保管要求及相应的责任。

（5）终止委托合同应当办理的会计业务交接事宜。

（五）委托人和代理记账机构的义务

1. 委托人的义务

（1）对本单位发生的经济业务事项，应当填制或者取得符合国家统一的会计制度规定的原始凭证。

（2）应当配备专人负责日常货币收支和保管。

（3）及时向代理记账机构提供真实、完整的原始凭证和其他相关资料。

（4）对于代理记账机构退回的，要求按照国家统一的会计制度的规定进行更正、补充的原始凭证，应当及时予以更正、补充。

2. 代理记账机构的义务

代理记账机构及其从业人员应当履行下列义务：

（1）遵守有关法律、法规和国家统一的会计制度的规定，按照委托合同办理代理记账业务。

（2）对在执行业务中知悉的商业秘密予以保密。

（3）对委托人要求其作出不当的会计处理，提供不实的会计资料，以及其他不符合法律、法规和国家统一的会计制度行为的，予以拒绝。

（4）对委托人提出的有关会计处理相关问题予以解释。

此外，代理记账机构为委托人编制的财务会计报告，经代理记账机构负责人和委托人负责人签名并盖章后，按照有关法律、法规和国家统一的会计制度的规定对外提供。

（六）法律责任

（1）代理记账机构违反《代理记账管理办法》相关规定，以及作出不实承诺的，由县级以上人民政府财政部门责令其限期改正，拒不改正的，将代理记账机构及其负责人列入重点关注名单，并向社会公示，提醒其履行有关义务；情节严重的，由县级以上人民政府财政部门按照有关法律、法规给予行政处罚，并向社会公示。

（2）代理记账机构及其负责人、主管代理记账业务负责人及其从业人员违反规定出具虚假申请材料或者备案材料的，由县级以上人民政府财政部门给予警告，记入会计领域违法失信记录，根据有关规定实施联合惩戒，并向社会公告。

（3）代理记账机构从业人员在办理业务中违反会计法律、法规和国家统一的会计制度的规定，造成委托人会计核算混乱、损害国家和委托人利益的，由县级以上人民政府财政部门依据《会计法》等有关法律、法规的规定处理。

（4）代理记账机构有上述行为的，县级以上人民政府财政部门应当责令其限期改正，并给予警告；有违法所得的，可以处违法所得 3 倍以下罚款，但最高不得超过 3 万元；没有违法所得的，可以处 1 万元以下罚款。

（5）委托人向代理记账机构隐瞒真实情况或者委托人会同代理记账机构共同提供虚假会计资料的，应当承担相应法律责任。

（6）未经批准从事代理记账业务的单位或个人，由县级以上人民政府财政部门按照《中华人民共和国行政许可法》及有关规定予以查处。

（7）县级以上人民政府财政部门及其工作人员在代理记账资格管理过程中，滥用职权、玩忽职守、徇私舞弊的，依法给予行政处分；涉嫌犯罪的，移送司法机关处理。

五、会计专业资格与职务

（一）会计专业技术资格

会计专业技术资格分为初级资格、中级资格和高级资格三个级别。现阶段只对初级、中级会计资格实行全国统一考试制度，高级会计师资格实行考试与评审相结合的制度。

初级、中级会计资格考试实行全国统一组织、统一考试时间、统一考试大纲、统一考试命题、统一合格标准的考试制度。初级考试科目为：初级会计实务、经济法基础，实行 1 年内通过全部科目考试的方法；中级考试科目为：中级会计实务、财务管理、经济法，考试成绩以 2 年为一个周期，单科成绩采取滚动计算的方法。

高级会计师的取得实行考试与评审相结合制度，符合报名条件的人员，均可报考，考试合格后，方可申请参加高级会计师资格评审。其中，专业考试科目为高级会计实务。参加考试并达到国家合格标准的人员，由全国会计专业技术资格考试办公室核发高级会计师考试合格证，该证在全国范围内 3 年有效。报考高级会计师资格考试的人员需要符合的条件为：必须具有会计师、审计师、财税经济师等中级专业技术资格或注册税务师、注册资产评估师资格之一，并从事会计、财税和相应管理工作的在职专业人员。

（二）会计专业职务

会计专业职务是区别会计人员从事业务工作的技术等级。会计专业职务分为高级会计师、会计师、助理会计师和会计员。1986 年 4 月中央职称改革工作小组转发了财政部制定的《会计专业职务试行条例》，规定：高级会计师为高级职务，会计师为中级职务，助理会计师和会计员为初级职务，并对会计专业职务的任职条件、基本职责以及聘（任）用办法等作出了具体规定。

1. 会计员的任职条件和基本职责

担任会计员的基本条件包括：

（1）初步掌握财务会计知识和技能。

（2）熟悉并能遵照执行有关会计法规和财务会计制度。

（3）能担负一个岗位的财务会计工作。

（4）大学专科或中等专业学校毕业，在财务会计工作岗位上见习 1 年期满。

会计员的基本职责包括：负责具体审核和办理财务收支，编制记账凭证，登记会计账簿，编制会计报表和办理其他会计事务。

2. 助理会计师的任职条件和基本职责

担任助理会计师的基本条件包括：

（1）掌握一般的财务会计基础理论和专业知识。

（2）熟悉并能正确执行有关的财经方针、政策和财务会计法规、制度。

（3）能担负一个方面或某个重要岗位的财务会计工作。

（4）取得硕士学位，或取得第二学士学位或研究生班结业证书，具备履行助理会计师职责的能力。

（5）大学本科毕业，在财务会计工作岗位上见习 1 年期满；大学专科毕业并担任会计员职务 2 年以上或中等专业学校毕业并担任会计员职务 4 年以上。

助理会计师的基本职责包括：负责草拟一般的财务会计制度、规定、办法，解释、解答财务会计法规、制度中的一般规定，分析、检查某一方面或某些项目的财务收支和预算的执行情况。

3. 会计师的任职条件和基本职责

担任会计师的基本条件包括：

（1）较系统地掌握财务会计理论和专业知识。

（2）掌握并能正确贯彻执行有关的财经方针、政策和财务会计法规、制度。

（3）具有一定的财务会计工作经验，能担负一个单位或管理一个地区、一个部门、一个系统某个方面的财务会计工作。

（4）取得博士学位并具备履行会计师职责的能力，或者取得硕士学位并担任助理会计师职务 2 年左右，或者取得第二学士学位或研究生班结业证书并担任助理会计师职务 2～3 年，或者大学本科或专科毕业并担任助理会计师职务 4 年以上。

会计师的基本职责包括：负责制定比较重要的财务会计制度、规定、办法，解释、解答财务会计法规、制度中的重要问题，分析、检查财务收支和预算执行情况，培养初级会计人才。

4. 高级会计师的任职条件和基本职责

担任高级会计师的基本条件包括：

（1）较系统地掌握经济、财务会计理论和专业知识。

（2）具有较高的政策水平和丰富的财务会计工作经验，能担负一个地区、一个部门或一个系统的财务会计管理工作。

（3）取得博士学位，并担任会计师职务2～3年；取得硕士学位、第二学士学位或研究生班结业证书，或大学本科毕业并担任会计师职务5年以上。

（4）较熟练地掌握一门外语。

高级会计师的基本职责包括：负责草拟和解释、解答在一个地区、一个部门、一个系统或在全国施行的财务会计法规、制度、办法，组织和指导一个地区或一个部门、一个系统的经济核算和财务会计工作，培养中级以上会计人才。

六、会计人员继续教育

（一）会计人员继续教育的概念

会计人员继续教育是指具有会计专业技术资格的人员，或不具有会计专业技术资格但从事会计工作的人员（以下简称会计专业技术人员）持续接受一定形式的、有组织的理论知识、专业技能和职业道德的教育和培训活动，优化知识结构，不断提高和保持其专业胜任能力和职业道德水平。

会计专业技术人员继续教育应当紧密结合经济社会和会计行业发展要求，以能力建设为核心，突出针对性、实用性，兼顾系统性、前瞻性，为经济社会和会计行业发展提供人才保证和智力支持。

会计专业技术人员是我国专业技术人员队伍的重要组成部分，广泛分布在我国各类企事业单位和国家机关、社会团体等组织中，是引导资源合理配置、维护市场经济秩序、促进经济社会持续健康发展的重要力量。党中央、国务院一直以来高度重视会计专业技术人员继续教育工作，并在法律层面作出明确规定。《会计法》第三十七条规定："对会计人员的教育和培训工作应当加强。"党的十九大明确要求"办好继续教育，加快建设学习型社会，大力提高国民素质"。2015年8月，人力资源和社会保障部发布《专业技术人员继续教育规定》，对专业技术人员继续教育工作的原则、要求、管理体制等作了明确要求。2017年修订后的《会计法》取消了会计从业资格行政许可，会计人员管理工作需要转型升级。加强会计专业技术人员继续教育是做好新时期会计人员管理工作的一项重要内容，也是从制度上引导、督促会计专业技术人员履行继续教育义务、提高业务素质和专业胜任能力、提高会计信息质量的有效途径。为规范会计专业技术人员继续教育，保障会计专业技术人员的合法权益，不断提高会计专业技术人员素质，财政部、人力资源和社会保障部联合印发了《会计专业技术人员继续教育规定》（财会〔2018〕10号，以下简称《会计继续教育规定》）。

（二）会计人员继续教育的基本原则

会计人员继续教育应当遵循下列基本原则。

1. 以人为本，按需施教

会计专业技术人员继续教育面向会计专业技术人员，引导会计专业技术人员更新知识，拓展技能，完善知识结构，全面提高素质。

2. 突出重点，提高能力

把握会计行业发展趋势和会计专业技术人员从业基本要求，引导会计专业技术人员树立诚信理念，提高职业道德和业务素质，全面提升专业胜任能力。

3. 加强指导，创新机制

统筹教育资源，引导社会力量参与继续教育，不断丰富继续教育内容，创新继续教育方式，提高继续教育质量，形成政府部门规划指导、社会力量积极参与、用人单位支持配合的会计专业技术人员继续教育新格局。

（三）会计人员继续教育管理体制

财政部负责制定全国会计专业技术人员继续教育政策，会同人力资源和社会保障部监督指导全国会计专业技术人员继续教育工作的组织实施，人力资源和社会保障部负责对全国会计专业技术人员继续教育工作进行综合管理和统筹协调。

除另有规定外，县级以上地方人民政府财政部门、人力资源和社会保障部门共同负责本地区会计专业技术人员继续教育工作。

新疆生产建设兵团按照财政部、人力资源和社会保障部有关规定，负责所属单位的会计专业技术人员继续教育工作。中共中央直属机关事务管理局、国家机关事务管理局（以下统称中央主管单位）按照财政部、人力资源和社会保障部的有关规定，分别负责中央在京单位的会计专业技术人员继续教育工作。

（四）会计人员继续教育的内容与形式

1. 会计人员继续教育的内容

会计专业技术人员继续教育内容包括公需科目和专业科目。

公需科目包括专业技术人员应当普遍掌握的法律法规、政策理论、职业道德、技术信息等基本知识，专业科目包括会计专业技术人员从事会计工作应当掌握的财务会计、管理会计、财务管理、内部控制与风险管理、会计信息化、会计职业道德、财税金融、会计法律法规等相关专业知识。

财政部会同人力资源和社会保障部根据会计专业技术人员能力框架，定期发布继续教育公需科目指南、专业科目指南，对会计专业技术人员继续教育内容进行指导。

2. 会计人员继续教育的形式

会计专业技术人员可以自愿选择参加继续教育的形式。会计专业技术人员继续教育的形式有：

（1）参加县级以上地方人民政府财政部门、人力资源和社会保障部门，新疆生产建设兵团财政局、人力资源和社会保障局，中共中央直属机关事务管理局，国家机关事务管理局（以下统称继续教育管理部门）组织的会计专业技术人员继续教育培训、高端会计人才培训、全国会计专业技术资格考试等会计相关考试、会计类专业会议等。

（2）参加会计继续教育机构或用人单位组织的会计专业技术人员继续教育培训。

(3) 参加国家教育行政主管部门承认的中专以上（含中专，下同）会计类专业学历（学位）教育；承担继续教育管理部门或行业组织（团体）的会计类研究课题，或在有国内统一刊号（CN）的经济、管理类报刊上发表会计类论文；公开出版会计类书籍；参加注册会计师、资产评估师、税务师等继续教育培训。

(4) 继续教育管理部门认可的其他形式。

（五）会计人员继续教育的学分管理

1. 采用学分管理

会计专业技术人员参加继续教育实行学分制管理，每年参加继续教育取得的学分不少于 90 学分。其中，专业科目一般不少于总学分的三分之二。会计专业技术人员参加继续教育取得的学分，在全国范围内当年度有效，不得结转以后年度。

2. 学分管理的起点

具有会计专业技术资格的人员应当自取得会计专业技术资格的次年开始参加继续教育，并在规定时间内取得规定学分。不具有会计专业技术资格但从事会计工作的人员应当自从事会计工作的次年开始参加继续教育，并在规定时间内取得规定学分。

3. 学分的计量标准

参加《会计继续教育规定》第十条规定形式的继续教育，其学分计量标准如下：

(1) 参加全国会计专业技术资格考试等会计相关考试，每通过一科考试或被录取的，折算为 90 学分。

(2) 参加会计类专业会议，每天折算为 10 学分。

(3) 参加国家教育行政主管部门承认的中专以上会计类专业学历（学位）教育，通过当年度一门学习课程考试或考核的，折算为 90 学分。

(4) 独立承担继续教育管理部门或行业组织（团体）的会计类研究课题，课题结项的，每项研究课题折算为 90 学分；与他人合作完成的，每项研究课题的课题主持人折算为 90 学分，其他参与人每人折算为 60 学分。

(5) 独立在有国内统一刊号（CN）的经济、管理类报刊上发表会计类论文的，每篇论文折算为 30 学分；与他人合作发表的，每篇论文的第一作者折算为 30 学分，其他作者每人折算为 10 学分。

(6) 独立公开出版会计类书籍的，每本会计类书籍折算为 90 学分；与他人合作出版的，每本会计类书籍的第一作者折算为 90 学分，其他作者每人折算为 60 学分。

(7) 参加其他形式的继续教育，学分计量标准由各省、自治区、直辖市、计划单列市财政厅（局）（以下称省级财政部门）、新疆生产建设兵团财政局会同本地区人力资源社会保障部门、中央主管单位制定。

4. 实行登记管理

对会计专业技术人员参加继续教育情况实行登记管理。用人单位应当对会计专业技术人员参加继续教育的种类、内容、时间和考试考核结果等情况进行记录，并在培训结束后及时按照要求将有关情况报送所在地县级以上地方人民政府财政部门、新疆生产建设兵团财政局或中央主管单位。省级财政部门、新疆生产建设兵团财政局、中央主管单位应当建立会计专业技术人员继续教育信息管理系统，对会计专业技术人员参加继续教育取得的学分进行登记，如实记载会计专业技术人员接受继续教育情况。

练习题

在线测试 1-5

第六节　法律责任

一、法律责任概述

会计法律责任

法律责任是指违反法律规定的行为应当承担的法律后果，也就是对违法者的制裁。它是一种通过对违法行为进行惩罚来实施法律规则的要求。法律责任主要有两种形式：一是行政责任，二是刑事责任。违反《会计法》关于会计核算、会计监督、会计机构、会计人员的有关规定的，应当承担法律责任。其法律责任的种类包括责令限期改正、罚款、行政处分、追究刑事责任等。

（一）行政责任

行政责任是行政法律关系主体在国家行政管理活动中因违反了行政法律规范，不履行行政上的义务而产生的责任。在《会计法》的规定中，有许多是属于对会计活动进行行政管理的内容，属于行政法律规范，相应地，在《会计法》“法律责任”一章中，对违反这些行政法律规范的行为，规定了行政法律责任，包括行政处罚和行政处分两种。

1. 行政处罚

行政处罚是指特定的行政主体基于一般行政管理职权，对其认为违反行政法上的强制性义务，违反行政管理秩序的行政管理相对人所实施的一种行政制裁措施。行政处罚的表现形式主要有批评、通报、没收非法所得、行政拘留、责令赔偿损失等。

2. 行政处分

行政处分是国家工作人员违反行政法律规范所应承担的一种行政法律责任，是行政机关对国家工作人员故意或者过失侵犯行政相对人的合法权益所实施的法律制裁。行政处分的表现形式主要有警告、记过、降职、降级、撤职、留用察看、开除等。

（二）刑事责任

刑事责任是指犯罪行为应承担的法律责任，即对犯罪分子依照刑事法律的规定追究的法律责任。主要包括两类：一是犯罪，二是刑罚。

1. 犯罪

根据《中华人民共和国刑法》（以下简称《刑法》）的规定，一切危害国家主权、领土完整和安全，分裂国家、颠覆人民民主专政的政权和推翻社会主义制度，破坏社会秩序和经济秩序，侵犯国家财产或者劳动群众所有的财产，侵犯公民私人所有的财产，侵犯公民的人身权利、民主权利和其他权利，以及其他危害社会的行为，依照法律应当受刑罚处罚的，都是犯罪，但情节显著轻微危害不大的，不认为是犯罪。

2. 刑罚

刑罚是由人民法院对犯罪分子适用并由专门机构执行的最为严厉的国家强制措施。根据我国《刑法》的规定，刑罚分为主刑和附加刑。主刑一般包括管制、拘役、有期徒刑、无期徒刑和死刑。附加刑分为罚金、剥夺政治权利、没收财产等。

（三）行政责任与刑事责任的主要区别

（1）追究的违法行为不同。追究行政责任的是一般违法行为，追究刑事责任的是犯罪行为。

（2）追究责任的机关不同。追究行政责任由国家特定的行政机关依照有关法律的规定决定，追究刑事责任则由司法机关依照《刑法》的规定决定。

（3）承担法律责任的后果不同。追究刑事责任是最严厉的制裁，比追究行政责任严厉得多。

二、与会计职务有关的违法行为的法律责任

《会计法》第三十八条规定："因有提供虚假财务会计报告，做假账，隐匿或故意销毁会计凭证、会计账簿、财务会计报告，贪污，挪用公款，职务侵占等与会计职务有关的违法行为被依法追究刑事责任的人员，不得再从事会计工作。"

三、不依法设置会计账簿等会计违法行为的法律责任

根据《会计法》第四十条的规定，有下列行为之一的，由县级以上人民政府财政部门责令限期改正，给予警告、通报批评，对单位可以并处 20 万元以下的罚款，对其直接负责的主管人员和其他直接责任人员，可以处 5 万元以下的罚款；情节严重的，对单位可以并处 20 万元以上 100 万元以下的罚款，对其直接负责的主管人员和其他责任人员可以处 5 万元以上 50 万元以下的罚款；属于公职人员的，还应当依法给予处分：

（1）不依法设置会计账簿的。

（2）私设会计账簿的。

（3）未按照规定填制、取得原始凭证或者填制、取得的原始凭证不符合规定的。

（4）以未经审核的会计凭证为依据登记会计账簿或者登记会计账簿不符合规定的。

（5）随意变更会计处理方法的。

（6）向不同的会计资料使用者提供的财务会计报告编制依据不一致的。

（7）未按照规定使用会计记录文字或者记账本位币的。

（8）未按照规定保管会计资料，致使会计资料毁损、灭失的。

（9）未按照规定建立并实施单位内部会计监督制度或者拒绝依法实施的监督或者不如实提供有关会计资料及有关情况的。

（10）任用会计人员不符合《会计法》规定的。

有前款所列行为之一，构成犯罪的，依法追究刑事责任。

会计人员有第一款所列行为之一，情节严重的，五年内不得从事会计工作。

四、其他会计违法行为的法律责任

（一）伪造、变造会计凭证、会计账簿，编制虚假财务会计报告，隐匿或者故意销毁依法应当保存的会计资料的法律责任

《会计法》第四十一条规定："伪造、变造会计凭证、会计账簿，编制虚假财务会计报告，隐匿或者故意销毁依法应当保存的会计凭证、会计账簿、财务会计报告的，由县级以上人民政府财政部门责令限期改正，给予警告、通报批评，没收违法所得，违法所得二十万元以上的，对单位可以并处违法所得一倍以上十倍以下的罚款，没有违法所得或者违法所得不足二十万元的，可以并处二十万元以上二百万元以下的罚款；对其直接负责的主管人员和其他直接责任人员可以处十万元以上五十万元以下的罚款，情节严重的，可以处五十万元以上二百万元以下的罚款；属于公职人员的，还应当依法给予处分；其中的会计人员，五年内不得从事会计工作；构成犯罪的，依法追究刑事责任。"

（二）授意、指使、强令会计机构、会计人员及其他人员违法的法律责任

所谓授意，是指暗示他人按其意思行事。所谓指使，是指通过明示方式，指示他人按其意思行事。所谓强令，是指明知其命令是违反法律的，而强迫他人执行其命令的行为。

《会计法》第四十二条规定："授意、指使、强令会计机构、会计人员及其他人员伪造、变造会计凭证、会计账簿，编制虚假财务会计报告或者隐匿、故意销毁依法应当保存的会计凭证、会计账簿、财务会计报告的，由县级以上人民政府财政部门给予警告、通报批评，可以并处二十万元以上一百万元以下的罚款；情节严重的，可以并处一百万元以上五百万元以下的罚款；属于公职人员的，还应当依法给予处分；构成犯罪的，依法追究刑事责任。"

（三）单位负责人对会计人员实行打击报复的法律责任

《会计法》第四十三条规定："单位负责人对依法履行职责、抵制违反本法规定行为的

会计人员以降级、撤职、调离工作岗位、解聘或者开除等方式实行打击报复的，依法给予处分；构成犯罪的，依法追究刑事责任。对受打击报复的会计人员，应当恢复其名誉和原有职务、级别。”

根据《刑法》第二百五十五条的规定，公司、企业、事业单位、机关、团体的领导人，对依法履行职责、抵制违反会计法、统计法行为的会计、统计人员实行打击报复，情节恶劣的，处三年以下有期徒刑或者拘役。

练习题

在线测试 1-6

财经素养专栏

财务舞弊案例

财经素养融入点

1. 积极践行依法治国思想，成为依法办事的践行者。

2. 以国家治理引领会计法律法规建设，为实现中华民族伟大复兴保驾护航。

3. 认真学习我国会计法律制度，掌握过硬的业务本领，识别会计核算和会计监督的风险点。

4. 树立诚信为本、操守为重、遵纪守法、客观公正、廉洁奉公的会计职业操守。

第二章　结算法律制度

教学目标

知识目标

◆ 理解支付结算的概念、特征以及基本原则；理解银行结算账户的概念、分类以及管理的基本原则。

◆ 熟悉支付结算的主要支付工具，以及开立、使用银行结算账户，办理支付结算的基本要求。

◆ 掌握现金结算的特点、渠道、范围及限额管理，明确建立现金结算的内部控制的重要性。

◆ 掌握票据的概念、种类，熟悉支票、商业汇票、银行卡、委托收款、托收承付、信用证及汇兑的有关规定。

能力目标

◆ 能正确填写（签发）各类票据和结算凭证。

◆ 能按单位的实际情况开立和使用各类银行结算账户。

◆ 能应用支付结算的主要工具，按规定办理各种支付结算。

◆ 能识别支付结算过程中存在的不合规事实，正确行使票据权利。

◆ 能正确运用信用卡进行筹资、消费及理财。

素养目标

◆ 培养遵纪守法、客观公正、严于律己、服务社会的会计职业操守。

◆ 善于运用法制手段伸张正义，维护自身合法权益。

◆ 积极践行习近平总书记的法治思想，为法治中国贡献一份力量。

案例导入

票据诈骗花样多，经济交往需谨慎

一、过期支票　购买夹板

2023 年 11 月 9 日，被告人杨某、江某与刘某（另案处理）经事前密谋，以介绍受害人周某出售夹板为由，要求周某从广州将价值 122 300 元的 30 箱夹板运到佛山城南陶瓷批发市场的货仓存放。同年 11 月 12 日，被告人江某与刘某到中山市找到一名自称“李少雄”的男子假扮买主，由“李少雄”将一张面额为人民币 9 万元的中国农业银行的过期失效支票交给受害人周某，并谎称余下的货款第二天提货时支付。骗得周某的信任后，杨某、江某等将其中的 20 箱夹板取走。周某发现支票过期后立即打电话质问江某等3人，但他们全部关闭手机。三名被告人将夹板转移到广州芳村销赃，共得款4.2万元。

二、买假汇票　兑现未遂

被告人陈某原是河南省某市抗磨球铁厂厂长、法定代表人。2024年年初，陈某要被告人赵某帮忙找一张银行承兑汇票，并称其与佛山银行的人关系很好，只要汇票能经得起银行查询，不论真假他都能在佛山办理贴现。同时，陈某又联系到佛山市环市农村信用合作社职工李某（另案处理），李某答应帮忙拿汇票到佛山的银行查询后，陈某即将公司的公章、营业执照、财务专用章交给李某到佛山开户。之后赵某专门找到销售假汇票的赵某某，赵某某拿出一张复制得非常逼真的面额为100万元的假汇票，并保证该汇票在5天内绝对经得起银行的查询。1月12日，陈某将1万元交给赵某，由赵某购买了这张面额为100万元的假承兑汇票。14日，被告人陈某、赵某从河南赶到佛山。在李某告知汇票可以贴现后，陈某当天即与李某到佛山市环市农村信用合作社，准备办理汇票贴现手续时，被公安机关抓获。

三、开设账户　疯狂骗货

被告人林某是阳江人。2023年6月21日，他伙同一男青年以广州市某五金交电经营部曾敏波的名义向广州电机厂华兴风扇分厂购买总价值30 600元的风扇，收货后签发了一张同等金额的广州市商业银行空头支票进行支付。行骗得手后，林某在27日用购买回来的身份证到佛山市开设了南海五金交电购销部，并在农行某支行开设支票账户。有了固定的据点后，林某更肆无忌惮地签发空头支票行骗，2023年8月至9月间，共骗取他人货物价值207 500.26元，所骗的货物种类繁多，包括光管支架、电线、砂轮片等机电产品。每次行骗后，林某均将诈骗所得的货物全部运到阳江市销售。至公安机关破案时，追回赃款17 671元。

四、账户没钱　支票挥霍

被告人余某原是佛山市某公司经理。2024年1月7日，余某未经公司法定代表人的同意，私自使用该公司的营业执照、印章，在佛山市城郊农村信用合作联社开设了支票账户，该账户最高余额仅960元。余某于同年1月10日、13日先后两次到佛山市石油公司使用空头支票骗取汽油票11 590元，之后又3次使用空头支票购买高级洋酒和到酒店住宿消费，总金额达27 969.1元。

第一节　支付结算概述

一、支付结算的概念与特征

（一）支付结算的概念

支付结算是指单位、个人在社会经济活动中使用现金、票据、银行卡和汇兑、托收承付、委托收款等结算方式进行货币给付及资金清算的行为。

银行、城市信用合作社、农村信用合作社（以下简称银行）以及单位（含个体工商户）和个人是办理支付结算的主体。其中，银行是支付结算和资金清算的中介机构。

（二）支付结算的特征

支付结算作为一种法律行为，具有下述法律特征。

1. 支付结算必须通过经中国人民银行批准的金融机构进行

支付结算包括现金、票据、银行卡和汇兑、托收承付、委托收款等结算行为，而这些结算行为必须通过经中国人民银行批准的金融机构才能进行。《支付结算办法》规定："银行是支付结算和资金清算的中介机构。未经中国人民银行批准的非银行金融机构和其他单位不得作为中介机构经营支付结算业务。但法律、行政法规另有规定的除外。"

2. 支付结算是一种要式行为

所谓要式行为，是指法律规定必须按照一定形式进行的行为。如果该行为不符合法定的形式要件，即为无效。支付结算的工具必须符合《支付结算办法》规定的格式要求。

3. 支付结算的发生取决于委托人的意志

银行在支付结算中充当中介机构的角色，因此，银行只要以善意且符合规定的正常操作程序进行审查，对伪造、变造的票据和结算凭证上的签章以及需要交验的个人有效身份证件未发现异常而支付金额的，对出票人或付款人不再承担委托付款的责任，对持票人或收款人不再承担付款的责任。与此同时，当事人对在银行的存款有自己的支配权。

4. 支付结算实行统一管理和分级管理

支付结算是一项政策性强、与当事人利益息息相关的活动，因此，必须对其实行统一管理。

《支付结算办法》规定，中国人民银行总行负责制定统一的支付结算制度，组织、协调、管理和监督全国的支付结算工作，调解与处理银行之间的支付结算纠纷。中国人民银行各分行根据统一的支付结算制度制定实施细则，报总行备案；根据需要可以制定单项支付结算办法，报经中国人民银行总行批准后执行。中国人民银行分、支行负责组织、协调、管理和监督本辖区的支付结算工作，调解与处理本辖区银行之间的支付结算纠纷。

政策性银行、商业银行总行可根据统一的支付结算制度，结合本行情况，制定具体管理实施办法，报经中国人民银行总行批准后执行，并负责组织、管理、协调本行内的支付结算工作。

5. 支付结算必须依法进行

《支付结算办法》规定，银行、城市信用合作社、农村信用合作社以及单位和个人（含个体工商户），办理支付结算必须遵守国家的法律、行政法规和本办法的各项规定，不得损害社会公共利益。因此，支付结算的当事人必须严格依法进行支付结算活动。

二、支付结算的主要法律依据

支付结算方面的法律、法规和制度主要包括：《票据法》《票据管理实施办法》《支付结算办法》《现金管理暂行条例》《银行卡业务管理办法》《人民币银行结算账户管理办法》《异地托收承付结算办法》《电子支付指引（第一号）》等。

三、支付结算的基本原则

支付结算的基本原则是单位、个人和银行在进行支付结算活动时所必须遵循的行为准则。

（一）恪守信用、履约付款原则

该原则即各单位之间、单位与个人之间发生交易往来，通过银行办理结算，并根据各自的具体条件自行协商订约，使收付双方办理款项收付完全建立在自觉自愿、相互信任的基础上。这一原则是《民法典》的“诚信”原则在支付结算中的具体表现，该原则要求结算当事人必须依法承担义务和行使权利，严格遵守信用，履行付款义务，特别是应当按照约定的付款金额和付款日期进行支付。

（二）谁的钱进谁的账、由谁支配原则

该原则即银行在办理结算时，必须按照存款人的委托，将款项支付给其指定的收款人；对存款人的资金，除国家法律另有规定外，必须由其自主支配，银行不代扣款项。该原则要求维护存款人对存款资金的所有权或经营权，保证其对资金支配的自主权，加强了银行办理结算的责任。

（三）银行不垫款原则

该原则即银行办理结算时，只负责办理结算当事人之间的款项划拨，不承担垫付任何款项的责任。该原则要求划清银行资金与存款人资金的界限，保护银行资金的所有权或经营权，促使开户单位和个人直接对自己的债权债务负责。

上述三个原则既可单独发挥作用，也是一个有机的整体，分别从不同角度强调了付款人、收款人和银行在结算过程中的权利、义务，从而切实保障了结算活动的正常进行。

办理支付结算的要求

四、办理支付结算的相关要求

（一）办理支付结算的基本要求

（1）办理支付结算必须使用中国人民银行统一规定的票据和结算凭证，未使用中国人民银行统一规定的票据，票据无效；未使用中国人民银行统一规定的结算凭证，银行不予受理。

（2）办理支付结算必须按统一的规定开立和使用账户。单位、个人和银行应当按照《人民币银行结算账户管理办法》的规定开立、使用账户。

（3）填写票据和结算凭证应当全面规范，做到数字正确、要素齐全、不错不漏、字迹清楚、防止涂改。票据和结算凭证金额以中文大写和阿拉伯数码同时记载，二者必须一

致，否则银行不予受理。

（4）票据和结算凭证上的签章和记载事项必须真实，不得变造、伪造。票据和结算凭证上的签章，为签名、盖章或者签名加盖章。单位、银行在票据上的签章和单位在结算凭证上的签章，为该单位、银行的盖章加其法定代表人或其授权的代理人的签名或盖章。个人在票据和结算凭证上的签章，为个人本名的签名或签章。

案例分析 2－1

2024 年 6 月 13 日，A 蔬菜公司向某超市出售了一批散装菜，货款总额为 7 000 元。A 蔬菜公司财务人员李某接收该超市财务人员孙某签发的支票时，发现支票的出票日期为贰零贰肆年零陆月壹拾伍日，遂向孙某询问为什么签发日期不是贰零贰肆年零陆月壹拾叁日。孙某接过李某手中的支票，二话没说就在支票上将“伍”字划掉，改成了“叁”字。孙某的做法是否妥当？李某是否应当接受修改后的支票？

分析与提示：

按照规定，票据的出票金额、出票日期、收款人名称不得更改，更改的票据无效。因此本例中，孙某在支票上更改出票日期的做法是不对的，这样会导致支票无效，李某不应当接受该出票日期更改后的支票。

（二）支付结算凭证填写的要求

（1）票据的出票日期必须使用中文大写。月为壹、贰和壹拾的，日为壹至玖和壹拾、贰拾和叁拾的，应在其前加“零”；日为拾壹至拾玖的，应在其前加“壹”。大写日期未按要求规范填写的，银行可予受理；但由此造成损失的，由出票人自行承担。例如，2 月 12 日，应写成零贰月壹拾贰日；10 月 20 日，应写成零壹拾月零贰拾日。

（2）中文大写金额数字应用正楷或行书填写，不得自造简化字。如果金额数字书写中使用繁体字，银行也应受理。

（3）中文大写金额数字前应标明“人民币”字样，大写金额数字应紧接“人民币”字样填写，不得留有空白。大写金额数字前未印“人民币”字样的，应加填“人民币”三字。

（4）中文大写金额数字到“元”为止的，在“元”之后应写“整”（或“正”）字，到“角”为止的，在“角”之后可以不写“整”（或“正”）字。大写金额数字有“分”的，“分”后面不写“整”（或“正”）字。

（5）阿拉伯小写金额数字前面，均应填写人民币符号“¥”。阿拉伯小写金额数字要认真填写，不得连写分辨不清。

（6）阿拉伯小写金额数字中有“0”的，中文大写应按照汉语语言规律、金额数字构成和防止涂改的要求进行书写。举例如下：

1）阿拉伯数字中间有“0”时，中文大写金额要写“零”字。如¥1 409.50，应写成人民币壹仟肆佰零玖元伍角。

2）阿拉伯数字中间连续有几个“0”时，中文大写金额中间可以只写一个“零”字。

如￥6 007.14，应写成人民币陆仟零柒元壹角肆分。

3）阿拉伯金额数字万位或元位是“0”，或者数字中间连续有几个“0”，万位、元位也是“0”，但千位、角位不是“0”时，中文大写金额可以只写一个“零”字，也可以不写“零”字。如￥1 680.32，应写成人民币壹仟陆佰捌拾元零叁角贰分，或者写成人民币壹仟陆佰捌拾元叁角贰分；又如￥107 000.53，应写成人民币壹拾万零柒仟元零伍角叁分，或者写成人民币壹拾万柒仟元伍角叁分。

4）阿拉伯金额数字角位是“0”，而分位不是“0”时，中文大写金额“元”后面应写“零”字。如￥16 409.02，应写成人民币壹万陆仟肆佰零玖元零贰分；又如￥325.04，应写成人民币叁佰贰拾伍元零肆分。

票据和结算凭证的金额、出票或签发日期、收款人名称不得更改，更改的票据无效；更改的结算凭证，银行不予受理。对票据和结算凭证上的其他记载事项，原记载人可以更改，更改时应当由原记载人在更正处签章说明。

案例分析 2－2

2024年1月18日，荣昌商贸有限责任公司（以下简称荣昌公司）从龙腾公司购进一批货物，同时向龙腾公司开具一张商业承兑汇票，用于货款结算。

荣昌公司开具商业承兑汇票时，将付款人填写为“荣晶商贸有限责任公司”，出票日期填写为“贰零贰肆年壹月拾捌日”，收款人未填写。后经财务部小胡核对，发现付款人名称填写有误，小胡遂将“晶”字改为“昌”字，交予龙腾公司。

请回答下列问题：

（1）荣昌公司开具商业承兑汇票未填写收款人名称是否影响该票据的效力？简要说明理由。

（2）指出荣昌公司在汇票出票日期填写中的错误，并写出正确的填写格式。

（3）指出荣昌公司在更改付款人名称行为中的不当之处，简要说明理由。

分析与提示：

（1）荣昌公司开具商业承兑汇票未填写收款人名称影响票据效力。根据《票据法》的规定，收款人名称是商业承兑汇票的必须记载事项（或绝对记载事项），未填写收款人名称，商业承兑汇票无效。

（2）该商业承兑汇票出票日期的月、日填写错误。正确的填写格式应为：贰零贰肆年零壹月壹拾捌日。

（3）荣昌公司更改付款人名称未予以签章（或盖章）是错误的。根据票据法律制度的规定，票据上的付款人可以更改，更改时应当由原记载人在更改处签章（或盖章）。

练习题

在线测试 2－1

第二节　现金结算

一、现金结算的概念与特点

（一）现金结算的概念

现金结算是指在商品交易、劳务供应等经济往来中，直接使用现金进行应收应付款结算的一种行为。在我国，该方式主要适用于单位与个人之间的款项收付，以及单位之间的转账结算起点金额以下的零星小额收付。

（二）现金结算的特点

现金结算具有直接和便利、不安全、不易宏观控制和管理、费用较高等特点。

1. 直接和便利

现金结算方式下，买卖双方一手交钱一手交货，当面钱货两清，无须通过中介，对买卖双方而言是最为直接和便利的。在劳务供应、信贷发放和资金调拨方面，现金结算同样直接和便利，因而广泛地被社会大众所接受。

2. 不安全

现金结算的广泛性和便利性，使其成为不法分子觊觎的最主要目标，现金容易被偷窃、贪污和挪用。在现实生活中，绝大多数的经济犯罪活动都与现金有关。

3. 不易宏观控制和管理

现金结算大部分不通过银行进行，因而国家很难对其进行控制。过多的现金结算，使流通领域中的现钞过多，容易造成通货膨胀。

4. 费用较高

现金结算虽然可以减少相关手续费用，但其清点、运送、保管成本较高。过多的现金结算将增大国家印制、保管、运送现金和回收旧现钞等工作的成本，浪费大量的人力、物力和财力。

二、现金结算的渠道

现金结算的渠道有：（1）付款人直接将现金支付给收款人，无须通过银行等中介机构；（2）付款人委托银行、非银行金融机构或者非金融机构将现金支付给收款人。

三、现金结算的范围

根据《现金管理暂行条例》的规定，开户单位可以在下列范围内使用现金：

（1）职工工资、津贴。这里所说的职工工资指企业、事业单位和机关、团体、部队支付给职工的工资和工资性津贴。

（2）个人劳务报酬。个人劳务报酬指由于个人向企业、事业单位和机关、团体、部队等提供劳务而由企业、事业单位和机关、团体、部队等向个人支付的劳务报酬，包括新闻出版单位支付给作者的稿费，各种学校、培训机构支付给外聘教师的讲课费、设计费、装潢费、安装费、制图费、化验费、测试费、咨询费、医疗费、技术服务费、介绍服务费、经纪服务费、代办服务费、各种演出与表演费，以及其他劳务费用。

（3）根据国家规定，颁发给个人的科学技术、文化艺术、体育等各种奖金。

（4）各种劳保、福利费用以及国家规定的对个人的其他支出，如退休金、抚恤金、学生助学金、职工困难生活补助。

（5）向个人收购农副产品和其他物资的价款，如农副产品、工艺品、废旧物资的价款。

（6）出差人员必须随身携带的差旅费。

（7）结算起点（1 000 元）以下的零星支出。超过结算起点的，应实行银行转账结算，结算起点的调整由中国人民银行确定后报国务院备案。

（8）中国人民银行确定需要现金支付的其他支出。如采购地点不确定、交通不便、抢险救灾以及其他特殊情况，办理转账结算不够方便，必须使用现金的支出。对于这类支出，现金支取单位应向开户银行提出书面申请，由本单位财会部门负责人签字、盖章，开户银行审查批准后予以支付现金。

除上述（5）、（6）两项外，其他支付给个人的款项中，支付现金每人不得超过 1 000 元，超过限额的部分根据提款人的要求，在指定的银行转存为储蓄存款或以支票、银行本票予以支付。企业与其他单位的经济往来除规定的范围可以使用现金外，应通过开户银行进行转账结算。

四、现金使用的限额

（一）库存现金限额的概念

库存现金限额是指国家规定由开户银行给各单位核定一个保留现金的最高额度。核定单位库存现金限额的原则是，既要保证日常零星现金支付的合理需要，又要尽量减少现金的使用。开户单位由于经济业务发展需要增加或减少库存现金限额的，应按必要的手续向开户银行提出申请。

（二）库存现金限额的核定管理

各开户单位的库存现金都要核定限额。为了保证现金的安全，规范现金管理，同时又能保证开户单位现金的正常使用，按照《现金管理暂行条例》及其实施细则的规定，库存现金限额由开户银行和开户单位根据具体情况商定，凡在银行开户的单位，银行根据实际需要核定3～5天的日常零星开支数额作为该单位的库存现金限额。边远地区和交通不便地区的开户单位，其库存现金限额的核定天数可以适当放宽在5天以上，但最多不得超过15天的日常零星开支的需要量。库存现金限额每年核定一次，经核定的库存现金限额，开户单位必须严格遵守。

案例分析 2-3

中山兴中企业库存现金限额为50 000元，2024年3月20日库存现金为100 000元，出纳员按总经理的批示从中提取20 000元存入个人信用卡，从中借给兄弟单位50 000元发工资，另将其中10 000元存入单位信用卡。3月25日，企业直接从当天的现金收入中提取30 000元向农户收购农副产品。请问：该企业有关现金管理的做法是否正确？

分析与提示：

企业的做法有以下不对之处：

（1）3月20日库存现金超过库存限额，违反现金管理“必须严格遵守开户银行核定的库存限额”的规定。

（2）将单位现金20 000元存入个人信用卡，违反现金管理“不得将单位的收入以个人的名义储蓄”的规定。

（3）直接从现金收入中支取现金，是坐支行为，违反现金管理“不得坐支”的规定。

（4）单位之间互借现金，违反了现金管理“单位之间不得相互借用现金”的规定。

练习题

在线测试 2-2

第三节 银行结算账户

为规范结算账户的开立和使用，加强账户管理，维护经济、金融秩序稳定，国家制定了一系列法规制度。其中，中国人民银行于2003年4月10日公布了《人民币银行结算账户管理办法》，2005年1月19日中国人民银行又发布了《人民币银行结算账户管理办法实施细则》，对人民币银行结算账户的开立、使用和管理作出了规定；《中华人民共和国外汇管理条例》《结汇、售汇及付汇管理规定》《关于完善资本项目外汇管理有关问题的通知》《个人外汇管理办法》等对外汇账户进行了规范。

一、银行结算账户的概念

银行结算账户是指存款人在经办银行开立的办理资金收付结算的人民币活期存款账户。它是存款人办理存、贷款和资金收付活动的基础。这里的“存款人”是指在中国境内开立银行结算账户的机关、团体、部队、企业、事业单位、其他组织、个体工商户和自然人；“银行”是指在中国境内经中国人民银行批准经营支付结算业务的政策性银行、商业银行（含外资独资银行、中外合资银行、外国银行分行）、城市商业银行、城市信用合作社、农村信用合作社。通过银行结算账户可以将资金从一方当事人向另一方当事人转移。

银行结算账户的分类

二、银行结算账户的分类

（一）个人银行结算账户

1. 个人银行结算账户的概念和使用范围

个人银行结算账户是指自然人因投资、消费、结算等开立的可办理支付结算业务的存款账户。

个人银行结算账户用于办理个人转账收付和现金存取，储蓄账户仅限于办理现金存款业务，不得办理转账结算。

下列款项可以转入个人银行结算账户：工资、奖金收入；稿费、演出费等劳务收入；债券、期货、信托等投资的本金和收益；个人债券和产权转让收益；个人贷款转存；证券交易结算资金和期货交易保证金；继承、赠予款项；保险理赔、保费退款等款项；纳税退还；农、副、矿产品销售收入；其他合法收入等。

2. 个人银行结算账户的开户要求

存款人申请开立个人银行结算账户，应向银行出具下列证明文件：中国内地居民，应出具居民身份证或临时身份证；中国人民解放军军人，应出具军人身份证件；中国人民武装警察，应出具武警身份证件；中国香港、澳门居民，应出具港澳居民往来内地通行证；中国台湾居民，应出具台湾居民往来大陆通行证或其他有效旅行证件；外国公民，应出具护照；法律、法规和国家有关文件规定的其他有效证件。

银行为个人开立银行结算账户时，根据需要还可要求申请人出具户口簿、驾驶执照、护照等有效证件。

（二）基本存款账户

1. 基本存款账户的概念及使用范围

基本存款账户是指存款人因办理日常转账结算和现金收付需要而开立的银行结算账户，是存款人的主办账户。存款人日常经营活动的资金收付及工资、奖金和现金的支取，应通过该账户办理。

下列存款人，可以申请开立基本存款账户：

（1）企业法人。

（2）非法人企业。

（3）机关、事业单位。

（4）团级（含）以上军队、武警部队及分散值勤的支（分）队。

（5）社会团体。

（6）民办非企业组织（如不以营利为目的的民办学校、福利院、医院等）。

（7）异地常设机构。

（8）外国驻华机构。

（9）个体工商户。

（10）居民委员会、村民委员会、社区委员会。

（11）单位设立的独立核算的附属机构。

（12）其他组织。

从上述可见，凡是具有民事权利能力和民事行为能力，并依法独立享有民事权利和承担民事义务的法人和其他组织，均可以开立基本存款账户。同时，有些单位虽然不是法人组织，但具有独立核算资格，有自主办理资金结算的需要，包括非法人企业（如具有营业执照的企业集团下属的分公司）、外国驻华机构、个体工商户、单位设立的独立核算的附属机构（单位附属独立核算的食堂、招待所、幼儿园）等，也可以开立基本存款账户。

2. 基本存款账户的开户要求

存款人申请开立基本存款账户，应向银行出具下列证明文件：

（1）企业法人，应出具企业法人营业执照正本。

（2）非法人企业，应出具企业营业执照正本。

（3）机关和实行预算管理的事业单位，应出具政府人事部门或编制委员会的批文或登记证书和财政部门同意其开户的证明；非预算管理的事业单位，应出具政府人事部门或编制委员会的批文或登记证书。

（4）军队、武警团级（含）以上单位以及分散值勤的支（分）队，应出具军队军级以上单位财务部门、武警总队财务部门的开户证明。

（5）社会团体，应出具社会团体登记证书，宗教组织还应出具宗教事务管理部门的批文或证明。

（6）民办非企业组织，应出具民办非企业登记证书。

（7）外地常设机构，应出具其驻在地政府主管部门的批文。

（8）外国驻华机构，应出具国家有关主管部门的批文或证明；外资企业驻华代表处、办事处，应出具国家登记机关颁发的登记证。

（9）个体工商户，应出具个体工商户营业执照正本。

（10）居民委员会、村民委员会、社区委员会，应出具其主管部门的批文或证明。

（11）独立核算的附属机构，应出具其主管部门的基本存款账户开户登记证和批文。

（12）其他组织，应出具政府主管部门的批文或证明。

3. 开立基本存款账户的程序

存款人应填制开户申请书，提供规定的证件。送交盖有存款人印章的印鉴卡片，经银行审核同意并凭中国人民银行当地分支机构核发的开户许可证，即可开立账户。

需要说明的是，印鉴卡片上填写的户名必须与单位名称一致，同时要加盖开户单位的公章、单位负责人或财务机构负责人和出纳人员三枚图章。如果支付凭证上加盖的印章与预留的印鉴不符，银行可拒绝办理付款业务，以保障开户单位资金的安全。

（三）一般存款账户

1. 一般存款账户的概念及使用范围

一般存款账户是存款人因借款或其他结算需要，在基本存款账户开户银行以外的银行营业机构开立的银行结算账户。该账户主要用于办理存款人借款转存、借款归还和其他结算的资金收付。一般存款账户可以办理现金缴存，但不得办理现金支取。存款人可自主选择不同经营理念的银行开立一般存款账户，既能充分享受多家银行的特色服务，又能适应不同的经济往来对象，更为方便地使用不同银行提供的支付结算工具和手段。

2. 一般存款账户的开户要求

（1）开立一般存款账户的存款人资格。开立基本存款账户的存款人都可以开立一般存款账户。根据规定，只要存款人具有借款或其他结算需要，就可以申请开立一般存款账户，且没有数量限制。

（2）开立一般存款账户所需的证明文件。存款人申请开立一般存款账户，应向银行出具下列证明文件：开立基本存款账户规定的证明文件；基本存款账户开户登记证；存款人因向银行借款需要，应出具借款合同；存款人因其他结算需要，应出具有关证明。

案例分析 2-4

某房地产开发公司在X银行开立有基本存款账户。2024年3月2日，该公司因贷款需要又在Y银行开立了一个一般存款账户。3月2日，该公司财务人员签发了一张现金支票，并向Y银行提示付款，要求提取现金30万元。Y银行工作人员对该支票进行审查后，拒绝为该公司办理现金取款手续。Y银行工作人员的做法是否正确？

分析与提示：

根据我国现行银行结算账户管理规定，一般存款账户可以办理现金缴存，但不得办理现金支取。因此，该房地产开发公司财务人员要求通过其在Y银行开立的一般存款账户提取现金的做法是违反规定的，Y银行工作人员严格执行有关银行结算账户管理规定，不予办理现金支取手续的做法是正确的。

（四）专用存款账户

1. 专用存款账户的概念及使用范围

专用存款账户是存款人按照法律、行政法规和规章，对有特定用途资金进行专项管理和使用而开立的银行结算账户。

专用存款账户是用于办理各项专项资金的存入和使用而开立的银行结算账户。专用存款账户用于办理各项专用资金的收付。根据规定，对下列资金的管理与使用，存款人可以申请开立专用存款账户：

（1）基本建设资金。

（2）更新改造资金。

（3）财政预算外资金。

（4）粮、棉、油收购资金。

（5）证券交易结算资金。

（6）期货交易保证金。

（7）信托基金。

（8）金融机构存放同业资金。

（9）政策性房地产开发资金。

（10）单位银行卡备用金。

（11）住房基金。

（12）社会保障基金。

（13）收入汇缴资金和业务支出资金。

（14）党、团、工会设在单位的组织机构经费。

（15）其他需要专项管理和使用的资金。

2. 使用专用存款账户的相关要求

（1）单位银行卡账户的资金必须由其基本存款账户转账存入。该账户不得办理现金收付业务。

（2）财政预算外资金、证券交易结算资金、期货交易保证金和信托基金专用存款账户，不得支取现金。

（3）基本建设资金、更新改造资金、政策性房地产开发资金、金融机构存放同业资金账户需要支取现金的，应在开户时报中国人民银行当地分支行批准。中国人民银行当地分支行应根据国家现金管理的规定审查批准。

（4）粮、棉、油收购资金，社会保障基金，住房基金和党、团、工会经费等专用存款账户支取现金应按照国家现金管理的规定办理。

（5）收入汇缴账户除向其基本存款账户或预算外资金财政专用存款户划缴款项外，只收不付，不得支取现金。业务支出账户除从其基本存款账户拨入款项外，只付不收，其现金支取必须按照国家现金管理的规定办理。

3. 专用存款账户的开户要求

存款人申请开立专用存款账户，应向银行出具其开立基本存款账户规定的证明文件、基本存款账户开户登记证和下列证明文件：

（1）基本建设资金、更新改造资金、政策性房地产开发资金、住房基金、社会保障基金，应出具主管部门批文。

（2）财政预算外资金，应出具财政部门的证明。

（3）粮、棉、油收购资金，应出具主管部门批文。

（4）单位银行卡备用金，应按照中国人民银行批准的银行卡章程的规定出具有关证明和资料。

（5）证券交易结算资金，应出具证券公司或证券管理部门的证明。

（6）期货交易保证金，应出具期货公司或期货管理部门的证明。

（7）金融机构存放同业资金，应出具其证明。

（8）收入汇缴资金和业务支出资金，应出具基本存款账户存款人有关的证明。

（9）党、团、工会设在单位的组织机构经费，应出具该单位或有关部门的批文或证明。

（10）其他按规定需要专项管理和使用的资金，应出具有关法规、规章或政府部门的有关文件。

（五）临时存款账户

1. 临时存款账户的概念

临时存款账户是指存款人因临时需要并在规定期限内使用而开立的银行结算账户。临时存款账户用于办理临时机构以及存款人临时经营活动发生的资金收付。

2. 开立临时存款账户的条件

存款人有下列情况的，可以申请开立临时存款账户：

（1）设立临时机构，如工程指挥部、筹备领导小组、摄制组等。

（2）异地临时经营活动，如建筑施工及安装单位等。

（3）注册验资。

（4）境外（含我国港澳台地区）机构在境内从事经营活动。

3. 使用临时存款账户的相关要求

临时存款账户有效期最长不得超过2年。临时存款账户应根据有关开户证明文件确定的期限或存款人的需要确定其有效期限。存款人在账户的使用中需要延长期限的，应在有效期限内向开户银行提出申请，并由开户银行报中国人民银行当地分支行核准后办理展期。

临时存款账户支取现金，应按照国家现金管理的规定办理。注册验资的临时存款账户在验资期间只收不付，注册验资资金的汇缴人应与出资人的名称一致。

4. 临时存款账户的开户要求

存款人申请开立临时存款账户，应向银行出具下列证明文件：

（1）临时机构，应出具其驻在地主管部门同意设立临时机构的批文。

（2）异地建筑施工及安装单位，应出具其营业执照正本或其隶属单位的营业执照正本，以及施工及安装地建设主管部门核发的许可证或建筑施工及安装合同。

（3）异地从事临时经营活动的单位，应出具其营业执照正本以及临时经营地市场监督管理部门的批文。

（4）注册验资资金，应出具市场监督管理部门核发的企业名称预先核准通知书或有关部门的批文。

上述第（2）、（3）项，存款人还应出具基本存款账户开户登记证。

（六）异地银行结算账户

1. 异地银行结算账户的概念

异地银行结算账户是指存款人根据规定的法定条件，根据需要在异地开立的银行结算账户。

2. 异地银行结算账户的开户要求

存款人有下列情形之一的，均可根据需要在异地开立相应的银行结算账户：

（1）营业执照注册地与经营地不在同一行政区域（跨省、市、县）需要开立基本存款账户的。

（2）办理异地借款和其他结算需要开立一般存款账户的。

（3）存款人因附属的非独立核算单位或派出机构发生收入汇缴或业务支出需要开立专用存款账户的。

（4）异地临时经营活动需要开立临时存款账户的。

（5）自然人根据需要在异地开立个人银行结算账户的。

3. 开立异地银行结算账户所需的证明文件

存款人需要在异地开立单位银行结算账户，根据开立存款账户的种类不同，除出具开立基本存款账户、一般存款账户、专用存款账户和临时存款账户规定的有关证明文件外，还应出具下列相应的证明文件：

（1）经营地与注册地不在同一行政区域的存款人，在异地开立基本存款账户的，应出具注册地中国人民银行分支行的未开立基本存款账户的证明。

（2）异地借款的存款人在异地开立一般存款账户的，应出具在异地取得贷款的借款合同。

（3）因经营需要在异地办理收入汇缴和业务支出的存款人，在异地开立专用存款账户的，应出具隶属单位的证明。

其中，属于第（2）、（3）种情况的，还应出具其基本存款账户开户登记证。

存款人需要在异地开立个人银行结算账户的，应出具开立个人银行结算账户所需要的证明文件。

三、银行结算账户管理的基本原则

根据《人民币银行结算账户管理办法》的有关规定，银行结算账户应当遵守以下基本原则：

（1）一个基本存款账户原则。这是指单位银行结算账户的存款人只能在银行开立一个基本存款账户，不能多头开立。

（2）自主选择银行开立银行结算账户原则。这是指存款人可以自主选择银行开立账户，除国家法律、行政法规和国务院另有规定外，任何单位和个人不得强令存款人到指定银行开立银行结算账户。

（3）银行结算账户信息保密原则。这是指银行必须依法为存款人的银行结算账户信息保密。根据《人民币银行结算账户管理办法》的规定，对单位和个人银行结算账户的存款和有关资料，除国家法律、行政法规另有规定外，银行有权拒绝任何单位或个人查询。

（4）守法合规原则。这是指银行结算账户的开立和使用应当遵守法律、行政法规，不得利用银行结算账户进行偷逃税款、逃避债务、套取现金及其他违法犯罪活动。

四、银行结算账户的开立、变更与撤销

（一）银行结算账户的开立

1. 银行结算账户的开立地

存款人应在注册地或住所地开立银行结算账户，符合异地开户条件的，也可以在异地开立银行结算账户。开立银行结算账户应遵循存款人自主原则。除国家法律、行政法规和国务院另有规定外，任何单位和个人不得强令存款人到指定银行开立银行结算账户。

2. 存款人填写开户申请书

存款人申请开立银行结算账户时，应填制开户申请书，并将开立账户所需要的证明材料和盖有存款人印章的印鉴卡片送交开户银行。单位开立银行结算账户的名称应与其提供的申请开户的证明文件的名称全称一致。有字号的个体工商户开立银行结算账户的名称，应与其营业执照的字号相一致；无字号的个体工商户开立银行结算账户的名称，由“个体户”字样和营业执照记载的经营者姓名组成。自然人开立银行结算账户的名称，应与其提供的有效身份证件中的名称全称一致。

3. 开户银行、人民银行的审核、备案、核准

银行应对存款人的开户申请书填写的事项和证明文件的真实性、完整性、合规性进行认真审查。开户申请书填写的事项齐全，符合开立基本存款账户、临时存款账户和预算单位专用存款账户条件的，银行应将存款人的开户申请书、相关的证明文件和银行审核意见等开户资料报送中国人民银行当地分支行，经其核准后办理开户手续；符合开立一般存款账户、其他专用存款账户和个人银行结算账户条件的，银行办理开户手续，并于开户之日起5个工作日内向中国人民银行当地分支行备案。银行为存款人开立一般存款账户、其他

专用存款账户，应自开户之日起3个工作日内书面通知基本存款账户开户银行。

中国人民银行应于2个工作日内对银行报送的基本存款账户、临时存款账户和预算单位专用存款账户的开户资料的合规性予以审核，符合开户条件的，予以核准；不符合开户条件的，应在开户申请书上签署意见，连同有关证明文件一并退回报送银行。

4. 开户银行与存款人签订银行结算账户管理协议

开立银行结算账户时，银行应与存款人签订银行结算账户管理协议，明确双方的权利与义务。银行应建立存款人预留签章卡片，并将签章式样和有关证明文件的原件或复印件留存归档。

存款人开立单位银行结算账户，自正式开立之日起3个工作日后，方可使用该账户办理付款业务。

（二）银行结算账户的变更

1. 银行结算账户变更的概念

银行结算账户变更是指存款人名称、单位法定代表人或主要负责人、住址以及其他开户资料发生的变更。

2. 银行结算账户变更的手续

银行结算账户发生变更的，应当办理相关的变更手续。根据《人民币银行结算账户管理办法》的有关规定，银行结算账户的存款人名称发生变更，但不改变开户银行及账户的，应于5个工作日内向开户银行提出银行结算账户的变更申请，并出具有关部门的证明文件。单位的法定代表人或主要负责人、住址以及其他开户资料发生变更时，应于5个工作日内书面通知开户银行并提供有关证明。银行接到存款人的变更通知后，应及时办理变更手续，并于2个工作日内向中国人民银行报告。

（三）银行结算账户的撤销

1. 银行结算账户撤销的原因

银行结算账户撤销是指存款人因开户资格或其他原因终止银行结算账户使用的行为。根据《人民币银行结算账户管理办法》的规定，发生下列事由之一的，存款人应向开户银行提出撤销银行结算账户的申请：

（1）被撤并、解散、宣告破产或关闭的。

（2）注销、被吊销营业执照的。

（3）因迁址需要变更开户银行的。

（4）其他原因需要撤销银行结算账户的。

2. 银行结算账户撤销的手续

存款人主体资格终止的，应于5个工作日内向开户银行提出撤销银行结算账户的申请。存款人申请撤销基本存款账户的，存款人基本存款账户的开户银行应自撤销银行结算账户之日起2个工作日内将撤销该基本存款账户的情况说明书面通知该存款人其他银行结算账户的开户银行；存款人其他银行结算账户的开户银行应自收到通知之日起2个工作日内通知存款人撤销有关银行结算账户；存款人应自收到通知之日起 3 个工作日内办理其他银行结算账户的撤销。

银行得知存款人主体资格终止情况，存款人超过规定期限未主动办理撤销银行结算账户手续的，银行有权停止其银行结算账户的对外支付。

3. 办理银行结算账户撤销手续应当注意的事项

（1）未获得市场监督管理部门核准登记的单位，在验资期满后，应向银行申请撤销注册验资临时存款账户，其账户资金应退还给原汇款人账户。注册验资资金以现金方式存入，出资人提取现金的，应出具缴存现金时的现金缴款原件及有效身份证件。

（2）存款人尚未清偿其开户银行债务的，不得申请撤销该账户。

（3）存款人撤销银行结算账户，必须与开户银行核对银行结算账户存款余额，交回各种重要空白票据及结算凭证和开户登记证，银行核对无误后方可办理销户手续。存款人未按规定交回各种重要空白票据及结算凭证的，应出具有关证明，造成损失的，由其自行承担。

（4）银行撤销单位结算账户时应在其基本存款账户开户登记证上注明销户日期并签章，同时于撤销银行结算账户之日起 2 个工作日内，向中国人民银行报告。

（5）银行对一年未发生收付活动且未欠开户银行债务的单位银行结算账户，应通知单位自发出通知之日起 30 日内办理销户手续，逾期视同自愿销户，未划转款项列入“久悬未取”专户管理。

五、违反银行账户结算管理制度的罚则

（一）存款人开立、撤销银行结算账户，不得有的行为

（1）违反规定开立银行结算账户。

（2）伪造、变造证明文件欺骗银行开立银行结算账户。

（3）违反规定不及时撤销银行结算账户。

对于非经营性的存款人，有上述行为之一的，给予警告并处以 1 000 元的罚款；对于经营性的存款人，给予警告并处以 1 万元以上 3 万元以下的罚款；构成犯罪的，移交司法机关依法追究刑事责任。

（二）存款人使用银行结算账户，不得有的行为

（1）违反规定将单位款项转入个人银行结算账户。

（2）违反规定支取现金。

（3）利用开立银行结算账户逃废银行债务。

（4）出租、出借银行结算账户。

（5）从基本存款账户之外的银行结算账户转账存入、将销货收入存入或现金存入单位信用卡账户。

（6）存款人的法定代表人或主要负责人、存款人地址以及其他开户资料的变更事项未在规定期限内通知银行。

非经营性的存款人有上述所列（1）至（5）项行为的，给予警告并处以 1 000 元的罚

款；对于经营性的存款人有上述所列（1）至（5）项行为的，给予警告并处以 5 000 元以上 3 万元以下的罚款；存款人有上述所列第（6）项行为的，给予警告并处以 1 000 元的罚款。

（三）存款人伪造、变造、私自印制开户登记证

存款人违反规定，伪造、变造、私自印制开户登记证的，属非经营性的处以 1 000 元罚款；属经营性的处以 1 万元以上 3 万元以下的罚款；构成犯罪的，移交司法机关依法追究刑事责任。

（四）银行在银行结算账户的开立过程中，不得有的行为

（1）违反规定为存款人多头开立银行结算账户。

（2）明知或应知是单位资金，而允许以自然人名称开立账户存储。

银行有上述行为之一的，给予警告，并处以 5 万元以上 30 万元以下的罚款；对该银行直接负责的高级管理人员、其他直接负责的主管人员、直接责任人员按规定给予纪律处分；情节严重的，中国人民银行有权停止对其开立基本存款账户的核准，责令该银行停业整顿或者吊销经营金融业务许可证；构成犯罪的，移交司法机关依法追究刑事责任。

（五）银行在银行结算账户的使用中，不得有的行为

（1）提供虚假开户申请资料欺骗中国人民银行许可开立基本存款账户、临时存款账户、预算单位专用存款账户。

（2）开立或撤销单位银行结算账户，未按规定在其基本存款账户开户登记证上予以登记、签章或通知相关开户银行。

（3）违反规定办理个人银行结算账户转账结算。

（4）为储蓄账户办理转账结算。

（5）违反规定为存款人支付现金或办理现金存入。

（6）超过期限或未向中国人民银行报送账户开立、变更、撤销等资料。

银行有上述行为之一的，给予警告，并处 5 000 元以上 3 万元以下的罚款；对该银行直接负责的高级管理人员、其他直接负责的主管人员、直接责任人员按规定给予纪律处分；情节严重的，中国人民银行有权停止对其开立基本存款账户的核准；构成犯罪的，移交司法机关依法追究刑事责任。

练习题

在线测试 2-3

第四节 票据结算方式

一、票据结算概述

（一）票据的概念与种类

1．票据的概念

票据是由出票人依法签发的、约定自己或者委托付款人在见票时或指定的日期向收款人或持票人无条件支付一定金额并可转让的有价证券。

2．票据的种类

（1）按照范围分类，票据有广义和狭义之分。广义的票据包括各种有价证券和凭证，如股票、国库券、企业债券、发票、提单等；狭义的票据仅指我国《票据法》上规定的票据。根据我国《票据法》的规定，票据包括汇票（银行汇票、商业汇票）、本票（银行本票）和支票三种。票据的种类如图 2－1 所示。

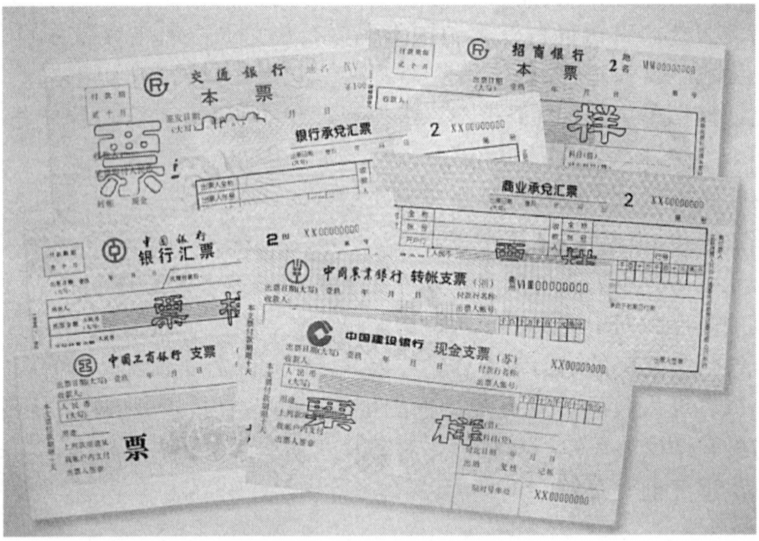

图 2－1　票据的种类

（2）按照付款时间分类，票据可以分为即期票据和远期票据。即期票据是指付款人见票后必须立即付款给持票人的票据，如支票及见票即付的汇票、本票。远期票据是付款人见票后在一定期限内或特定日期付款的票据。

（3）按收款人记载方式分类，票据可以分为记名票据和不记名票据。记名票据是指在票据上注明收款人姓名，可由收款人以背书方式转让，付款人只能向收款人或其指定的人付款的票据。不记名票据是指票面上不记载收款人姓名，可不经背书而直接以交付票据为转让，付款人可以对任何持票人付款的票据。

（二）票据的特征

1. 票据是债券凭证和金钱凭证

持票人可以就票据上记载的金额向特定票据债务人行使其请求权，其性质是债权，所以票据是债权证券。就债权的标的而言，持票人享有的权利就是请求债务人给付一定的金钱，所以，票据是一种金钱证券。

2. 票据是设权证券

所谓设权证券，是指权利的发生必须首先作成证券。票据上所表示的权利，是由出票这种行为而创设，没有票据，就没有票据上的权利。因此，票据是一种设权证券。

3. 票据是文义证券

与票据有关的一切权利和义务，都必须依照票据上记载的文义而定，文义之外的任何理由、事项都不得作为根据。为了保护善意持票人和维护交易安全，票据上记载的文义即使有错，通常也不得依据票据之外的其他证据变更或者补充。

（三）票据的功能

1. 支付功能

票据可以充当支付工具，代替现金使用。对于当事人来说，用票据支付可以消除现金携带的不便，避免点钞的麻烦，节省计算现金的时间。

2. 汇兑功能

票据可以代替货币在不同的地方之间运送，方便异地之间的支付。拿着一张票据到异地支付，相对而言既安全又方便。

3. 信用功能

票据当事人可以凭借自己的信誉，将未来才能获得的金钱作为现在的金钱来使用。

4. 结算功能

结算功能即债务抵消功能。简单的结算是互有债务的双方当事人各签发一张本票，待两张本票都到到期日即可以抵销债务。若有差额，由一方以现金支付。

5. 融资功能

融资即融通资金或调度资金。票据的融资功能是通过票据的贴现、转贴现和再贴现实现的。

（四）票据当事人

票据当事人是指在票据法律关系中享有票据权利、承担票据义务的主体，也就是票据行为的参与者。票据当事人分为基本当事人和非基本当事人。

票据当事人
和票据权利

1. 基本当事人

基本当事人是指在票据作成和交付时就已存在的当事人，是构成票据法律关系的必要主体，包括出票人、付款人和收款人三种。汇票和支票的基本当事人有出票人、收款人和付款人；本票的基本当事人有出票人和收款人。

（1）出票人，是指依法定方式签发票据并将票据交付给收款人的人。银行汇票的出票人为银行；商业汇票的出票人为银行以外的企业和其他组织；银行本票的出票人为出票银行；支票的出票人为在银行开立支票存款账户的企业、其他组织和个人。

（2）收款人，亦称抬头人，是指票据正面记载的到期后有权收取票款的人。收款人有时又是持票人。

（3）付款人，是指由出票人委托付款或自行承担付款责任的人。商业承兑汇票的付款人是合同中应给付款项的一方当事人，也是该汇票的承兑人；银行承兑汇票的付款人是承兑银行；支票的付款人是出票人的开户银行；本票的付款人是出票人。

2. 非基本当事人

非基本当事人是指在票据作成并交付后，通过一定的票据行为加入票据关系而享有一定权利、承担一定义务的当事人，包括承兑人、背书人、被背书人、保证人等。

（1）承兑人，是指接受汇票出票人的付款委托，同意承担支付票款义务的人，是汇票的主债务人。

（2）背书人，是指在转让票据时，在票据背面或粘单上签字或盖章，并将该票据交付给受让人的票据收款人或持有人。

（3）被背书人是指被记名受让票据或接受票据转让的人。背书后，被背书人成为票据新的持有人，享有票据的所有权利。

（4）保证人，是指为票据债务提供担保的人，由票据债务人以外的第三人担当。

票据行为

（五）票据行为

票据行为是指票据当事人以发生票据债务为目的、以在票据上签名或者盖章为权利义务成立要件的法律行为，包括出票、背书、承兑和保证。

1. 出票

出票是指出票人签发票据并将其交付给收款人的票据行为。出票包括两个行为：一是出票人依照我国《票据法》的规定作成票据，即在原始票据上记载法定事项并签章；二是交付票据，即将作成的票据交付给他人占有。

2. 背书

背书是指收款人或者持票人为将票据权利转让给他人或者将一定的票据权利授予他人行使而在票据背面或者粘单上记载有关事项并签章的行为。已背书转让的票据，背书应该连续。背书连续是指在票据转让中，转让票据的背书人与受让票据的被背书人在票据上的签章依次前后衔接，即第一次背书的背书人为票据的收款人，第二次背书的背书人为第一次背书人的被背书人，以此类推。

3. 承兑

承兑是指汇票付款人承诺在汇票到期日支付汇票金额并签章的行为。承兑仅适用于商业汇票。承兑不得附有条件；承兑附有条件的，视为拒绝承兑。付款人承兑汇票后，应承担到期付款的责任。

4. 保证

保证是指票据债务人以外的人，为担保特定债务人履行票据债务而在票据上记载有关事项并签章的行为。保证人对合法取得票据的持票人所享有的票据权利承担保证责任。被保证的票据，保证人应当与被保证人对持票人承担连带责任。保证人为两人以上的，保证人之间承担连带责任。票据到期后得不到付款的，持票人有权向保证人请求付款，保证人应当足额付款，保证人清偿票据债务后，可以行使持票人对被保证人及其前手的追索权。

（六）票据签章

（1）票据签章的含义。票据签章是指票据有关当事人在票据上签名、盖章或者签名加盖章的行为。我国《票据法》规定："票据上的签章，为签名、盖章或者签名加盖章。"这就是说，签章既包括签名，也包含盖章，这是我国《票据法》上一个特有的概念。具体来说，行为人在票据上签章，可以采用签名、盖章或者签名加盖章其中之一。

（2）票据签章人。票据上的签章因票据行为的性质不同，签章人也不相同。票据签发时，由出票人签章；票据转让时，由背书人签章；票据承兑时，由承兑人签章；票据保证时，由保证人签章；票据代理时，由代理人签章；持票人行使票据权利时，由持票人签章等。我国《票据法》规定："法人和其他使用票据的单位在票据上的签章，为该法人或者该单位的盖章加其法定代表人或者其授权的代理人的签章。"根据该规定，法人和其他单位的签章必须同时采用两种方式，即该法人或该单位的盖章和该法人或该单位的法定代表人或者其授权的代理人的签章。这是法律规定的特定要求，否则，票据行为就不产生效力。

（3）票据签章的效力。票据签章是票据行为生效的重要条件，也是票据行为表现形式中绝对应记载的事项。如无该项内容，票据行为就是无效的。

一般来说，出票人在票据上的签章不符合法律规定的，票据无效；背书人在票据上的签章不符合法律规定的，其签章无效，但不影响其前手符合规定签章的效力；承兑人、保证人在票据上的签章不符合法律规定的，其签章无效，但不影响其他符合规定签章的效力。

案例分析 2－5

2024 年 5 月 9 日，A 公司（开户银行 D）从 B 公司购买了一批原材料，货款为 30 000 元。A 公司采用支票付款。B 公司向自己的开户银行 C 提交支票时，开户银行 C 的工作人员受理了该支票，并做了认真审查，发现支票上 A 公司的签章为"发票专用章"和 A 公司财务主管"张××"的个人名章，遂建议 B 公司要求 A 公司重新签发支票，否则其向 A 公司开户银行 D 提示付款时，开户银行 D 将会拒绝付款，并做退票处理。开户银行 C 工作人员的做法是否正确？

分析与提示：

开户银行 C 工作人员的做法正确。按照规定，单位在票据上的签章，应为该单位的盖章加其法定代表人或其授权的代理人的签名或者盖章。支票出票人为单位的，其单位盖章应为与该单位在银行预留签章一致的财务专用章或公章。本例中，出票人 A 公司所签发支票的单位盖章是该公司的发票专用章，而不是该单位的财务专用章或者公章，因此该签章不具有我国《票据法》规定的效力。B公司应按照开户银行C工作人员的建议，要求A公司重新签发支票。

（七）票据记载事项

票据记载事项是指依法在票据上记载票据相关内容的行为。票据记载事项一般分为绝对记载事项、相对记载事项、任意记载事项和不产生票据法律效力的记载事项，其具体含义和性质如表2－1所示。

表2－1　票据记载事项比较

记载类别	含义	性质	备注
绝对记载事项	指我国《票据法》明文规定必须记载的事项	如不记载，则票据无效	例如，表明票据种类的事项，如必须记明“汇票”“本票”“支票”
相对记载事项	指除必须记载事项外，某些应该记载而未记载，适用法律的有关规定而不使票据失效的事项	可以记载，也可以不记载。记载的，按照记载的具体事项履行权利和义务；未记载的，适用法律的统一认定	例如，背书由背书人签章并记载背书日期，背书未记载日期的，视为在票据到期日前背书
任意记载事项	指不强制当事人必须记载而允许当事人自行选择记载的事项	记载时产生票据效力，不记载时不影响票据效力	例如，出票人在汇票上记载“不得转让”字样的，汇票不得转让
不产生票据法律效力的记载事项	指除以上三方面的记载事项外，票据上还可以记载的其他一些事项	不具有票据效力	如我国《票据法》第二十四条规定，汇票上可以记载本法规定事项以外的其他出票事项，但是该记载事项不具有汇票上的效力

（八）票据权利与责任

1. 票据权利

票据权利是指票据持票人向票据债务人请求支付票据金额的权利，包括付款请求权和追索权。

（1）付款请求权。付款请求权，是指持票人向汇票的承兑人、本票的出票人、支票的付款人出示票据要求付款的权利，是第一顺序权利，又称主要票据权利。行使付款请求权的持票人可以是票据记载的收款人或最后被背书人；担负付款请求权付款义务的主要是主债务人。

（2）追索权。票据追索权是指票据当事人行使付款请求权遭到拒绝或其他法定原因存在时，向其前手请求偿还票据金额及其他法定费用的权利，是第二顺序权利，又称偿还请求权利。行使追索权的当事人除票据记载的收款人和最后的被背书人外，还可能是代为清偿债务的保证人、背书人。

2. 票据责任

票据责任是指票据债务人向持票人支付票据金额的义务。

（九）票据丧失的补救

票据权利与票据是紧密相连的。所谓票据丧失（或丧失票据），是指票据因灭失、遗失、被盗等而使票据权利人脱离其对票据的占有。票据一旦丧失，票据权利的实现就会受到影响，票据的债权人如不采取措施补救就不能阻止债务人向拾获者履行义务，从而造成正当票据权利人经济上的损失。为此，我国《票据法》规定了票据丧失后的补救措施。该补救措施主要有三种形式，即挂失止付、公示催告、普通诉讼。

1. 挂失止付

挂失止付是指失票人将丧失票据的情况通知付款人或代理付款人，并由接受通知的付款人或代理付款人审查后暂停支付的一种方式。我国《票据法》规定："票据丧失，失票人可以及时通知票据的付款人挂失止付，但是，未记载付款人或者无法确定付款人及其代理付款人的票据除外。"根据这一规定，挂失止付的票据应当是不属于未记载付款人的票据或者无法确定付款人及其代理付款人的票据。只有确定付款人或代理付款人的票据丧失时，才可进行挂失止付，具体包括已承兑的商业汇票、支票、填明"现金"字样的银行汇票和银行本票四种。

挂失止付并不是票据丧失后票据权利补救的必经程序，它仅仅是失票人在丧失票据后可以采取的一种暂时的预防措施，以防止票据被冒领或骗取，最终还是要通过申请公示催告或提起普通诉讼进行补救。但是，票据丧失后，极易被冒领、骗取，而且法院在受理公示催告或起诉时有一个过程，故失票人应在票据丧失后通知付款人挂失止付为宜。

2. 公示催告

公示催告是指在票据丧失后，由失票人向人民法院提出申请，请求人民法院以公告方式通知不确定的利害关系人限期申报权利，逾期未申报者，则权利失效，而由人民法院通过除权判决宣告所丧失的票据无效的一种制度或程序。《中华人民共和国民事诉讼法》规定，按照规定可以背书转让的票据持有人，因票据被盗、遗失或者灭失，可以向票据支付地的基层人民法院申请公示催告。我国《票据法》规定，失票人应当在通知挂失止付后 3 日内，也可以在票据丧失后，依法向人民法院申请公示催告。申请公示催告的主体必须是可以背书转让的票据的最后持票人，失票人不知道票据的下落，利害关系人也不明确。

3. 普通诉讼

普通诉讼是指丧失票据的失票人为原告，以承兑人或出票人为被告，向人民法院提起民事诉讼，请求法院判决其向失票人支付票据金额的诉讼活动。如果与票据上的权利有利害关系的人是明确的，则无须公示催告，可按一般的票据纠纷向法院提起诉讼。

案例分析 2-6

A 公司会计科被盗，会计人员在清点财物时，发现除现金、财务印章外，还有 6 张票据被盗，包括付款方签发的尚未送交银行的现金支票 2 张、转账支票 1 张，以及未填明"现金"字样的银行本票 3 张。上述票据均在法定提示付款期限内。

请回答下列问题：

（1）A公司票据被盗后，哪些票据可以挂失止付？

（2）A公司对票据挂失止付后，还可以采取哪些补救措施？

（3）如果A公司办理票据挂失止付前，可以挂失止付的票据票款被冒领，其所造成的资金损失由谁负责？简要说明理由。

分析与提示：

（1）可以挂失止付的票据有：付款方签发的尚未送交银行的现金支票2张、转账支票1张。

（2）A公司对票据挂失止付后，可以采取的补救措施有：

1）公示催告。

2）普通诉讼（或向人民法院提起民事诉讼，要求法院判令付款人向其支付票据金额）。

（3）由A公司（和有关责任人员）负责。理由：单位和个人对使用的支票、商业承兑汇票和银行签发的银行汇票、银行本票、银行承兑汇票，因管理不善造成丢失、被盗，发生款项冒领，造成资金损失的，应由责任单位和个人负责。

支票

二、支票

（一）支票的概念

支票是出票人签发的，委托办理存款业务的银行或其他金融机构，在见票时无条件支付确定的金额给收款人或者持票人的票据。

单位和个人的各种款项结算，均可以使用支票。2007年7月8日，中国人民银行宣布，支票可以实现全国范围内互通使用。

支票的基本当事人有出票人、付款人和持票人。出票人即存款人，是在批准办理支票业务的银行机构开立可以使用支票的存款账户的单位和个人；付款人是出票人的开户银行；持票人是票面上填明的收款人，也可以是经背书转让的被背书人。

支票可以背书转让，但用于支取现金的支票不能背书转让。

（二）支票的种类

支票按支付票款的方式不同，分为现金支票、转账支票和普通支票。

（1）现金支票。支票上印有“现金”字样的为现金支票。现金支票只能用于支取现金，不能用于转账。

（2）转账支票。支票上印有“转账”字样的为转账支票。转账支票只能用于转账，不能支取现金。

（3）普通支票。支票上未印有“现金”或“转账”字样的为普通支票。普通支票可以用于支取现金，也可以用于转账。但在普通支票左上角划两条平行线的，为划线支票，只能用于转账，不能支取现金。

（三）支票的出票

1. 支票的记载事项

支票的记载事项可分为绝对记载事项、相对记载事项和非法定记载事项，如表 2－2 所示。

表 2－2　支票的记载事项

记载类型	记载事项	备注
绝对记载事项	（1）表明“支票”的字样。（2）无条件支付的委托。（3）确定的金额。（4）付款人名称。（5）出票日期。（6）出票人签章	支票金额、收款人名称可以由出票人授权补记
相对记载事项	（1）付款地。支票上未记载付款地的，付款人的营业场所为付款地。（2）出票地。支票上未记载出票地的，出票人的营业场所、住所或者经常居住地为出票地	—
非法定记载事项	支票上可以记载非法定记载事项，但这些事项并不发生支票上的效力	—

案例分析 2－7

小王给母亲一张现金支票，用途栏写明“生日快乐”。其母请求支票的付款行兑现时，银行柜台营业员拒付，理由是用途栏书写不规范。请问：银行能否拒付？

分析与提示：

根据我国《票据法》的规定，支票上可以记载应记载事项以外的其他出票事项，但该记载事项不具有支票上的效力。本案例中，用途栏记载事项属于非法定记载事项，其对票据效力无影响，所以银行不能拒付。

2. 出票的效力

出票人作成支票并交付后，对出票人产生相应的法律效力。出票人必须按照签发的支票金额承担保证向持票人付款的责任。这一责任包括两项：一是出票人必须在付款人处存有足够的资金，以保证支票票款的支付；二是当付款人对支票拒绝付款时或者支票超过提示付款期限的，出票人应向持票人承担付款责任。

（四）支票的付款

支票的付款是指付款人根据持票人的请求向其支付支票金额的行为。支票属于见票即付的票据，没有到期日的规定，因而支票不得记载付款日期；记载付款日期的，该记载无效。

1. 提示付款期限

支票的持票人应在自出票日起 10 日内提示付款，但中国人民银行另有规定的除外。超过提示付款期限提示付款的，持票人开户银行不予受理，付款人不予付款。

2. 付款

出票人在付款人处的存款足以支付支票金额时，付款人应当在见票当日足额付款。持票人在提示期间内向付款人提示票据，付款人在对支票进行审查后，如未发现有不符规定之处，即应向持票人付款。

3. 付款责任的解除

付款人依法支付支票金额的，对出票人不再承担受委托付款的责任，对持票人不再承担付款的责任。但是，付款人以恶意或者有重大过失付款的除外。

（五）支票的办理要求

1. 签发支票的要求

（1）签发支票应使用碳素墨水或墨汁填写，中国人民银行另有规定的除外。

（2）签发现金支票和用于支取现金的普通支票，必须符合国家现金管理的规定。

（3）支票的出票人签发的金额不得超过付款时在付款人处实有的存款金额。禁止签发空头支票。

（4）支票的出票人预留银行的签章是银行审核支票付款的依据。银行也可以与出票人约定使用支付密码，作为银行审核支付支票金额的条件。

（5）出票人不得签发与其预留银行签章不符的支票；使用支付密码的，出票人不得签发支付密码错误的支票。

（6）出票人签发空头支票、签章与预留银行签章不符的支票，或者在使用支付密码的地区，签发支付密码错误的支票，银行应予退票，并按票面金额处以5%但不低于1 000元的罚款；持票人有权要求出票人赔偿支票金额2%的赔偿金。对于屡次签发上述支票的出票人，银行应当停止其签发支票。

2. 兑付支票的要求

（1）持票人可以委托开户银行收款或直接向付款人提示付款。用于支取现金的支票仅限于收款人向付款人提示付款。

（2）持票人委托开户银行收款时，应作委托收款背书，在支票背面背书人签章栏签章，记载“委托收款”字样、背书日期，在背书人栏记载开户银行名称，并将支票和填制的进账单送交开户银行。

（3）持票人持用于转账的支票向付款人提示付款时，应在支票背面背书人签章栏签章，并将支票和填制的进账单送交出票人开户银行。

（4）收款人持用于支取现金的支票向付款人提示付款时，应在支票背面“收款人签章”处签章，持票人为个人的，还需交验本人身份证件，并在支票背面注明证件名称、号码及发证机关。

三、商业汇票

（一）商业汇票的概念和种类

汇票分为银行汇票和商业汇票。前者是银行签发的汇票，后者是银行之外的企事业单位、机关、团体等签发的汇票。这里重点介绍商业汇票。

商业汇票是指出票人签发的、委托付款人在见票时或者在指定日期无条件支付确定的金额给收款人或持票人的票据。按承兑人不同，商业汇票可以分为商业承兑汇票和银行承兑汇票两种。商业承兑汇票由银行以外的付款人承兑，银行承兑汇票由银行承兑。商业汇票的付款人为承兑人。纸质商业汇票的付款期限，最长不得超过 6 个月。电子商业汇票的期限自出票日至到期日不超过 1 年。商业汇票的提示付款期限为自汇票到期日起 10 日。

（二）商业汇票的出票

商业汇票的出票，又称汇票的签发，是指出票人签发商业汇票并将其交付给收款人的票据行为。

1. 出票人的确定

商业承兑汇票的出票人，为在银行开立存款账户的法人以及其他组织，其与付款人具有真实的委托付款关系，具有支付汇票金额的可靠资金来源。

银行承兑汇票的出票人必须具备下列三个条件：

（1）在承兑银行开立存款账户的法人以及其他组织。

（2）与承兑银行具有真实的委托付款关系。

（3）资信状况良好，具有支付汇票金额的可靠资金来源。

2. 商业汇票的记载事项

商业汇票的记载事项可分为绝对记载事项、相对记载事项和非法定记载事项，如表 2－3 所示。

表 2－3　商业汇票的记载事项

记载类型	记载事项
绝对记载事项	（1）表明商业承兑汇票或银行承兑汇票的字样。（2）无条件支付的委托。（3）确定的金额。（4）付款人名称。（5）收款人名称。（6）出票日期。（7）出票人签章
相对记载事项	（1）汇票上未记载付款日期的，见票即付。（2）汇票上未记载付款地的，以付款人的营业场所、住所或者经常居住地为付款地。（3）汇票上未记载出票地的，以出票人的营业场所、住所或者经常居住地为出票地
非法定记载事项	汇票上可以记载非法定记载事项，但这些事项并不发生汇票上的效力

3. 商业汇票出票的效力

出票人完成商业汇票出票行为之后，即产生票据上的效力。这一效力表现为创设票据权利和引起票据债务的发生，这种权利义务关系因汇票当事人的地位不同而不同。

（1）对收款人的效力。收款人取得出票人发出的汇票后，即取得票据权利，一方面就票据金额享有付款请求权，另一方面在该请求权不能满足时，即享有追索权。同时，收款人享有依法转让票据的权利。

（2）对付款人的效力。出票行为是单方行为，付款人并不因此而有付款义务。只是基于出票人的付款委托使其具有承兑人的地位，在其对汇票进行承兑后，即成为汇票上的主债务人。

（3）对出票人的效力。出票人签发汇票后，即承担保证该汇票承兑和付款的责任。出票人在汇票得不到承兑或者付款时，应当向持票人清偿法律规定的金额和费用。从法律上讲，这是一种担保责任，即担保汇票的承兑和付款。

（三）商业汇票的承兑

承兑是指商业汇票付款人承诺在汇票到期日支付汇票金额的票据行为。承兑是汇票特有的制度，其他票据都没有承兑。承兑是一种附属票据行为，它以出票行为的成立为前提，承兑行为必须在有效的汇票上进行才能生效；承兑是一种要式法律行为，必须依据我国《票据法》的规定作成并交付。承兑是持票人行使票据权利的一个重要程序，持票人只有在付款人作出承兑后，其付款请求权才能得以确定。商业承兑汇票可以由付款人签发并承兑，也可以由收款人签发交由付款人承兑。

商业汇票的承兑

1. 承兑的程序

承兑的程序主要包括两个方面：一是提示承兑；二是承兑成立。

（1）提示承兑。

提示承兑是指持票人向付款人出示汇票，并要求付款人承诺付款的行为。它是汇票中特有的票据行为。因汇票付款日期的形式不同，提示承兑的期限也不一样。

1）定日付款或者出票后定期付款的商业汇票，持票人应当在汇票到期日前向付款人提示承兑。这两类汇票的提示承兑期限实际是指从出票人出票日起至汇票到期日止。在此期间，持票人应当向付款人提示承兑，否则，即丧失对其前手的追索权。

2）见票后定期付款的汇票，持票人应当自出票日起 1 个月内向付款人提示承兑。该种汇票是以见票日为起算日期来确定的，汇票不经提示承兑，就无法确定见票日，也就无法确定付款日期，从而持票人便无法行使票据权利。

3）见票即付的汇票无须提示承兑。这种汇票主要包括两种：一是汇票上明确记载有“见票即付”的汇票；二是汇票上没有记载付款日期，根据法律规定直接视为见票即付的汇票。

（2）承兑成立。

1）承兑时间。付款人对向其提示承兑的汇票，应当自收到提示承兑的汇票之日起 3 日内承兑或者拒绝承兑。付款人在 3 日内不作承兑与否表示的，则应视为拒绝承兑。

2）接受承兑。付款人收到持票人提示承兑的汇票时，应当向持票人签发收到汇票的回单。回单上应当记明汇票提示承兑日期并签章。

3）承兑的格式。付款人承兑汇票的，应当在汇票正面记载承兑字样和承兑日期并签章；见票后定期付款的汇票，应当在承兑时记载付款日期。汇票上未记载承兑日期的，以前述第 1）条所规定期限的最后一日为承兑日期。

4）退回已承兑的汇票。付款人依承兑格式填写完毕应记载事项后，并不意味着承兑生效，只有在其已承兑的汇票退回持票人时才产生承兑的效力。

2. 承兑的效力

承兑生效后，即对付款人产生相应的法律效力。付款人承兑汇票后，应当承担到期付款的责任。商业承兑汇票可以在出票时向付款人提示承兑后使用，也可以在出票后先使用再向付款人提示承兑。这一期间的责任，具体表现在：

（1）承兑人于汇票到期日必须向持票人无条件地支付汇票上的金额，否则其必须承担延迟付款的责任。

（2）承兑人必须对汇票上的一切权利人承担责任，该权利人包括付款请求权人和追索权人。

（3）承兑人不得以其与出票人之间的资金关系来对抗持票人，拒绝支付汇票金额。

（4）承兑人的票据责任不因持票人未在法定期限提示付款而解除。

3. 承兑不得附有条件

付款人承兑商业汇票，不得附有条件；承兑附有条件的，视为拒绝承兑。这就是说，付款人作出的承兑是无条件的。持票人可以请求作成拒绝证明，向其前手行使追索权。银行承兑汇票的承兑银行，应当按照票面金额向出票人收取万分之五的手续费。

（四）商业汇票的付款

商业汇票的付款是指付款人依据票据文义支付票据金额，以消灭票据关系的行为。

1. 提示付款

提示付款是指持票人向付款人或承兑人出示票据，请求付款的行为。持票人只有在法定期限内提示付款的，才产生法律效力。

我国《票据法》规定，持票人应当按照下列法定期限提示付款：

（1）见票即付的汇票，持票人应当自出票日起 1 个月内向付款人提示付款。

（2）定日付款、出票后定期付款或者见票后定期付款的汇票，自汇票到期日起 10 日内向承兑人提示付款。

持票人未按照上述规定期限提示付款的，在作出说明后，承兑人或者付款人仍应当继续对持票人承担付款责任。通过委托收款银行或者通过票据交换系统向付款人提示付款的，视同持票人提示付款。

2. 支付票款

持票人依照上述规定向承兑人或付款人进行提示付款的，付款人必须无条件地在当日按票据金额足额支付给持票人。持票人获得付款的，应当在汇票上签收，并将汇票交给付款人。持票人委托银行收款的，受委托的银行将代收的汇票金额转账收入持票人账户，视同签收。

3. 付款的效力

付款人依法足额付款后，全体汇票债务人的责任解除。

（五）商业汇票的背书

商业汇票的背书是指持票人可以将汇票权利转让给他人或者以将一定的汇票权利授予他人行使为目的，按照法定的事项和方式在商业汇票背面或者粘单上记载有关事项并签章的票据行为。出票人在汇票上记载

商业汇票的背书

“不得转让”字样的，汇票不得背书转让。

1. 背书的形式

背书是一种要式行为，因此必须符合法定的形式，即其必须作成背书并交付，才能有效并成立。

（1）背书签章和背书日期的记载。背书由背书人签章并记载背书日期。未签章的，背书行为无效。背书未记载日期的，视为在汇票到期日前背书。

（2）被背书人名称的记载。汇票背书转让或者以背书的方式将一定的汇票权利授予他人行使时，必须记载被背书人名称。如果背书人未记载被背书人名称即将票据交付他人，持票人在票据被背书人栏内填上自己的名称与被背书人记载具有同等法律效力。

（3）禁止背书的记载。背书人在汇票上记载“不得转让”字样，其后手再背书转让的，原背书人对后手的被背书人不承担保证责任。

（4）背书时粘单的使用。票据凭证不能满足背书人记载事项的需要，可以加附粘单，黏附于票据凭证上。为了保证粘单的有效性和真实性，粘单上的第一记载人，应当在汇票和粘单的粘接处签章，否则该粘单记载的内容无效。

（5）背书不得附有条件。背书时附有条件的，所附条件不具有汇票上的效力。不得部分背书，即将汇票金额的一部分转让的背书或者将汇票金额分别转让给两人以上的背书无效。

2. 背书连续

背书连续是指在票据转让中，转让汇票的背书人与受让汇票的被背书人在汇票上的签章依次前后衔接。如果背书不连续，付款人可以拒绝向持票人付款，否则付款人需自行承担责任。

背书连续主要是指背书在形式上连续，如果背书在实质上不连续，如有伪造签章等，付款人仍应向持票人付款。

3. 法定禁止背书

法定禁止背书是指根据我国《票据法》的规定而禁止背书转让的情形。我国《票据法》规定，汇票被拒绝承兑、被拒绝付款或者超过提示付款期限的，不得背书转让；背书转让的，背书人应当承担汇票责任。

（六）商业汇票的保证

1. 保证的当事人

保证的当事人为保证人和被保证人。商业汇票的债务可以由保证人承担保证责任，但保证人不应是已成为票据债务人的人。

2. 保证的格式

保证人在办理保证时，必须在汇票或者粘单上记载下列事项：

（1）表明“保证”的字样。

（2）保证人名称和住所。

（3）被保证人的名称。

（4）保证日期。

（5）保证人签章。

票据保证必须作成于汇票或粘单之上。保证是一种书面行为，如果另行签订保证合同或者保证条款，不属于票据保证，而应当适用《中华人民共和国民法典》的有关规定。

票据保证记载的事项，有绝对记载事项和相对记载事项。其中，绝对记载事项包括保证文字和保证人签章两项；相对记载事项包括被保证人的名称、保证日期和保证人住所。

如果是为出票人、承兑人保证的，则应记载于汇票的正面；如果是为背书人保证，则应记载于汇票的背面或粘单上。

保证不得附有条件；附有条件的，不影响对汇票的保证责任。

3. 保证的效力

保证一旦成立，即在保证人与被保证人之间产生法律效力，保证人必须对保证行为承担相应的责任。

（1）保证人责任。保证人对合法取得汇票的持票人所享有的汇票权利承担保证责任。但是，被保证人的债务因汇票记载事项欠缺而无效的除外。

（2）共同保证人的责任。共同保证是指保证人为两人以上的保证。保证人为两人以上的，保证人之间承担连带责任。

（3）保证人的追索权。保证人清偿汇票债务后，可以行使持票人对被保证人及前手的追索权。

四、银行汇票

（一）银行汇票的概念和适用范围

银行汇票是由出票银行签发的，在见票时按照实际结算金额无条件支付给收款人或者持票人的票据。单位和个人在异地、同城或同一票据交换区域的各种款项结算，均可使用银行汇票。

银行汇票一式四联：第一联为卡片，在承兑行支付票款时用作付出传票；第二联为银行汇票，与第三联解讫通知一并由汇款人自带，在兑付行兑付汇票后此联做联行往来账付出传票；第三联为解讫通知，在兑付行兑付后随报单寄签发行，由签发行做余款收入传票；第四联为多余款通知，并在签发行结清后交付汇款人。

（二）银行汇票的记载事项

银行汇票的记载事项有：（1）表明“银行汇票”的字样。（2）无条件支付的承诺。（3）确定的金额。（4）付款人名称。（5）收款人名称。（6）出票日期。（7）出票人签章。汇票上未记载上述事项之一的，汇票无效。

（三）银行汇票的基本规定

（1）银行汇票可以用于转账，标明“现金”字样的银行汇票也可以提取现金。

（2）银行汇票的付款人为银行汇票的出票银行，银行汇票的付款地为代理付款人或出票人所在地。

（3）银行汇票的出票人在票据上的签章，应为经中国人民银行批准使用的该银行汇票专用章加其法定代表人或其授权经办人的签名或者盖章。

（4）银行汇票的提示付款期限自出票日起一个月内。持票人超过付款期限提示付款的，代理付款人（银行）不予受理。

（5）银行汇票可以背书转让，但填明“现金”字样的银行汇票不得背书转让。银行汇票的背书转让以不超过出票金额的实际结算金额为准。未填写实际结算金额或实际结算金额超过出票金额的银行汇票不得背书转让。

（6）填明“现金”字样和代理付款人的银行汇票丧失，可以由失票人通知付款人或者代理付款人挂失止付。

（7）银行汇票丧失，失票人可以凭人民法院出具的其享有票据权利的证明，向出票银行请求付款或退款。

（四）银行汇票申办和兑付的基本程序及规定

1. 申办银行汇票的基本程序和规定

（1）申请人使用银行汇票，应向出票银行填写“银行汇票申请书”，填明收款人名称、汇票金额、申请人名称、申请日期等事项并签章，其签章为预留银行印鉴。申请人或收款人为单位的，不得在“银行汇票申请书”上填明“现金”字样。

（2）出票银行受理银行汇票申请书，收妥款项后签发银行汇票，并用压数机压印出票金额，将银行汇票和解讫通知一并交给申请人。

（3）申请人应将银行汇票和解讫通知一并交付给汇票上记载的收款人。

（4）申请人因银行汇票超过付款提示期限或其他原因要求退款时，应将银行汇票和解讫通知同时提交出票银行，并提供本人身份证件或单位证明。

2. 兑付银行汇票的基本程序和规定

（1）收款人受理银行汇票依法审查无误后，应在出票金额以内，根据实际需要的款项办理结算，并将实际结算金额和多余金额填入银行汇票和解讫通知的有关栏内。未填明实际结算金额和多余金额或实际结算金额超过出票金额的，银行不予受理。银行汇票的实际结算金额不得更改，更改实际结算金额的银行汇票无效。

（2）持票人向银行提示付款时，必须同时提交银行汇票和解讫通知，缺少任何一联，银行不予受理。

（3）持票人超过提示付款期限向代理付款银行提示付款不获付款的，必须在票据权利时效内向出票银行作出说明，并提供本人身份证件或单位证明，持银行汇票和解讫通知向出票银行请求付款。

五、银行本票

（一）银行本票的概念

银行本票是出票人签发的、承诺自己在见票时无条件支付确定的金额给收款人或者持票人的票据。

（二）银行本票的适用范围

单位和个人在同一票据交换区域需要支付的各种款项，均可以使用银行本票。银行本票可以用于转账，注明“现金”字样的银行本票可以用于支取现金。

（三）银行本票的记载事项

银行本票必须记载下列事项：（1）表明“银行本票”的字样；（2）无条件支付的承诺；（3）确定的金额；（4）收款人名称；（5）出票日期；（6）出票人签章。欠缺上列六项内容之一的，银行本票无效。申请人或收款人为单位的，不得申请签发现金银行本票。

银行本票的任意记载事项与汇票的事项相同，目的均在于提高本票的信用和保证其顺利流通。

（四）银行本票的提示付款期限

银行本票的提示付款期限自出票日起最长不得超过 2 个月。持票人超过付款期限提示付款的，代理付款人不予受理。本票的持票人未按照规定期限提示见票的，丧失对出票人以外的前手的追索权。

六、本票、汇票和支票的相同点和不同点

（一）相同点

1. 具有同一性质

（1）都是设权有价证券。即票据持票人凭票据上所记载的权利和内容，来证明其票据权利以取得财产。

（2）都是要式证券。票据的格式由法律严格规定，不遵守格式对票据的效力有一定的影响。

（3）都是文义证券。票据权利的内容以及票据有关的一切事项都以票据上记载的文字为准，不受票据上文字以外事项的影响。

（4）都是可以流通转让的证券。作为流通证券的票据，可以经过背书转让等自由转让与流通。

（5）都是无因证券。即票据上权利的存在只依票据上的文字确定，权利人享有票据权利只以持有票据为必要，至于权利人取得票据的原因、票据权利发生的原因均不可问。

2. 具有相同的票据功能

（1）汇兑功能。凭借票据的这一功能，消除两地之间现金支付在空间上的障碍。

（2）信用功能。票据的使用可以消除现金支付在时间上的障碍。票据本身不是商品，它是建立在信用基础上的书面支付凭证。

（3）支付功能。票据的使用可以解决现金支付在手续上的麻烦。票据通过背书可多次

转让，在市场上成为一种流通、支付工具，减少现金的使用。

（二）不同点

（1）本票是自付证券，约定本人付款；汇票是委托证券，委托他人付款；支票是委托证券，但受托人只限于银行或其他法定金融机构。

（2）付款期限不同。本票的提示付款期限为出票日起 2 个月，支票的提示付款期限为出票日起 10 天，银行汇票的提示付款期限为出票日起 1 个月，商业汇票的提示付款期限为到期日起 10 日，见票即付的商业汇票的提示付款期限为自出票日起 1 个月。

练习题

在线测试 2-4

第五节 银行卡

一、银行卡的概念和种类

（一）银行卡的概念

银行卡是指经批准由商业银行（含邮政金融机构）向社会发行的具有消费信用、转账结算、存取现金等全部或部分功能的信用支付工具。

银行卡因其具有的携带便利、使用简单、集多功能于一体的特点，在社会经济活动中的应用日益广泛。

（二）银行卡的种类

1. 按照发行主体是否在境内分为境内卡和境外卡

境内卡是指由境内商业银行发行的，既可以在境内使用，也可以在境外使用的银行卡。境内卡按照发行对象的不同，分为个人卡和单位卡。境外卡是指由境外设立的外资金融机构或外资非金融机构发行的，可以在境内使用的银行卡。

2. 按照是否给予持卡人授信额度分为信用卡和借记卡

信用卡是指发卡银行向持卡人签发的、给予持卡人一定信用额度，持卡人可以在信用额度内先消费、后还款的银行卡。信用卡按照是否向发卡银行交存备用金分为贷记卡和准贷记卡。贷记卡是指发卡银行给予持卡人一定信用额度，持卡人可以在信用额度内先消费、后还款的信用卡，它具有透支消费、期限内还款可免息、卡内存款不计付利息等特点。准贷记卡是指持卡人必须先按照发卡银行要求交存一定金额的备用金，当备用金余额不足支付时，可以在规定的信用额度内透支的信用卡。

借记卡是指发卡银行向持卡人签发的、没有信用额度，持卡人先存款、后使用的银行卡。

3. 按照账户币种的不同分为人民币卡、外币卡和双币种卡

人民币卡是指存款、信用额度均为人民币，并且应当以人民币偿还的银行卡；外币卡是指存款、信用额度均为外币，并且应当以外币偿还的银行卡；双币种卡是指存款、信用额度同时具有人民币和外币两个账户的银行卡。

4. 按信息载体不同分为磁条卡和芯片卡

磁条卡是以液体磁性材料或磁条为信息载体，将液体磁性材料涂覆在卡片上（如存折）或将磁条压贴在卡片上。芯片卡容量大，其工作原理类似于微型计算机，能够同时具备多种功能。

二、银行卡账户与交易

（一）银行卡交易的基本规定

（1）单位人民币卡可办理商品交易和劳务供应款项的结算，但不得透支。单位卡不得支取现金。

（2）发卡银行对贷记卡的取现应当每笔进行授权，每卡每日累计取现不得超过限定额度（2 万元）。

（3）发卡银行应当依照法律规定遵守信用卡业务风险控制要求。同一持卡人单笔透支发生额个人卡不得超过 2 万元（含等值外币）。

（4）准贷记卡的透支期限最长为 60 天。贷记卡的首月最低还款额不得低于其当月透支余额的 10%。

（5）发卡银行通过下列途径追偿透支款项和诈骗款项：扣减持卡人保证金、依法处理抵押物和质押物；向保证人追索透支款项；通过司法机关的诉讼程序进行追偿。

（二）银行卡的资金来源

单位卡在使用过程中，需要向其账户续存资金的，一律从其基本存款账户转账存入，不得缴存现金，不得将销货收入的款项存入其账户。

个人卡在使用过程中，需要向其账户续存资金的，只限于持卡人的现金、工资性款项，以及属于个人的劳务报酬收入转账存入，严禁将单位的款项存入个人卡账户。

（三）银行卡计息与收费

发卡银行对准贷记卡及借记卡（不含储值卡）账户内的存款，按照中国人民银行规

定的同期同档次存款利率及计息办法计付利息。信用卡透支的计结息方式，以及对信用卡溢缴款是否计付利息及利率标准，由发卡机构自主确定。自 2021 年 1 月 1 日起，信用卡透支利率由发卡机构与持卡人自主协商确定，取消信用卡透支利率上限和下限管理。

发卡机构应在信用卡协议中以显著方式提示信用卡利率标准和计结息方式、免息还款期和最低还款额待遇的条件和标准，以及向持卡人收取违约金的详细情形和收取标准等与持卡人有重大利害关系的事项，确保持卡人充分知悉并确认接受。其中，对于信用卡利率标准，应注明日利率和年利率。发卡机构调整信用卡利率的，应至少提前 45 个自然日按照约定方式通知持卡人。持卡人有权在新利率标准生效之日前选择销户，并按照已签订的协议偿还相关款项。

取消信用卡滞纳金，对于持卡人违约逾期未还款的行为，发卡机构应与持卡人通过协议约定是否收取违约金，以及相关收取方式和标准。发卡机构向持卡人提供超过授信额度用卡的，不得收取超限费。发卡机构对向持卡人收取的违约金和年费、取现手续费、货币兑换费等服务费用不得计收利息。

（四）银行卡的申领、注销和挂失

1. 银行卡的申领

凡在中国境内金融机构开立基本存款账户的单位，可凭中国人民银行核发的开户许可证申领单位卡。单位卡可申领若干张，持卡人资格由申领单位法定代表人或其委托的代理人书面指定和注销。凡具有完全民事行为能力的公民，可凭本人有效身份证件及发卡银行规定的相关证明文件申领个人卡。个人卡的主卡持卡人，可为其配偶及年满 18 周岁的亲属申领附属卡，申领的附属卡最多不得超过两张，也有权要求注销其附属卡。

2. 银行卡的注销

持卡人在还清全部交易款项、透支本息和有关费用后，有下列情形之一的，可申请办理销户：

（1）信用卡有效期满 45 天后，持卡人不更换新卡的。

（2）信用卡挂失满 45 天后，没有附属卡又不更换新卡的。

（3）信用卡被列入止付名单，发卡银行已收回其信用卡 45 天的。

（4）持卡人死亡，发卡银行已收回其信用卡 45 天的。

（5）持卡人要求销户或担保人撤销担保，并已交回全部信用卡 45 天的。

（6）信用卡账户两年（含）以上未发生交易的。

（7）持卡人违反其他规定，发卡银行认为应该取消资格的。

销户时，单位卡账户余额转入其基本存款账户，不得提取现金；个人卡账户可以转账结清，也可以提取现金。发卡银行办理销户，应当收回银行卡。

3. 银行卡的挂失

持卡人丧失银行卡，应立即持本人身份证件或其他有效证明，并按规定提供有关情况，向发卡银行或代办银行申请挂失。

练习题

在线测试 2-5

第六节　银行电子支付

电子支付是指单位、个人通过计算机、手机等电子终端发出支付指令，依托网络系统以电子信息传递形式进行的货币支付与资金转移。电子支付服务的主要提供方有银行和支付机构，银行的电子支付方式主要有网上银行、手机银行和条码支付等，支付机构的电子支付方式主要有网上银行、条码支付等。

一、网上银行

（一）网上银行的概念

网上银行就是银行在互联网上设立虚拟银行柜台，借助于网络与信息技术手段在互联网上实现银行功能，因此网上银行也称网络银行。

随着移动通信技术的发展和智能手机的普及，网上银行的另一种形式——手机银行逐渐兴起。手机银行，是指利用手机、Pad 和其他移动设备等实现客户与银行的对接，为客户办理相关银行业务或提供金融服务。我国的手机银行形式主要是银行 App。手机银行与网上银行一样，都是通过互联网实现银行柜面业务的延伸，其功能基本一致。

（二）网上银行的主要功能

目前，网上银行利用互联网和 HTML 技术，能够为客户提供综合、统一、安全、实时的银行服务，包括提供对私、对公的全方位银行业务，还可以为客户提供跨国支付与清算等其他贸易和非贸易的银行业务服务。

1. 企业网上银行子系统的主要功能

企业网上银行子系统目前能够支持所有的对公企业客户，能够为客户提供网上账务信息服务、资金划拨、网上 B2B（Business to Business）支付和批量支付等服务，使集团公司总部能对其分支机构的财务活动进行实时监控，随时获得其账户的动态情况，同时还能为客户提供 B2B 网上支付。其主要业务功能包括：

（1）账户信息查询。系统能够为企业客户提供账户信息的网上在线查询、网上下载和电子邮件发送账务信息等服务，包括账户的余额、交易明细等。

（2）支付指令。系统能够为客户提供集团、企业内部各分支机构之间的账务往来，同时也能提供集团、企业之间的账务往来，并且支持集团、企业向他行账户付款。

（3）B2B 网上支付。B2B 指的是企业与企业之间进行的电子商务活动。

（4）批量支付。系统能够为企业客户提供批量付款（包括同城、异地及跨行转账业务）、代发工资、一付多收等批量支付功能。

2. 个人网上银行子系统的主要功能

个人网上银行子系统主要提供银行卡、本外币活期一本通客户账务管理、网上支付等功能，是网上银行对个人客户服务的窗口。其具体业务功能包括：

（1）账户信息查询。系统为客户提供信息查询功能，能够查询银行卡的账户余额；提供银行卡在一定时间段内的历史明细数据查询服务；查询网上支付后的支付记录。

（2）人民币转账业务。系统能够提供个人客户本人账户之间以及与他人账户之间的转账服务。

（3）银证转账业务。银行卡客户在网上能够进行银证转账，可以实现银转证、证转银、查询证券资金余额等功能。

（4）外汇买卖业务。客户通过网上银行系统能够进行外汇买卖，主要可以实现外汇即时买卖、外汇委托买卖、查询委托明细、查询外汇买卖历史明细、撤销委托等功能。

（5）账户管理业务。系统提供客户对本人网上银行各种权限功能、客户信息的管理以及账户的挂失。

（6）B2C（Business to Customer）网上支付。B2C 指的是企业与消费者之间进行的在线式零售商业活动。通过账户管理功能，客户还能够随时选择使用哪一张银行卡来进行网上支付。

二、条码支付

（一）条码支付业务的概念

条码支付业务是指银行、支付机构应用条码技术，实现收付款人之间货币资金转移的业务活动。条码支付业务包括付款扫码和收款扫码。付款扫码是指付款人通过移动终端识读收款人展示的条码完成支付的行为。收款扫码是指收款人通过识读付款人移动终端展示的条码完成支付的行为。其中，支付机构向客户提供基于条码技术付款服务的，应当取得网络支付业务许可；支付机构为实体特约商户和网络特约商户提供条码支付收单服务的，应当分别取得银行卡收单业务许可和网络支付业务许可。

目前，常见的条码支付，除银行及支付机构的条码支付外，还有由中国银联携手各商业银行、支付机构共同开发建设、共同维护运营的便民支付服务，以及融合了多个银行和支付机构的支付端口、提供聚合类型二维码的聚合支付。银联便民支付服务除条码支付功能外，还可以实现转账、缴费、信用卡还款等多项功能，并集合了部分银行的信用卡申请、理财信贷等服务，成为我国条码支付服务市场的重要构成之一。聚合支付又称第四方支付，由提供聚合支付服务的机构或银行融合不同支付机构及银行的多个支付接口，将不同机构分别生成的二维码聚合为一个二维码，使商户仅需提供一个二维码即可实现付款人自主选择使用不同银行或支付机构的 App 扫码付款。

（二）条码支付业务的交易验证及限额

条码支付业务可以组合选用下列三种要素进行交易验证：一是仅客户本人知悉的要素，如静态密码等；二是仅客户本人持有并特有的，不可复制或者不可重复利用的要素，如经过安全认证的数字证书、电子签名，以及通过安全渠道生成和传输的一次性密码等；三是客户本人生物特征要素，如指纹等。

根据交易验证方式和风险防范能力的不同，条码支付有四种限额要求：一是风险防范能力达到 A 级，即采用包括数字证书或电子签名在内的两类（含）以上有效要素对交易进行验证的，银行、支付机构可与客户通过协议自主约定单日累计限额；二是风险防范能力达到 B 级，即采用不包括数字证书、电子签名在内的两类（含）以上有效要素对交易进行验证的，同一客户单个银行账户或所有支付账户单日累计交易金额应不超过 5 000 元；三是风险防范能力达到 C 级，即采用不足两类要素对交易进行验证的，同一客户单个银行账户或所有支付账户单日累计交易金额应不超过 1 000 元；四是风险防范能力达到 D 级，即使用静态条码的，同一客户单个银行账户或所有支付账户单日累计交易金额应不超过 500 元。

银行、支付机构提供收款扫码服务的，应使用动态条码，通过设置条码有效期、使用次数等方式，防止条码被重复使用导致重复扣款，确保条码真实有效。

（三）商户管理

银行、支付机构拓展条码支付特约商户，应遵循“了解你的客户”原则，确保所拓展的是依法设立、合法经营的特约商户。银行、支付机构拓展特约商户应落实实名制规定，严格审核特约商户的营业执照等证明文件，以及法定代表人或负责人的有效身份证件等申请材料，确认申请材料的真实性、完整性、有效性，并留存申请材料的影印件或复印件。

对依据法律法规和相关监管规定免于办理工商注册登记的实体特约商户（小微商户），在遵循“了解你的客户”原则的前提下，可以通过审核商户主要负责人身份证明文件和辅助证明材料的方式为其提供条码支付收单服务。以同一个身份证件在同一家银行、支付机构办理的全部小微商户，基于信用卡的条码支付收款金额日累计不超过 1 000 元、月累计不超过 1 万元。

练习题

在线测试 2-6

第七节 其他结算方式

一、汇兑

（一）汇兑的概念和分类

汇兑是汇款人委托银行将其款项支付给异地收款人的一种结算方式。单位和个人的各种款项的结算，均可使用汇兑结算方式。

根据支付方式的不同，汇兑可分为信汇和电汇两种，由汇款人自行选择。信汇是以邮寄方式将汇款凭证转给外地收款人指定的汇入行，而电汇则是以电报方式将汇款凭证转给外地收款人指定的汇入行。

（二）办理汇兑的程序

1. 签发汇兑凭证

签发汇兑凭证必须记载下列事项：（1）表明“信汇”或“电汇”的字样；（2）无条件支付的委托；（3）确定的金额；（4）收款人名称；（5）汇款人名称；（6）汇入地点、汇入行名称；（7）汇出地点、汇出行名称；（8）委托日期；（9）汇款人签章。

2. 银行受理

汇出银行受理汇款人签发的汇兑凭证，经审查无误后，应及时向汇入银行办理汇款，并向汇款人签发汇款回单。汇款回单只能作为汇出银行受理汇款的依据，不能作为该笔汇款已转入收款人账户的证明。

3. 汇入处理

汇入银行对开立存款账户的收款人，应将汇给其的款项直接转入收款人的账户，并向其发出收账通知。收账通知是银行将款项确已收入收款人账户的凭据。

支取现金的，信、电汇凭证上必须有按规定填明的“现金”字样。未填明“现金”字样需要支取现金的，由汇入银行按照国家现金管理的规定审查支付。转账支付的，应由原收款人填制支款凭证，并由本人向银行交验其身份证件办理支付款项。

（三）汇兑的撤销和退汇

1. 申请撤销

汇款人对汇出银行尚未汇出的款项可以申请撤销。申请撤销时，应出具正式函件或本人身份证件及原信、电汇回单。汇出银行查明确未汇出款项的，收回原信、电汇回单，方可办理撤销。

2. 申请退汇

汇款人对汇出银行已经汇出的款项可以申请退汇。对在汇入银行开立银行存款账户的收款人，由收款人与汇款人自行联系退汇；对未在汇入银行开立存款账户的收款人，汇款人应出具正式函件或本人身份证件以及原信、电汇回单，由汇出银行通知汇入银行，经汇入银行核实汇款确未支付并将款项汇回汇出银行，方可办理退汇。

转汇银行不得受理汇款人或汇出银行对汇款的撤销或退汇。汇入银行对于收款人拒绝接受的汇款，应立即办理退汇。汇入银行对于向收款人发出取款通知，经过 2 个月无法交付的汇款，应主动办理退汇。

二、委托收款

（一）委托收款的概念

委托收款是指收款人委托银行向付款人收取款项的结算方式。单位和个人凭已承兑的商业汇票、债券、存单等付款人债务证明办理款项的结算，均可以使用委托收款结算方式。

委托收款在同城、异地均可以使用，其结算款项的划回方式分为邮寄和电报两种，由收款人选用。

（二）委托收款的记载事项

委托收款的记载事项包括：（1）表明“委托收款”的字样。（2）确定的金额。（3）付款人名称。（4）收款人名称。（5）委托收款凭据名称及附寄单证张数。（6）委托日期。（7）收款人签章。

委托收款人以银行以外的单位为付款人的，委托收款凭证必须记载付款人开户银行名称。

（三）委托收款的结算规定

1. 委托收款办理方法

收款人办理委托收款，向银行提交委托收款和有关的债务证明；银行接到寄来的委托收款凭证及债务证明，审查无误办理付款。

（1）以银行为付款人的，银行应在当日将款项主动支付给收款人。

（2）以单位为付款人的，银行通知付款人后，付款人应于接到通知当日书面通知银行付款。

银行在办理划款时，付款人存款账户不能足额支付的，应通过被委托银行向收款人发出未付款项通知书。

2. 委托收款的注意事项

（1）付款人审查有关债务证明后，对收款人委托收取的款项需要拒绝付款的，有权提出拒绝付款。

（2）收款人收取公用事业费，必须具有收付双方事先签订的经济合同，由付款人向开户银行授权，并经开户银行同意，报经中国人民银行当地分支行批准，可以使用同城特约委托收款。

托收承付

三、托收承付

（一）托收承付的概念

托收承付是指根据购销合同由收款人发货后委托银行向异地付款人收取款项，由付款人向银行承付的结算方式。

使用托收承付结算方式的收款单位和付款单位，必须是国有企业、供销合作社以及经营管理较好并经开户银行审查同意的城乡集体所有制工业企业。

托收承付结算每笔的金额起点为 1 万元，新华书店系统每笔的金额起点为 1 000 元。

（二）托收承付的结算规定

托收承付凭证记载事项有：(1) 表明“托收承付”的字样。(2) 确定的金额。(3) 付款人的名称和账号。(4) 收款人的名称和账号。(5) 付款人的开户银行名称。(6) 收款人的开户银行名称。(7) 托收附寄单证张数或册数。(8) 合同名称、号码。(9) 委托日期。(10) 收款人签章。

办理托收承付结算的款项，必须是商品交易以及因商品交易而产生的劳务供应的款项。代销、寄销、赊销商品的款项不得办理托收承付结算。

收付双方使用托收承付结算方式必须签有符合《中华人民共和国民法典》规定的购销合同，并在合同上订明使用托收承付结算款项的划回方法，分为邮寄和电报，由收款人选用。

（三）托收承付的办理方法

1. 托收

收款人按照签订的购销合同发货后，应将托收凭证并附发运凭证或其他符合托收承付结算的有关证明和交易单证送交银行。

收款人开户银行接到托收凭证及其附件后，应当按照托收的范围、条件和托收凭证记载的要求对其进行审查，必要时还应查验收款人、付款人签订的购销合同。

2. 承付

购货单位承付货款有验单承付和验货承付两种方式。

验单承付期为 3 天，从购货单位开户银行发出通知的次日算起（承付期内遇法定节假日顺延）。验货付款的承付期为 10 天，从运输部门向付款人发出提货通知的次日算起，付款人在承付期内，未向银行表示拒绝付款，银行即视作承付，在承付期满的次日上午将款项划给收款人。

付款人若在验单或验货时发现货物的品种、规格、数量、质量、价格等与合同规定不符的，可在承付期提出全部或部分拒付的意见。根据拒付款项填写“拒绝承付理由书”送交其开户银行审查并办理拒付手续。

四、国内信用证

国内信用证

（一）国内信用证的概念

国内信用证（简称信用证）是适用于国内贸易的一种支付结算方式，是开证银行依照申请人（购货方）的申请向受益人（销货方）开出的有一定金额、在一定期限内凭信用证规定的单据支付款项的书面承诺。

我国信用证为不可撤销、不可转让的跟单信用证。不可撤销信用证，是指信用证开具后在有效期内，非经信用证各有关当事人（即开户银行、开证申请人和受益人）的同意，开证银行不得修改或者撤销的信用证。不可转让的信用证，是指受益人不能将信用证的权利转让给他人的信用证。

（二）国内信用证的结算方式

国内信用证结算方式只适用于国内企业之间商品交易产生的货款结算，并且只能用于转账结算，不得支取现金。

（三）国内信用证的办理基本程序

1. 开证

（1）开证申请。开证申请人使用信用证时，应委托其开户银行办理开证业务。开证申请人申请办理开证业务时，应当填具开证申请书、信用证申请人承诺书并提交有关购销合同。

（2）受理开证。开证行决定受理开证业务时，应向申请人收取不低于开证金额20%的保证金，并可根据申请人资信情况要求其提供抵押、质押或由其他金融机构出具保函。

2. 通知

通知行收到信用证应认真审核。审核无误后，应填制信用证通知书，连同信用证交付受益人。

3. 议付

议付是指信用证指定的议付行在单证相符条件下，扣除议付利息后向受益人给付对价的行为。议付行必须是开证行指定的受益人开户行。议付仅限于延期付款信用证。

议付行议付后，应将单据寄开证行索偿资金。议付行议付信用证后，对受益人具有追索权。到期不获付款的，议付行可从受益人账户收取议付金额。

4. 付款

开证行对议付行寄交的凭证、单据等审核无误后，对即期付款信用证，从申请人账户收取款项支付给受益人；对延期付款信用证，应向议付行或受益人发出到期付款确认书，并于到期日从申请人账户收取款项支付给议付行或受益人。

申请人交存的保证金和其存款账户余额不足以支付的，开证行仍应在规定的付款时间内进行付款。对不足支付的部分作逾期贷款处理。

练习题

在线测试 2－7

第八节 支付机构非现金支付业务

一、支付机构的概念和支付服务的种类

（一）支付机构的概念

支付机构是指依法取得《支付业务许可证》，在收付款人之间作为中介机构提供下列部分或全部货币资金转移服务的非金融机构：

（1）网络支付。

（2）预付卡的发行与受理。

（3）银行卡收单。

（4）中国人民银行确定的其他支付服务。

支付机构依法接受中国人民银行的监督管理。未经中国人民银行批准，任何非金融机构和个人不得从事或变相从事支付业务。

（二）支付服务的种类

1. 网络支付

网络支付是指依托公共网络或专用网络在收付款人之间转移货币资金的行为，包括货币汇兑、互联网支付、移动电话支付、固定电话支付、数字电视支付等。

2. 预付卡

预付卡是指以盈利为目的发行的、在发行机构之外购买商品或服务的预付价值，包括采取磁条、芯片等技术以卡片、密码等形式发行的预付卡。

3. 银行卡收单

银行卡收单是指通过销售点（POS）终端等为银行卡特约商户代收货币资金的行为。支付机构的银行卡收单以及条码支付与银行相同，在此不再赘述。

二、网络支付

（一）网络支付的概念

网络支付是指收款人或付款人通过计算机、移动终端等电子设备，依托公共网络信息系统或专用网络远程发起支付指令，且付款人电子设备不与收款人特定专属设备交互，由支付机构为收付款人提供货币资金转移服务的活动。

（二）网络支付机构

依法取得《支付业务许可证》，获准办理互联网支付、移动电话支付、固定电话支付、数字电视支付等网络支付业务的支付机构可以办理网络支付业务。

目前，从事网络支付的支付机构主要有下述两类。

1. 金融型支付企业

金融型支付企业采用独立第三方支付模式，其不负有担保功能，仅仅为用户提供支付产品和支付系统解决方案，侧重行业需求和开拓行业应用，是立足于企业端的金融型支付企业。

2. 互联网支付企业

互联网支付企业采用自有的电子商务网站并提供担保功能的第三方支付模式，以在线支付为主，是立足于个人消费者端的互联网型支付企业。

（三）支付账户

1. 支付账户的概念

支付账户，是指获得互联网支付业务许可的支付机构，根据客户的真实意愿为其开立的，用于记录预付交易资金余额、客户凭以发起支付指令、反映交易明细信息的电子簿记。支付账户不得透支，不得出借、出租、出售，不得利用支付账户从事或者协助他人从事非法活动。

2. 支付账户的开户要求

支付机构为客户开立支付账户的，应当对客户实行实名制管理，登记并采取有效措施验证客户身份基本信息，按规定核对有效身份证件并留存有效身份证件复印件或者影印件，建立客户唯一识别编码，并在与客户业务关系存续期间采取持续的身份识别措施，确保有效核实客户的身份及真实意愿，不得开立匿名、假名支付账户。支付机构在为单位和个人开立支付账户时，应当与单位和个人签订协议，约定支付账户与支付账户、支付账户与银行账户之间的日累计转账限额和笔数，超出限额和笔数的，不得再办理转账业务。

（四）网络支付的相关规定

1. 网络支付的交易验证及限额

根据交易验证方式和风险防范能力的不同，支付机构对个人客户使用支付账户余额付款的交易有三种限额要求：一是采用包括数字证书或电子签名在内的两类（含）以上有效要素进行验证的交易，单日累计限额由支付机构与客户通过协议自主约定；二是采用不包括数字证书、电子签名在内的两类（含）以上有效要素进行验证的交易，单个客户所有支付账户单日累计金额应不超过 5 000 元（不包括支付账户向客户本人同名银行账户转账）；三是采用不足两类有效要素进行验证的交易，单个客户所有支付账户单日累计金额应不超过 1 000 元（不包括支付账户向客户本人同名银行账户转账），且支付机构应当承诺无条件全额承担此类交易的风险损失赔付责任。

2. 业务与风险管理

支付机构向客户开户银行发送支付指令，扣划客户银行账户资金的，应当事先或在首笔交易时自主识别客户身份并分别取得客户和银行的协议授权，同意其向客户的银行账户发起支付指令扣划资金。银行应当事先或在首笔交易时自主识别客户身份并与客户直接签订授权协议，明确约定扣款适用范围和交易验证方式，设立与客户风险承受能力相匹配的单笔和单日累计交易限额，承诺无条件全额承担此类交易的风险损失先行赔付责任。除单笔金额不超过 200 元的小额支付业务，公共事业缴费、税费缴纳、信用卡还款等收款人固定并且定期发生的支付业务外，支付机构不得代替银行进行交易验证。被中国人民银行评价为 A 类的支付机构，可与银行通过协议自主约定由支付机构代替进行交易验证的情形。支付机构应建立客户风险评级管理制度和机制以及交易风险管理制度和交易监测系统。

三、预付卡

（一）预付卡的概念和分类

预付卡是指发卡机构以特定载体和形式发行的、可在发卡机构之外购买商品或服务的预付价值。目前，市场上的预付卡有两类：一类是专营发卡机构发行，可跨地区、跨行业、跨法人使用的多用途预付卡；另一类是商业企业发行，只在本企业或同一品牌连锁商业企业购买商品、服务的单用途预付卡。单用途预付卡的发卡企业应在开展单用途预付卡业务之日起 30 日内在商务部门进行备案；多用途预付卡的发卡机构必须取得中国人民银行颁发的《支付业务许可证》，在核准地域范围内开展业务，人民银行对多用途预付卡备付金实行集中存管。本节以下讲述的是多用途预付卡。

预付卡按是否记载持卡人身份信息分为记名预付卡和不记名预付卡。

（二）预付卡的相关规定

1. 预付卡的限额

预付卡以人民币计价，不具有透支功能。单张记名预付卡资金限额不得超过 5 000 元，单张不记名预付卡资金限额不得超过 1 000 元。

2. 预付卡的期限

预付卡在卡面上记载有效期限或有效期截止日。记名预付卡可挂失，可赎回，不得设置有效期；不记名预付卡不挂失、不赎回，另有规定的除外。不记名预付卡有效期不得少于 3 年。超过有效期尚有资金余额的预付卡，可通过延期、激活、换卡等方式继续使用。

3. 预付卡的办理

个人或单位购买记名预付卡或一次性购买不记名预付卡 1 万元以上的，应当使用实名并向发卡机构提供有效身份证件。使用实名购买预付卡的，发卡机构应当登记购卡人姓名或单位名称、单位经办人姓名、有效身份证件名称和号码、联系方式、购卡数量、购卡日期、购卡总金额、预付卡卡号及金额等信息。单位一次性购买预付卡 5 000 元以上，个人一次性购买预付卡 5 万元以上的，应当通过银行转账等非现金结算方式，不得使用现金。购卡人不得使用信用卡购买预付卡。

4. 预付卡的充值

预付卡只能通过现金或银行转账方式进行充值，不得使用信用卡为预付卡充值。一次性充值金额 5 000 元以上的，不得使用现金。单张预付卡充值后的资金余额不得超过规定限额。预付卡现金充值通过发卡机构网点进行，但单张预付卡日累计现金充值在 200 元以下的，可通过自助充值终端、销售合作机构代理等方式。

5. 预付卡的使用

预付卡在发卡机构拓展、签约的特约商户中使用，不得用于或变相用于提取现金，不得用于购买、交换非本发卡机构发行的预付卡、单一行业卡及其他商业预付卡或向其充值，卡内资金不得向银行账户或向非本发卡机构开立的网络支付账户转移。

6. 预付卡的赎回

记名预付卡可在购卡 3 个月后办理赎回。单位购买的记名预付卡，只能由单位办理赎回。

7. 预付卡的发卡机构

预付卡发卡机构必须是经中国人民银行核准，取得《支付业务许可证》的支付机构。

练习题

在线测试 2-8

财经素养专栏

普及票据法律知识　降低票据结算风险

财经素养融入点

1. 积极践行依法治国思想，为法治中国贡献力量。

2. 认真学习我国支付结算法律知识，掌握过硬的业务本领，识别支付结算过程中的风险点。

3. 树立遵纪守法、客观公正、严于律己、服务社会的会计职业操守。

4. 运用法制手段伸张正义，维护自身合法权益。

第三章　税收法律制度

教学目标

知识目标

- 熟悉税收的概念、特征，充分认识税收的地位和作用。
- 掌握增值税征税范围的规定；掌握增值税纳税人的划分及税率或征收率的相关规定；掌握增值税进项税额和销项税额的相关规定。
- 熟悉消费税的概念和特点；掌握消费税税目、征税范围、适用税率的相关规定。
- 掌握企业所得税纳税人的划分及税率的相关规定；掌握收入类、扣除类、资产类差异对应纳税所得额的调整；掌握应纳税所得额及应纳税额的计算。
- 掌握个人所得税纳税人身份的判定、个人所得税应税项目及税率、个人所得税的综合征税及税收优惠相关政策。

能力目标

- 理解税收在国家财政收入中的地位和作用，积极参与宣传税法、普及税法。
- 能够运用掌握的税法要素的基本知识，为后续各项税收的学习奠定基础。
- 能够正确计算应纳增值税税额；熟悉增值税优惠政策，为纳税人提供服务。
- 能够按照企业所得税法律制度的规定，正确计算和缴纳企业所得税税额。
- 能够按照个人所得税法律制度的规定，正确计算和缴纳个人所得税税额。

素养目标

- 充分认识税收是实现中华民族伟大复兴“中国梦”的重要保障。
- 充分认识增值税和消费税是我国财政收入的最重要来源，树立保护税源的意识。
- 充分认识消费税对调整产业结构，正确引导消费的重要作用。
- 能够严谨认真、耐心细致地完成企业所得税的纳税申报工作。
- 能够向纳税人宣传个人所得税法规政策，传递国家藏富于民的思想。
- 树立纳税光荣、遵纪守法的价值观和人生观，做一个遵纪守法、为国纳税的好公民。

案例导入

加计扣除税收优惠政策助推企业创新升级

华为技术有限公司（以下简称“华为公司”）是一家全球领先的信息与通信技术

(ICT) 解决方案供应商，多年来，公司在研发方面投入巨大，拥有世界领先的研发实力和创新能力。近年来，华为公司不断推出新技术、新产品，如鸿蒙系统、5G 技术等，为全球 ICT 行业的发展做出了重要贡献。

数据显示，2023 年华为公司的研发费用支出达到了 1 647 亿元人民币，占全年收入的 23.4%。这一比例显示出华为公司对研发的高度重视和持续投入。

《企业所得税法》规定，符合条件的研发费用可以在税前按一定比例加计扣除。由于华为公司符合制造业企业的条件，且政策规定制造业企业的研发费用加计扣除比例为 100%，则加计扣除金额等于可加计扣除的研发费用总额。因此，2023 年华为公司的研发费用支出加计扣除 1 647 亿元人民币，按照企业所得税税率 25%计算，华为公司 2023 年可享受 411.75 亿元的税收优惠。按高新技术企业适用的企业所得税税率 15%计算，可享受 247.05 亿元的税收优惠。

可以看出，我国《企业所得税法》对研发费用采用加计扣除办法，是出于鼓励企业加大研发投入、促进科技创新和产业升级、优化税收环境以及与国际接轨等多方面的考虑。这一政策对于推动我国经济的持续健康发展具有重要意义。

第一节 税收法律制度概述

一、税收与税收法律关系

（一）税收与税法

1. 税收的概念与特征

税收是指以国家为主体，为实现国家职能，凭借政治权力，按照法定标准，无偿取得财政收入的一种特定分配形式。它体现了国家与纳税人在征税、纳税的利益分配上的一种特定分配关系。税收是国家财政收入的最重要来源，是人类社会经济发展到一定历史阶段的产物。在社会主义市场经济运行中，税收主要具有资源配置、收入再分配、稳定经济和维护国家政权的作用。税收与其他财政收入形式相比，具有强制性、无偿性和固定性的特征。

2. 税法的概念

税法即税收法律制度，是调整税收关系的法律规范的总称，是国家法律体系的重要组成部分。它是以宪法为依据，调整国家与社会成员在税收征纳上的权利与义务关系，维护社会经济秩序和税收秩序，保障国家利益和纳税人合法权益的法律规范，是国家税务机关及一切纳税单位和个人依法征税、依法纳税的行为规则。

（二）税收法律关系

1. 税收法律关系的概念

税收法律关系是税法在调整征税主体与纳税主体之间的税收征纳关系过程中形成的税

收权利与税收义务关系。税收法律关系与其他法律关系一样，也是由主体、客体和内容三个要素构成。

2. 税收法律关系的主体

税收法律关系的主体，是指税收法律关系中享有权利和承担义务的当事人，包括征税主体与纳税主体。在我国税收法律关系中，征税主体是代表国家行使征税职责的税务机关和海关；纳税主体是履行纳税义务的人，包括纳税人和扣缴义务人，具体表现形式有自然人、法人和其他组织。

3. 税收法律关系的客体

税收法律关系的客体，是指主体的权利、义务所共同指向的对象，也就是征税对象。例如，企业所得税法律关系的客体就是生产经营所得和其他所得，增值税法律关系的客体就是增值额。

4. 税收法律关系的内容

税收法律关系的内容，是指主体所享受的权利和所应承担的义务，这是税收法律关系中最实质的东西，也是税法的核心。

二、税法要素

税法要素是指各单行税法共同具有的基本要素，它一般包括纳税人、征税对象、税率、计税依据、纳税环节、纳税期限、纳税地点、税收优惠、法律责任等。

（一）纳税人

纳税人，是指法律、行政法规规定负有纳税义务的单位和个人。与纳税人相联系的另一个概念是扣缴义务人。扣缴义务人是税法规定的，在其经营活动中负有代扣或代缴税款并向国库缴纳税款的单位。扣缴义务人必须按照税法规定代扣或代收税款，并在规定期限内缴入国库。

（二）征税对象

征税对象，又称课税对象，是纳税的客体。它是指税收法律关系中权利和义务所指向的对象，即对什么征税。征税对象是区别不同税种的重要标志。

税目，是税法中具体规定应当征税的项目，是征税对象的具体化。规定税目有两个目的：一是明确征税的具体范围；二是对不同的征税项目加以区分，从而制定高低不同的税率。

（三）税率

1. 税率的概念及意义

税率，是指应征税额与计税金额（或数量单位）之间的比例，是计算税额的尺度。税率的高低直接体现国家的政策要求，直接关系到国家财政收入和纳税人的负担程度。

2. 税率的形式

税率的形式主要有比例税率、累进税率和定额税率三种。

（1）比例税率，是指对同一征税对象，不论其数额大小，均按同一个比例征税的税率。税率本身是应征税额与计税金额之间的比例。我国税收法律制度大量采取比例税率。

（2）累进税率，是根据征税对象数额的逐渐增大，按不同等级逐步提高的税率。即征税对象数额越大，税率越高。累进税率又分为全额累进税率、超额累进税率和超率累进税率三种。

1）全额累进税率，是按征税对象数额的逐步递增划分若干等级，并按等级规定逐步提高的税率。征税对象的金额达到哪一个等级，就按相应的税率征税。目前，我国的税收法律制度中已不采用这种税率。

2）超额累进税率，是将征税对象数额的逐步递增划分为若干等级，按等级规定相应的递增税率，对每个等级分别计算税额。我国个人所得税对综合所得和经营所得采取超额累进税率。

3）超率累进税率，是按征税对象的某种递增比例划分若干等级，按等级规定相应的递增税率，对每个等级分别计算税额。我国的土地增值税采用超率累进税率。

（3）定额税率，又称固定税额，是指按征税对象的一定单位直接规定固定的税额，而不采取百分比的形式。我国的车船税、城镇土地使用税、耕地占用税等税种采取定额税率。

（四）计税依据

计税依据，是指计算应纳税额的依据或标准，即根据什么来计算纳税人应缴纳的税款。税款的计算方式一般有两种：一是从价计征；二是从量计征。

从价计征，是以计税金额为计税依据，计税金额是指征税对象的数量乘以计税价格的数额。我国税收法律制度大量采取从价计征方式。

从量计征，是以征税对象的重量、体积、数量等为计税依据。我国的车船税、城镇土地使用税、耕地占用税等税种采取从量计征方式。

（五）纳税环节

纳税环节，主要是指税法规定的征税对象在从生产到消费的流转过程中应当缴纳税款的环节。我国的增值税对流转的每一个环节都征税，具有不同于其他税种的特点。我国的消费税主要在生产销售和进口环节征收，个别应税消费品在批发销售和零售销售环节征收。

（六）纳税期限

纳税期限，是指纳税人的纳税义务发生后应依法缴纳税款的期限，包括纳税义务发生时间、纳税期限和缴库期限。规定纳税期限是为了保证国家财政收入的及时实现，也是税收强制性和固定性的体现。税法中，根据不同的情况规定不同的纳税期限，纳税人必须在规定的纳税期限内缴纳税款。

（七）纳税地点

纳税地点，是指税法根据各税种的纳税环节和有利于税款的源泉控制而规定的纳税人（包括代征、代扣、代缴义务人）具体申报缴纳税款的地点。比较常见的纳税地点有纳税人住所地、纳税人经营地、不动产所在地等。

（八）税收优惠

1. 税收优惠的概念与目的

税收优惠，是指国家对某些纳税人和征税对象给予鼓励和照顾的一种特殊规定。制定这种特殊规定，一方面是为了鼓励和支持某些行业或项目的发展，另一方面是为了照顾某些纳税人的特殊困难。

2. 税收优惠的主要形式

（1）减税和免税。减税，是指对应征税款减少征收部分税款。免税，是对按规定应征收的税款给予免除。减税和免税具体又分为两种情况，一种是税法直接规定的长期减免税项目，另一种是依法给予的一定期限内的减免税措施，期满之后则按规定纳税。我国税收法律制度大量采取减税和免税的税收优惠形式。

（2）起征点。征税起点是指对征税对象开始征税的数额界限。征税对象的数额没有达到规定起征点的，不征税；达到或超过起征点的，就其全部数额征税。我国增值税采取了起征点的税收优惠形式。

（3）免征额。免征额是指对征税对象总额中免予征税的数额，即对纳税对象中的一部分给予减免，只就减除后的剩余部分计征税款。我国个人所得税采取了免征额的税收优惠形式。

（九）法律责任

法律责任，是指行为人因实施了违反国家税法规定的行为而应承受的不利的法律后果。违反税法规定的行为，包括作为和不作为。税法中的法律责任包括行政责任和刑事责任。纳税人和税务人员违反税法的规定，都将依法承担法律责任。

三、现行税种与征收机关

（一）我国现行税收征收机关

现阶段，我国税收征收机关有税务机关和海关。

（二）税务机关征收管理的税种

税务机关主要负责下列税种的征收和管理：增值税、消费税、企业所得税、个人所得税、资源税、城镇土地使用税、城市维护建设税、印花税、土地增值税、房产税、车船税、车辆购置税、烟叶税、耕地占用税、契税和环境保护税等。

出口产品退税（增值税、消费税）由税务机关负责办理，部分非税收入和社会保险费的征收也由税务机关负责。

（三）海关征收管理的税种

海关主要负责关税和船舶吨税的征收和管理。

进口环节的增值税、消费税由海关代征。

练习题

在线测试 3-1

第二节 增值税法律制度

增值税是对销售商品或者劳务过程中实现的增值额征收的一种税。增值税是我国现阶段税收收入规模最大的税种。

一、增值税纳税人和扣缴义务人

（一）纳税人

根据我国《增值税暂行条例》的规定，在中华人民共和国境内销售货物或者加工、修理修配劳务，销售服务、无形资产、不动产以及进口货物的单位和个人，为增值税的纳税人。

（二）纳税人的分类

根据纳税人的经营规模以及会计核算健全程度的不同，增值税的纳税人可划分为小规模纳税人和一般纳税人。

1．小规模纳税人

增值税小规模纳税人标准为年应征增值税销售额 500 万元及以下。

年应征增值税销售额，是指纳税人在连续不超过 12 个月或 4 个季度的经营期内累计应征增值税销售额，包括纳税申报销售额、稽查查补销售额、纳税评估调整销售额。

小规模纳税人会计核算健全，能够提供准确税务资料的，可以向税务机关申请登记为一般纳税人，不再作为小规模纳税人。会计核算健全，是指能够按照国家统一的会计制度规定设置账簿，根据合法、有效凭证核算。

2. 一般纳税人

一般纳税人，是指年应税销售额超过财政部、国家税务总局规定的小规模纳税人标准的企业和企业性单位。

一般纳税人实行登记制，除另有规定外，应当向税务机关办理登记手续。

下列纳税人不办理一般纳税人登记：

（1）按照政策规定，选择按照小规模纳税人纳税的；

（2）年应税销售额超过规定标准的其他个人。

纳税人自一般纳税人生效之日起，按照增值税一般计税方法计算应纳税额，并可以按照规定领用增值税专用发票，财政部、国家税务总局另有规定的除外。

纳税人登记为一般纳税人后，不得转为小规模纳税人，国家税务总局另有规定的除外。

（三）扣缴义务人

中华人民共和国境外的单位或者个人在境内销售劳务，在境内未设有经营机构的，以其境内代理人为扣缴义务人；在境内没有代理人的，以购买方为扣缴义务人。

二、增值税征税范围

增值税的征税范围包括在中华人民共和国境内销售货物或者劳务，销售服务、无形资产、不动产以及进口货物（如表 3－1 所示）。

表 3－1　增值税的征税范围

序号	征税范围	解释
1	销售货物	有偿转让货物的所有权，货物是指有形动产
2	销售劳务	有偿提供加工、修理修配劳务
3	销售服务	指提供交通运输服务、邮政服务、电信服务、建筑服务、金融服务、现代服务、生活服务
4	销售无形资产	指转让无形资产所有权或者使用权的业务活动
5	销售不动产	指转让不动产所有权的业务活动
6	进口货物	指将货物从我国境外移送至我国境内的行为

（一）销售货物

在中国境内销售货物，是指销售货物的起运地或者所在地在境内。

销售货物是有偿转让货物的所有权。货物，是指有形动产，包括电力、热力、气体在内。有偿，是指从购买方取得货币、货物或者其他经济利益。

（二）销售劳务

在中国境内销售劳务，是指提供的劳务发生地在境内。

销售劳务，是指有偿提供加工、修理修配劳务。单位或者个体工商户聘用的员工为本单位或者雇主提供加工、修理修配劳务不包括在内。

加工，是指受托加工货物，即委托方提供原料及主要材料，受托方按照委托方的要求，制造货物并收取加工费的业务；修理修配，是指受托对损伤和丧失功能的货物进行修复，使其恢复原状和功能的业务。

（三）销售服务

销售服务，是指提供交通运输服务、邮政服务、电信服务、建筑服务、金融服务、现代服务、生活服务。

（1）交通运输服务，包括陆路运输服务、水路运输服务、航空运输服务和管道运输服务。

（2）邮政服务，包括邮政普遍服务、邮政特殊服务和其他邮政服务。

（3）电信服务，包括基础电信服务和增值电信服务。

（4）建筑服务，包括工程服务、安装服务、修缮服务、装饰服务和其他建筑服务。

（5）金融服务，是指经营金融保险的业务活动。包括贷款服务、直接收费金融服务、保险服务和金融商品转让。

（6）现代服务，包括研发和技术服务、信息技术服务、文化创意服务、物流辅助服务、租赁服务、鉴证咨询服务、广播影视服务、商务辅助服务和其他现代服务。

（7）生活服务，包括文化体育服务、教育医疗服务、旅游娱乐服务、餐饮住宿服务、居民日常服务和其他生活服务。

（四）销售无形资产

销售无形资产，是指转让无形资产所有权或者使用权的业务活动，包括技术、商标、著作权、商誉、自然资源使用权和其他权益性无形资产。

（五）销售不动产

销售不动产，是指转让不动产所有权的业务活动，包括建筑物、构筑物等。

（六）进口货物

进口货物，是指申报进入中国海关境内的货物。除享受免税政策外，进口货物在进口环节缴纳增值税。

（七）视同销售行为

单位或者个体工商户的下列行为，视同销售货物，征收增值税：

（1）将货物交付其他单位或者个人代销。

（2）销售代销货物。

（3）设有两个以上机构并实行统一核算的纳税人，将货物从一个机构移送至其他机构用于销售，但相关机构设在同一县（市）的除外。

（4）将自产或者委托加工的货物用于非增值税应税项目。

（5）将自产、委托加工的货物用于集体福利或者个人消费。

（6）将自产、委托加工或者购进的货物作为投资，提供给其他单位或者个体工商户。

（7）将自产、委托加工或者购进的货物分配给股东或者投资者。

（8）将自产、委托加工或者购进的货物无偿赠送其他单位或者个人。

（八）混合销售

一项销售行为如果既涉及货物又涉及服务，为混合销售。从事货物的生产、批发或者零售的单位和个体工商户的混合销售行为，按照销售货物缴纳增值税；其他单位和个体工商户的混合销售行为，按照销售服务缴纳增值税。

上述从事货物的生产、批发或者零售的单位和个体工商户，包括以从事货物的生产、批发或者零售为主，并兼营销售服务的单位和个体工商户在内。

纳税人销售活动板房、机器设备、钢结构件等自产货物的同时提供建筑、安装服务，不属于混合销售，应分别核算货物和建筑服务的销售额，分别适用不同的税率或者征收率。

（九）兼营

兼营，是指纳税人的经营中包括销售货物、劳务以及销售服务、无形资产和不动产的行为。

纳税人发生兼营行为，应当分别核算适用不同税率或征收率的销售额，未分别核算销售额的，按照以下办法适用税率或征收率：

（1）兼有不同税率的销售货物、劳务、服务、无形资产或者不动产，从高适用税率。

（2）兼有不同征收率的销售货物、劳务、服务、无形资产或者不动产，从高适用征收率。

（3）兼有不同税率和征收率的销售货物、劳务、服务、无形资产或者不动产，从高适用税率。

（十）不征收增值税项目

不征收增值税的项目包括：

（1）根据国家指令无偿提供的铁路运输服务、航空运输服务。

（2）存款利息。

（3）被保险人获得的保险赔付。

（4）房地产主管部门或者其指定机构、公积金管理中心、开发企业以及物业管理单位代收的住宅专项维修资金。

（5）在资产重组过程中，通过合并、分立、出售、置换等方式，将全部或者部分实物资产以及与其相关联的债权、负债和劳动力一并转让给其他单位和个人，其中涉及的不动产、土地使用权转让行为。

（6）纳税人在资产重组过程中，通过合并、分立、出售、置换等方式，将全部或者部分实物资产以及与其相关联的债权、负债和劳动力一并转让给其他单位和个人，不属于增值税的征税范围，对其中涉及的货物转让，不征收增值税。

三、增值税税率和征收率

（一）增值税税率

从 2019 年 4 月 1 日起，我国增值税税率分为四档，即 13%、9%、6%、零税率。具体增值税税目与税率如表 3－2 所示。

表 3－2　增值税税目与税率

序号	税目	税率
1	纳税人销售或购进货物，提供加工、修理修配劳务，提供有形动产租赁服务。	13%
2	纳税人销售交通运输、邮政、基础电信、建筑、不动产租赁服务，销售不动产，转让土地使用权，销售或者进口下列货物：（1）粮食等农产品、食用植物油、食用盐；（2）自来水、暖气、冷气、热水、煤气、石油液化气、天然气、二甲醚、沼气、居民用煤炭制品；（3）图书、报纸、杂志、音像制品、电子出版物；（4）饲料、化肥、农药、农机、农膜；（5）国务院规定的其他货物等。	9%
3	纳税人销售增值电信服务、金融服务、现代服务（租赁服务除外）、生活服务、转让土地使用权以外的其他无形资产等。	6%
4	出口货物；提供国际运输服务；提供航天运输服务；境内单位和个人发生的跨境应税行为等。具体范围由财政部和国家税务总局另行规定。	零税率

（二）增值税征收率

1. 征收率的一般规定

小规模纳税人以及一般纳税人选择简易办法计税的，征收率为 3%，国家税务总局另有规定的除外。

2. 征收率的特殊规定

（1）小规模纳税人转让其取得的不动产，按照 5%的征收率征收增值税。

（2）一般纳税人转让和出租其 2016 年 4 月 30 日前取得的不动产，选择简易计税方法计税的，按照 5%的征收率征收增值税。

（3）小规模纳税人出租其取得的不动产（不含个人出租住房），按照 5%的征收率征收增值税。

（4）房地产开发企业（一般纳税人）销售自行开发的房地产老项目，选择简易计税方法计税的，按照 5%的征收率征收增值税。

（5）房地产开发企业（小规模纳税人）销售自行开发的房地产项目，按照 5%的征收率征收增值税。

四、增值税应纳税额的计算

（一）一般计税方法应纳税额的计算

1. 一般计税方法应纳税额的计算公式

一般纳税人发生应税销售行为，采取一般计税方法计算应纳增值税额。其计算公式为：

应纳税额＝当期销项税额－当期进项税额

当期销项税额小于当期进项税额不足抵扣时，其不足部分可以结转下期继续抵扣。

2. 销项税额的计算公式

销项税额是指纳税人发生应税销售行为，按照销售额和适用税率计算并向购买方收取的增值税税款，其计算公式为：

销项税额＝销售额×适用税率

可见，采用一般计税方法计算增值税应纳税额时，主要有两个因素：一是销售额；二是进项税额。

3. 销售额的确定

（1）销售额的概念。

销售额是指纳税人发生应税销售行为向购买方收取的全部价款和价外费用，但是不包括收取的销项税额。价外费用，包括价外向购买方收取的手续费、补贴、基金、集资费、返还利润、奖励费、违约金、滞纳金、延期付款利息、赔偿金、代收款项、代垫款项、包装费、包装物租金、储备费、优质费、运输装卸费以及其他各种性质的价外收费。

上述价外费用无论其会计制度如何核算，均应并入销售额计算销项税额。但下列项目不包括在销售额内：

1）受托加工应征消费税的消费品所代收代缴的消费税。

2）同时符合以下条件代为收取的政府性基金或者行政事业性收费：由国务院或者财政部批准设立的政府性基金，由国务院或者省级人民政府及其财政、价格主管部门批准设立的行政事业性收费；收取时开具省级以上财政部门印制的财政票据；所收款项全额上缴财政。

3）销售货物的同时代办保险等而向购买方收取的保险费，以及向购买方收取的代购买方缴纳的车辆购置税、车辆牌照费。

4）以委托方名义开具发票代委托方收取的款项。

（2）含税销售额的换算。

增值税实行价外税，计算销项税额时，销售额中不应含有增值税款。如果销售额中包含了增值税款即销项税额，则应将含税销售额换算成不含税销售额。其计算公式为：

不含税销售额＝含税销售额÷(1＋增值税税率)

（3）视同销售的销售额的确定。

我国《增值税暂行条例实施细则》规定了 8 种视同销售货物行为，这 8 种视同销售货物行为一般不以资金的形式反映出来，因而会出现无销售额的情况。在此情况下，税务机关有权按照下列顺序核定其销售额：

1）按纳税人最近时期同类货物的平均销售价格确定。

2）按其他纳税人最近时期同类货物的平均销售价格确定。

3）按组成计税价格确定。

（4）混合销售的销售额的确定。

混合销售的销售额为货物的销售额与服务销售额的合计。

（5）兼营的销售额的确定。

纳税人兼营不同税率的货物、劳务、服务、无形资产或者不动产，应当分别核算不同税率或者征收率的销售额；未分别核算销售额的，从高适用税率。

（6）特殊销售方式下销售额的确定。

1）折扣方式销售。纳税人采取折扣方式销售货物，如果销售额和折扣额在同一张发票上分别注明，则可以按折扣后的销售额征收增值税；如果将折扣额另开发票，不论其在财务上如何处理，均不得从销售额中减除折扣额。

2）以旧换新方式销售。纳税人采取以旧换新方式销售货物的，应按新货物的同期销售价格确定销售额，不得扣减旧货物的收购价格，金银首饰除外。

3）还本销售方式销售。纳税人采取还本销售方式销售货物，其销售额就是货物的销售价格，不得从销售额中减除还本支出。

4）以物易物方式销售。以物易物双方都应作购销处理，以各自发出的货物核算销售额并计算销项税额，以各自收到的货物按规定核算购货额并计算进项税额。

5）直销方式销售。直销企业通过直销员向消费者销售货物，直接向消费者收取货款，直销企业的销售额为其向消费者收取的全部价款和价外费用。

（7）包装物押金。

包装物是指纳税人包装本单位货物的各种物品。一般情况下，销货方向购货方收取包装物押金，购货方在规定时间内返还包装物，销货方再将收取的包装物押金返还。纳税人为销售货物而出租、出借包装物收取的押金，单独记账核算的，且时间在 1 年以内又未过期的，不并入销售额征税；但对因逾期未收回包装物不再退还的押金，应按所包装货物的适用税率计算增值税款。实践中，应注意以下具体规定：

1）逾期是指按合同约定实际逾期或以 1 年为期限，对收取 1 年以上的押金，无论是否退还，均并入销售额征税。

2）包装物押金是含税收入，在并入销售额征税时，需要先将该押金换算为不含税收入，再计算应纳增值税款。

3）包装物押金不同于包装物租金，包装物租金属于价外费用，在销售货物时随同货款一并计算增值税款。

4）自 1995 年 6 月 1 日起，对销售除啤酒、黄酒外的其他酒类产品而收取的包装物押金，无论是否返还以及会计上如何核算，均应并入当期销售额征收增值税。

（8）金融商品转让。

金融商品转让，将卖出价扣除买入价后的余额作为销售额。转让金融商品出现的正负差，按盈亏相抵后的余额为销售额。若相抵后出现负差，可结转下一纳税期与下期转让金融商品销售额相抵，但年末时仍出现负差的，不得转入下一个会计年度。

金融商品的买入价，可以选择按照加权平均法或者移动加权平均法进行核算，选择后 36 个月内不得变更。金融商品转让，不得开具增值税专用发票。

（9）销售额确定的特殊规定。

1）纳税人兼营免税、减税项目的，应当分别核算免税、减税项目的销售额；未分别核算的，不得免税、减税。

2）纳税人发生应税销售行为，开具增值税专用发票后，发生开票有误或者销售折让、中止、退回等情形的，应当按照国家税务总局的规定开具红字增值税专用发票；未按照规定开具红字增值税专用发票的，不得扣减销项税额或者销售额。

(10) 外币销售额的折算。

纳税人按人民币以外的货币结算销售额的，其销售额的人民币折合率可以选择销售额发生的当天或者当月1日的人民币外汇中间价。纳税人应事先确定采用何种折合率，确定后1年内不得变更。

4. 进项税额的确定

进项税额，是指纳税人购进货物、劳务、服务、无形资产或者不动产，支付或者负担的增值税额。

(1) 准予从销项税额中抵扣的进项税额。

1) 从销售方取得的增值税专用发票（含税控机动车销售统一发票）上注明的增值税额。

2) 从海关取得的海关进口增值税专用缴款书上注明的增值税额。

3) 购进农产品，取得一般纳税人开具的增值税专用发票或者海关进口增值税专用缴款书的，以增值税专用发票或海关进口增值税专用缴款书上注明的增值税额为进项税额。

从按照简易计税方法依照3%征收率计算缴纳增值税的小规模纳税人取得增值税专用发票的，以增值税专用发票上注明的金额和9%的扣除率计算进项税额；取得（开具）农产品销售发票或收购发票的，以农产品收购发票或销售发票上注明的农产品买价和9%的扣除率计算进项税额；纳税人购进用于生产或者委托加工13%税率货物的农产品，按照10%的扣除率计算进项税额。进项税额的计算公式为：

进项税额＝买价×扣除率

4) 纳税人购进国内旅客运输服务未取得增值税专用发票的，暂按以下规定确定进项税额：取得增值税电子普通发票的，为发票上注明的税额；取得注明旅客身份信息的航空运输电子客票行程单的，按照下列公式计算进项税额：

航空旅客运输进项税额＝(票价＋燃油附加费)÷(1＋9%)×9%

取得注明旅客身份信息的铁路车票的，按照下列公式计算进项税额：

铁路旅客运输进项税额＝票面金额÷(1＋9%)×9%

取得注明旅客身份信息的公路、水路等其他客票的，按照下列公式计算进项税额：

公路、水路等其他旅客运输进项税额＝票面金额÷(1＋3%)×3%

5) 自境外单位或者个人购进劳务、服务、无形资产或者境内的不动产，从税务机关或者扣缴义务人取得的代扣代缴税款的完税凭证上注明的增值税额。

6) 原增值税一般纳税人购进货物或者接受劳务，用于《销售服务、无形资产或者不动产注释》所列项目的，不属于《增值税暂行条例》第10条规定不得抵扣进项税额的项目，其进项税额准予从销项税额中抵扣。

7) 原增值税一般纳税人购进服务、无形资产或者不动产，取得的增值税专用发票上注明的增值税额为进项税额，准予从销项税额中抵扣。

8) 原增值税一般纳税人自用的应征消费税的摩托车、汽车、游艇，其进项税额准予从销项税额中抵扣。

纳税人购进货物、劳务、服务、无形资产、不动产，取得的增值税扣税凭证不符合法律、行政法规或者国务院税务主管部门有关规定的，其进项税额不得从销项税额中抵扣。

增值税扣税凭证，是指增值税专用发票、海关进口增值税专用缴款书、农产品收购发票、农产品销售发票、完税凭证和符合规定的国内旅客运输发票。

纳税人凭完税凭证抵扣进项税额的，应当具备书面合同、付款证明和境外单位的对账单或者发票。资料不全的，其进项税额不得从销项税额中抵扣。

（2）不得从销项税额中抵扣的进项税额。

1）用于简易计税方法计税项目、免征增值税项目、集体福利或者个人消费的购进货物、劳务、服务、无形资产和不动产。其中涉及的固定资产、无形资产、不动产，仅指专用于上述项目的固定资产、无形资产（不包括其他权益性无形资产）、不动产。

如果是既用于上述不允许抵扣项目又用于抵扣项目的，该进项税额准予全部抵扣。

自 2018 年 1 月 1 日起，纳税人租入固定资产、不动产，既用于一般计税方法计税项目，又用于简易计税方法计税项目、免征增值税项目、集体福利或者个人消费的，其进项税额准予从销项税额中全额抵扣。

纳税人的交际应酬消费属于个人消费，其进项税额不得抵扣。

2）非正常损失的购进货物，以及相关的劳务和交通运输服务。

3）非正常损失的在产品、产成品所耗用的购进货物（不包括固定资产）、劳务和交通运输服务。

4）非正常损失的不动产以及该不动产所耗用的购进货物、设计服务和建筑服务。

5）非正常损失的不动产在建工程所耗用的购进货物、设计服务和建筑服务。

6）购进的贷款服务、餐饮服务、居民日常服务和娱乐服务。

7）纳税人接受贷款服务，向贷款方支付的与该笔贷款直接相关的投融资顾问费、手续费、咨询费等费用，其进项税额不得从销项税额中抵扣。

8）财政部和国家税务总局规定的其他情形。

非正常损失，是指因管理不善造成货物被盗、丢失、霉烂变质，以及因违反法律法规造成货物或者不动产被依法没收、销毁、拆除的情形。

5. 特殊纳税人应纳税额的计算

有下列情形之一者，应当按照销售额和增值税税率计算应纳税额，不得抵扣进项税额，也不得使用增值税专用发票：

（1）一般纳税人会计核算不健全，或者不能提供准确税务资料的。

（2）应当办理一般纳税人资格登记而未办理的。

例 3－1

某制造企业为增值税一般纳税人，2024 年 5 月发生经济业务如下：

（1）购进一批原材料，取得的增值税专用发票上注明的金额为 50 万元，增值税为 6.5 万元；支付运费，取得的增值税普通发票注明的金额为 2 万元，增值税为 0.18 万元。

（2）接受其他企业投资转入材料一批，取得的增值税专用发票注明的金额为 100 万元，增值税为 13 万元。

（3）购进低值易耗品，取得的增值税专用发票注明的金额 6 万元，增值税为 0.78 万元。

（4）销售产品一批，取得不含税销售额 200 万元，另外收取包装物租金 1.13 万元。

（5）采取以旧换新方式销售产品，新产品含税售价为 7.91 万元，旧产品作价 2 万元。

（6）因仓库管理不善，上月购进的一批工具被盗，该批工具的买价为 8 万元（购进工具的进项税额已抵扣）。

已知：该企业取得的增值税专用发票均符合抵扣规定；购进和销售产品适用的增值税税率为 13%。

要求：计算该企业当月应纳增值税税额。

【参考答案】税法规定：（1）购进材料的进项税额允许抵扣，支付运费未取得增值税专用发票，进项税额不允许抵扣；（2）接受投资的材料的进项税额和购进低值易耗品的进项税额均可以抵扣；（3）包装物租金属于价外费用，应当按照含税价换算为不含税价计算增值税销项税额；（4）以旧换新应当按照新产品的价格计算增值税销项税额；（5）购进工具因管理不善被盗，按照规定应将进项税额转出。

计算过程如下：

（1）进项税额＝6.5＋13＋0.78＝20.28（万元）。

（2）销项税额＝200×13%＋1.13÷(1＋13%)×13%＋7.91÷(1＋13%)×13%

＝26＋0.13＋0.91＝27.04（万元）。

（3）进项税额转出＝8 ×13%＝1.04（万元）。

（4）应纳增值税税额＝27.04－20.28＋1.04＝7.8（万元）。

（二）简易计税方法应纳税额的计算

1. 小规模纳税人采用简易计税方法

小规模纳税人发生应税销售行为采用简易计税方法计税，应按照销售额和征收率计算应纳增值税税额，不得抵扣进项税额。其计算公式为：

应纳税额＝销售额×征收率

简易计税方法下的销售额不包括其应纳税额，纳税人采用销售额和应纳税额合并定价方法的，按照下列公式计算销售额：

销售额＝含税销售额÷(1＋征收率)

纳税人适用简易计税方法计税的，因销售折让、中止或者退回而退还给购买方的销售额，应当从当期销售额中扣减。扣减当期销售额后仍有余额造成多缴的税款，可以从以后的应纳税额中扣减。

2. 一般纳税人选择简易计税方法

一般纳税人发生下列应税行为可以选择适用简易计税方法计税，不允许抵扣进项税额：

（1）公共交通运输服务，包括轮客渡、公交客运、地铁、城市轻轨、出租车、长途客运、班车。

（2）经认定的动漫企业为开发动漫产品提供的动漫脚本编撰、形象设计、背景设计、动画设计、动画制作、摄制、描线、上色、画面合成、配音、配乐、音效合成、剪辑、字幕制作等服务，以及在境内转让动漫版权等。

（3）电影放映服务、仓储服务、装卸搬运服务、收派服务和文化体育服务。

（4）以纳入“营改增”试点之日前取得的有形动产为标的物提供的经营租赁服务。

（5）在纳入“营改增”试点之日前签订的尚未执行完毕的有形动产租赁合同。

一般纳税人发生财政部和国家税务总局规定的特定应税行为，可以选择适用简易计税方法计税，但一经选择，36个月内不得变更。

例3-2

某企业为增值税小规模纳税人，专门从事商业咨询服务。2024年2月发生以下业务：

（1）15日，向某一般纳税人企业提供资讯信息服务，取得含增值税销售额50.5万元。

（2）20日，向某小规模纳税人提供注册信息服务，取得含增值税销售额1.01万元。

（3）25日，购进办公用品，支付价款2.06万元，并取得增值税普通发票。

已知：该企业适用的增值税征收率为1%。

要求：计算该企业当月应纳增值税税额。

【参考答案】小规模纳税人提供应税服务，采用简易计税方法计税，销售额中含有增值税款的，应换算为不含税销售额计算应纳税额，购进货物支付的增值税款不允许抵扣。

销售额＝(50.5＋1.01)÷(1＋1%)＝51（万元）

应纳增值税税额＝51×1%＝0.51（万元）

（三）进口货物应纳税额的计算

1. 进口货物应纳税额的计算公式

纳税人进口货物，无论是一般纳税人还是小规模纳税人，均应按照组成计税价格和规定的税率计算应纳税额，不允许抵扣发生在境外的任何税金。其计算公式为：

应纳税额＝组成计税价格×税率

组成计税价格的构成分为两种情况：

（1）不征消费税时组成计税价格的计算公式。如果进口货物不征收消费税，则上述公式中组成计税价格的计算公式为：

组成计税价格＝关税完税价格＋关税

（2）征收消费税时组成计税价格的计算公式。如果进口货物征收消费税，则上述公式中组成计税价格的计算公式为：

组成计税价格＝关税完税价格＋关税＋消费税

2. 关税完税价格的确定

一般贸易下，进口货物的关税完税价格以海关审定的成交价格为基础的到岸价格作为完税价格。成交价格是一般贸易项下进口货物的买方为购买该项货物向卖方实际支付或应当支付的价格；到岸价格，是包括货价，加上货物运抵我国关境内输入地点起卸前的包装费、运费、保险费和其他劳务费等费用构成的一种价格。

例 3-3

某外贸公司为增值税一般纳税人，2024 年 6 月从国外进口一批普通商品，海关核定的关税完税价格为 200 万元。已知该公司适用的进口关税税率为 10%，增值税税率为 13%。计算该公司进口环节应纳增值税税额。

【参考答案】税法规定，进口货物应纳增值税税额，按照组成计税价格和规定的税率计算。

（1）进口环节应纳关税税额＝200×10%＝20（万元）。

（2）进口环节应纳增值税税额＝(200＋20)×13%＝28.6（万元）。

例 3-4

某公司为增值税一般纳税人，2024 年 7 月从国外进口一批高档化妆品，海关核定的关税完税价格为 300 万元，已纳关税 40 万元。已知该公司适用的消费税税率为 15%，增值税税率为 13%。计算该公司进口环节应纳增值税税额。

【参考答案】税法规定，进口货物如果缴纳消费税，则计算增值税应纳税额时，组成计税价格中含有消费税税款。

（1）进口环节应纳消费税税额＝(300＋40)÷(1－15%)×15%＝400×15%＝60（万元）。

（2）组成计税价格＝300＋40＋60＝400（万元）。

（3）进口环节应纳增值税税额＝400×13%＝52（万元）。

（四）应扣缴税额的计算

境外单位或者个人在境内发生应税销售行为，在境内未设有经营机构的，扣缴义务人按照下列公式计算应扣缴税额：

应扣缴税额＝购买方支付的价款÷(1＋税率)×税率

五、增值税税收优惠

（一）生产销售免税货物

纳税人生产销售以下货物免税：

（1）农业生产者销售的自产农产品。

（2）避孕药品和用具。

（3）古旧图书。古旧图书，是指向社会收购的古书和旧书。

（4）直接用于科学研究、科学试验和教学的进口仪器、设备。

（5）外国政府、国际组织无偿援助的进口物资和设备。

（6）由残疾人的组织直接进口供残疾人专用的物品。

（7）销售自己使用过的物品。自己使用过的物品，是指其他个人自己使用过的物品。

（二）发生免税行为

1. 免征增值税项目

纳税人发生以下行为免税：

（1）托儿所、幼儿园提供的保育和教育服务。

（2）养老机构提供的养老服务。

（3）残疾人福利机构提供的育养服务。

（4）婚姻介绍服务。

（5）殡葬服务。

（6）残疾人员本人为社会提供的服务。

（7）医疗机构提供的医疗服务。

（8）从事学历教育的学校提供的教育服务。

（9）学生勤工俭学提供的服务。

（10）农业机耕、排灌、病虫害防治、植物保护、农牧保险以及相关技术培训业务，家禽、牲畜、水生动物的配种和疾病防治。

（11）纪念馆、博物馆、文化馆、文物保护单位管理机构、美术馆、展览馆、书画院、图书馆在自己的场所提供文化体育服务取得的第一道门票收入。

（12）寺院、宫观、清真寺和教堂举办文化、宗教活动的门票收入。

（13）个人转让著作权。

（14）个人销售自建自用住房。

（15）纳税人提供的直接或者间接国际货物运输代理服务。

（16）纳税人提供技术转让、技术开发和与之相关的技术咨询、技术服务。

（17）军队空余房产租赁收入。

（18）将土地使用权转让给农业生产者用于农业生产。

（19）军队转业干部就业。

（20）提供社区养老、托育、家政等服务取得的收入。

2. 增值税即征即退

（1）一般纳税人提供管道运输服务，对其增值税实际税负超过3%的部分实行增值税即征即退政策。

（2）经人民银行、国家金融监督管理总局或者商务部批准从事融资租赁业务的试点纳税人中的一般纳税人，提供有形动产融资租赁服务和有形动产融资性售后回租服务，对其增值税实际税负超过3%的部分实行增值税即征即退政策。

（三）起征点

纳税人发生应税销售行为的销售额未达到增值税起征点的，免征增值税；达到起征点的，全额计算缴纳增值税。

增值税起征点的适用范围限于个人，且不适用于登记为一般纳税人的个体工商户。

起征点的幅度规定如下：

（1）按期纳税的，为月销售额 5 000～20 000 元（含本数）。

（2）按次纳税的，为每次（日）销售额 300～500 元（含本数）。

起征点的调整由财政部和国家税务总局规定。省、自治区、直辖市财政厅（局）和税务局应当在规定的幅度内，根据实际情况确定本地区适用的起征点，并报财政部和国家税务总局备案。

（四）小规模纳税人免税规定

增值税小规模纳税人发生增值税应税销售行为，合计月销售额未超过 10 万元（以 1 个季度为 1 个纳税期的，季度销售额未超过 30 万元）的，免征增值税。该优惠政策截至 2027 年 10 月 31 日。

（五）其他减免税规定

（1）纳税人兼营免税、减税项目的，应当分别核算免税、减税项目的销售额；未分别核算销售额的，不得免税、减税。

（2）纳税人发生应税销售行为适用免税规定的，可以放弃免税，依照《增值税暂行条例》或者《营业税改征增值税试点实施办法》的规定缴纳增值税。放弃免税后，36 个月内不得再申请免税。

（3）纳税人发生的应税销售行为同时适用免税和零税率规定的，纳税人可以选择适用免税或者零税率。

六、增值税征收管理

（一）纳税义务发生时间

（1）纳税人发生应税销售行为，为收讫销售款项或者取得索取销售款项凭据的当天；先开具发票的，为开具发票的当天。具体为：

1）采取直接收款方式销售货物，不论货物是否发出，均为收到销售款或者取得索取销售款凭据的当天。

2）采取托收承付和委托银行收款方式销售货物，为发出货物并办妥托收手续的当天。

3）采取赊销和分期收款方式销售货物，为书面合同约定的收款日期的当天，无书面合同的或者书面合同没有约定收款日期的，为货物发出的当天。

4）采取预收货款方式销售货物，为货物发出的当天。但生产销售生产工期超过 12 个月的大型机械设备、船舶、飞机等货物，为收到预收款或者书面合同约定的收款日期的当天。

5）委托其他纳税人代销货物，为收到代销单位的代销清单或者收到全部或部分货款的当天。未收到代销清单及货款的，为发出代销货物满 180 天的当天。

6）纳税人提供租赁服务采取预收款方式的，其纳税义务发生时间为收到预收款的当天。

7）纳税人从事金融商品转让的，为金融商品所有权转移的当天。

8）纳税人发生相关视同销售货物行为，为货物移送的当天。

9）纳税人发生视同销售劳务、服务、无形资产、不动产情形的，其纳税义务发生时间为劳务、服务、无形资产转让完成的当天或者不动产权属变更的当天。

（2）纳税人进口货物，其纳税义务发生时间为报关进口的当天。

（3）增值税扣缴义务发生时间为纳税人增值税纳税义务发生的当大。

（二）纳税地点

（1）固定业户应当向其机构所在地的税务机关申报纳税。总机构和分支机构不在同一县（市）的，应当分别向各自所在地的税务机关申报纳税；经国务院财政、税务部门或者其授权的财政、税务机关批准，可以由总机构汇总向总机构所在地的税务机关申报纳税。

（2）固定业户到外县（市）销售货物或者劳务，应当向其机构所在地的税务机关报告外出经营事项，并向其机构所在地的税务机关申报纳税；未报告的，应当向销售地或者劳务发生地的税务机关申报纳税；未向销售地或者劳务发生地的税务机关申报纳税的，由其机构所在地的税务机关补征税款。

（3）非固定业户销售货物或者劳务，应当向销售地或者劳务发生地的税务机关申报纳税；未向销售地或者劳务发生地的税务机关申报纳税的，由其机构所在地或者居住地的税务机关补征税款。

（4）进口货物，应当向报关地海关申报纳税。

（5）其他个人提供建筑服务，销售或者租赁不动产，转让自然资源使用权，应向建筑服务发生地、不动产所在地、自然资源所在地税务机关申报纳税。

（6）扣缴义务人应当向其机构所在地或者居住地的税务机关申报缴纳其扣缴的税款。

（三）纳税期限

增值税的纳税期限分别为 1 日、3 日、5 日、10 日、15 日、1 个月或者 1 个季度。

纳税人的具体纳税期限，由税务机关根据纳税人应纳税额的大小分别核定；不能按照固定期限纳税的，可以按次纳税。以 1 个季度为纳税期限的规定适用于小规模纳税人、银行、财务公司、信托投资公司、信用社，以及财政部和国家税务总局规定的其他纳税人。

纳税人以 1 个月或者 1 个季度为 1 个纳税期的，自期满之日起 15 日内申报纳税；以 1 日、3 日、5 日、10 日或者 15 日为 1 个纳税期的，自期满之日起 5 日内预缴税款，于次月 1 日起 15 日内申报纳税并结清上月应纳税款。

扣缴义务人解缴税款的期限，依照上述规定执行。

纳税人进口货物，应当自海关填发进口增值税专用缴款书之日起 15 日内缴纳税款。

七、增值税专用发票使用规定

（一）专用发票的概念

增值税专用发票，是增值税一般纳税人发生应税销售行为开具的发票，是购买方支付增值税税额并可按照增值税有关规定据以抵扣增值税进项税额的凭证。

一般纳税人应通过增值税防伪税控系统使用专用发票。使用，包括领购、开具、缴销、认证、稽核比对专用发票及其相应的数据电文。

（二）专用发票的联次及用途

专用发票由基本联次或者基本联次附加其他联次构成，基本联次为三联，分别为：

（1）记账联，作为销售方核算销售收入和增值税销项税额的记账凭证。

（2）抵扣联，作为购买方报送主管税务机关认证和留存备查的扣税凭证。

（3）发票联，作为购买方核算采购成本和增值税进项税额的记账凭证。

其他联次用途，由一般纳税人自行确定。

（三）专用发票的领购

一般纳税人领购专用设备后，凭《最高开票限额申请表》《发票领购簿》到税务机关办理初始发行。一般纳税人凭《发票领购簿》、金税盘（或 IC 卡）和经办人身份证明领购专用发票。

一般纳税人有下列情形之一的，不得领购和开具专用发票：

（1）会计核算不健全，不能向税务机关准确提供增值税销项税额、进项税额、应纳税额数据及其他有关增值税税务资料的。

（2）有《税收征收管理法》规定的税收违法行为，拒不接受税务机关处理的。

（3）有下列行为之一，经税务机关责令限期改正而仍未改正的：1）虚开增值税专用发票；2）私自印制专用发票；3）向税务机关以外的单位和个人买取专用发票；4）借用他人专用发票；5）未按规定开具专用发票；6）未按规定保管专用发票和专用设备；7）未按规定申请办理防伪税控系统变更发行；8）未按规定接受税务机关检查。有上列情形的，如已领购专用发票，税务机关应暂扣其结存的专用发票和 IC 卡。

（四）专用发票的使用管理

1. 专用发票开票限额

专用发票实行最高开票限额管理。最高开票限额，是指单份专用发票开具的销售额合计数不得达到的上限额度。最高开票限额由一般纳税人申请，区（县）税务机关依法审批。

2. 专用发票开具范围

一般纳税人发生应税销售行为，应当向索取增值税专用发票的购买方开具专用发票。属于下列情形之一的，不得开具增值税专用发票：（1）商业企业一般纳税人零售烟、酒、食品、服装、鞋帽（不包括劳保专用部分）、化妆品等消费品的；（2）应税销售行为的购买方为消费者个人的；(3) 发生应税销售行为适用免税规定的。

3. 专用发票开具要求

专用发票应按下列要求开具：(1) 项目齐全，与实际交易相符；(2) 字迹清楚，不得压线、错格；(3) 发票联和抵扣联加盖财务专用章或者发票专用章；(4) 按照增值税纳税义务的发生时间开具。

(五) 新办纳税人实行增值税电子专用发票

(1) 自 2020 年 12 月开始在全国推广专用发票电子化，受票方范围为全国。

(2) 电子专用发票由各省税务局监制，采用电子签名代替发票专用章，属于增值税专用发票的，其法律效力、基本用途、基本使用规定等与增值税纸质专用发票相同。

(3) 税务机关按照电子专用发票和纸质专用发票的合计数，为纳税人核定增值税专用发票领用数量。电子专用发票和纸质专用发票的最高开票限额应当相同。

(4) 纳税人开具增值税专用发票时，既可以开具电子专用发票，也可以开具纸质专用发票。受票方索取纸质专用发票的，开票方应当开具纸质专用发票。

练习题

在线测试 3-2

第三节 消费税法律制度

消费税是对特定的某些消费品和消费行为征收的一种间接税。消费税与增值税、城市维护建设税、关税等相配合，构成我国货物和劳务税体系。

一、消费税纳税人

在中华人民共和国境内生产、委托加工和进口消费品的单位和个人，以及国务院确定的销售我国《消费税暂行条例》规定的消费品的其他单位和个人，为消费税的纳税人。

由于消费税是在对所有货物普遍征收增值税的基础上选择部分消费品征收的，因此，消费税纳税人同时也是增值税纳税人。

二、消费税征税范围

（一）生产应税消费品

1. 生产销售应税消费品

纳税人生产的应税消费品，于纳税人销售时纳税。

2. 自产自用应税消费品

纳税人自产自用的应税消费品，用于连续生产应税消费品的，不纳税；用于其他方面的，于移送使用时纳税。

用于连续生产应税消费品，是指纳税人将自产自用应税消费品作为直接材料生产最终应税消费品，自产自用应税消费品构成最终应税消费品的实体。

用于其他方面，是指纳税人将自产自用的应税消费品用于生产非应税消费品、在建工程、管理部门、非生产机构、提供劳务、馈赠、赞助、集资、广告、样品、职工福利、奖励等方面。

3. 视为生产销售应税消费品

工业企业以外的单位和个人的下列行为视为应税消费品的生产行为，按规定征收消费税：

（1）将外购的消费税非应税产品作为消费税应税产品对外销售的；

（2）将外购的消费税低税率应税产品作为高税率应税产品对外销售的。

（二）委托加工应税消费品

1. 委托加工应税消费品的含义

委托加工的应税消费品，是指由委托方提供原料和主要材料，受托方只收取加工费和代垫部分辅助材料加工的应税消费品。对于由受托方提供原材料生产的应税消费品，或者受托方先将原材料卖给委托方，然后再接受加工的应税消费品，以及由受托方以委托方名义购进原材料生产的应税消费品，不论在财务上是否作为销售处理，都不得作为委托加工应税消费品，而应当按照销售自制应税消费品缴纳消费税。

2. 委托加工应税消费品的纳税人与扣缴义务人

委托加工的应税消费品，除受托方为个人外，由受托方在向委托方交货时代收代缴消费税。委托个人加工的应税消费品，由委托方收回后缴纳消费税。

3. 委托加工应税消费品的纳税义务

委托加工的应税消费品，委托方用于连续生产应税消费品的，所纳税款准予按规定抵扣。

委托方将收回的应税消费品，以不高于受托方的计税价格出售的，为直接出售，不再缴纳消费税；委托方以高于受托方的计税价格出售的，不属于直接出售，需按照规定申报缴纳消费税，在计税时准予扣除受托方已代收代缴的消费税。

（三）进口应税消费品

单位和个人进口应税消费品，于报关进口时缴纳消费税。为了减少征税成本，进口环节缴纳的消费税由海关代征。

（四）零售应税消费品

零售应税消费品包括商业零售金银首饰和零售超豪华小汽车。

（五）批发销售卷烟

自2015年5月10日起，将卷烟批发环节从价税税率由5%提高至11%，并按0.005元/支加征从量税。

烟草批发企业将卷烟销售给其他烟草批发企业的，不缴纳消费税。

卷烟消费税改为在生产和批发两个环节征收后，批发企业在计算应纳税额时不得扣除已含的生产环节的消费税税款。

纳税人兼营卷烟批发和零售业务的，应当分别核算批发和零售环节的销售额、销售数量；未分别核算批发和零售环节的销售额、销售数量的，按照全部销售额、销售数量计征批发环节消费税。

三、消费税税目

根据我国《消费税暂行条例》的规定，消费税税目共有15个，具体内容如下。

（一）烟

凡是以烟叶为原料加工生产的产品，不论使用何种辅料，均属于本税目的征收范围。具体包括以下3个子目。

1. 卷烟

卷烟，包括甲类卷烟和乙类卷烟。甲类卷烟，是指每标准条（200支）调拨价格在70元（不含增值税）（含70元）以上的卷烟。乙类卷烟，是指每标准条（200支）调拨价格在70元（不含增值税）以下的卷烟。

2. 雪茄烟

雪茄烟的征收范围包括各种规格、型号的雪茄烟。

3. 烟丝

烟丝的征收范围包括以烟叶为原料加工生产的、不经卷制的散装烟。

（二）酒

酒，包括白酒、黄酒、啤酒和其他酒。对饮食业、商业、娱乐业举办的啤酒屋（啤酒坊）利用啤酒生产设备生产的啤酒，应当征收消费税。

（三）高档化妆品

本税目征收范围包括高档美容、修饰类化妆品、高档护肤类化妆品和成套化妆品。高档美容、修饰类化妆品和高档护肤类化妆品是指生产（进口）环节销售（完税）价格（不含增值税）在 10 元/毫升（克）或 15 元/片（张）及以上的美容、修饰类化妆品和护肤类化妆品。舞台、戏剧、影视演员化妆用的上妆油、卸妆油、油彩，不属于本税目的征收范围。

（四）贵重首饰及珠宝玉石

本税目的征税范围包括各种金银珠宝首饰和经采掘、打磨、加工的各种珠宝玉石。

（五）鞭炮、焰火

本税目征收范围包括各种鞭炮、焰火，体育上用的发令纸、鞭炮药引线，不按本税目征收。

（六）成品油

本税目包括汽油、柴油、石脑油、溶剂油、航空煤油、润滑油、燃料油 7 个子目。

（七）摩托车

本税目征税范围包括气缸容量为 250 毫升的摩托车和气缸容量在 250 毫升（不含）以上的摩托车两种。

（八）小汽车

小汽车是指由动力驱动，具有 4 个或 4 个以上车轮的非轨道承载的车辆。本税目包括乘用车、中轻型商用客车和超豪华小汽车 3 个子目。

（九）高尔夫球及球具

本税目征税范围包括高尔夫球、高尔夫球杆、高尔夫球包（袋）以及高尔夫球杆的杆头、杆身和握把。

（十）高档手表

高档手表是指销售价格（不含增值税）每只在 10 000 元（含）以上的各类手表。

（十一）游艇

游艇是指长度大于 8 米小于 90 米，船体由玻璃钢、钢、铝合金、塑料等多种材料制作，可以在水上移动的水上浮载体。

（十二）木制一次性筷子

木制一次性筷子是指以木材为原料，经过锯段、浸泡、旋切、刨切、烘干、筛选、打磨、倒角、包装等环节加工而成的各类一次性使用的筷子。

（十三）实木地板

实木地板是指以木材为原料，经锯割、干燥、刨光、截断、开榫、涂漆等工序加工而成的块状或条状的地面装饰材料。

（十四）电池

电池包括原电池、蓄电池、燃料电池、太阳能电池和其他电池。

（十五）涂料

涂料是指涂于物体表面能形成具有保护、装饰或特殊性能的固态涂膜的一类液体或固体材料的总称。涂料由主要成膜物质、次要成膜物质等构成。

四、消费税税率

（一）消费税税率的形式

消费税税率采取比例税率和定额税率两种形式，以适应不同应税消费品的实际情况。

（二）消费税的具体税率

消费税根据不同的税目或子目确定相应的税率或单位税额。一般情况下，对一种消费品只选择一种税率形式，但为了更好、更有效地保全消费税税基，对卷烟和白酒则采取了比例税率和定额税率复合征收的形式。消费税税目税率如表 3－3 所示。

表 3－3　消费税税目税率表

税目	计税单位	税率
一、烟		
1. 卷烟		
(1) 甲类：每标准条（200 支）调拨价格在 70 元（含）以上的	支	56%；0.003 元/支
(2) 乙类：每标准条（200 支）调拨价格在 70 元以下的	支	36%；0.003 元/支
2. 卷烟（批发环节）	支	11%；0.005 元/支
3. 雪茄烟		36%
4. 烟丝		30%
二、酒		
1. 白酒	克或 500 毫升	20%；0.5 元/500 克（或毫升）
2. 黄酒	吨	240 元
3. 啤酒		
(1) 每吨出厂价格在 3 000 元（含）以上的；饮食业、娱乐自制的	吨	250 元
(2) 每吨出厂价格在 3 000 元以下的	吨	220 元
4. 其他酒		10%
三、高档化妆品		15%
四、贵重首饰及珠宝玉石		
1. 金、银、铂金首饰和钻石、钻石饰品		5%
2. 其他贵重首饰和珠宝玉石		10%
五、鞭炮、焰火		15%

续表

税目	计税单位	税率
六、成品油		
1. 汽油	升	1.52 元
2. 柴油	升	1.20 元
3. 航空煤油	升	1.20 元
4. 石脑油	升	1.52 元
5. 溶剂油	升	1.52 元
6. 润滑油	升	1.52 元
7. 燃料油	升	1.20 元
七、摩托车		
1. 气缸容量（排气量，下同）250 毫升		3%
2. 气缸容量 250 毫升以上		10%
八、小汽车		
1. 乘用车		
(1) 气缸容量在 1.0 升（含 1.0 升）以下的		1%
(2) 气缸容量在 1.0 升以上至 1.5 升（含 1.5 升）的		3%
(3) 气缸容量在 1.5 升以上至 2.0 升（含 2.0 升）的		5%
(4) 气缸容量在 2.0 升以上至 2.5 升（含 2.5 升）的		9%
(5) 气缸容量在 2.5 升以上至 3.0 升（含 3.0 升）的		12%
(6) 气缸容量在 3.0 升以上至 4.0 升（含 4.0 升）的		25%
(7) 气缸容量在 4.0 升以上的		40%
2. 中轻型商用客车		5%
3. 超豪华小汽车		按子税目 1 和子税目 2 的规定征收；零售环节 10%
九、高尔夫球及球具		10%
十、高档手表		20%
十一、游艇		10%
十二、木制一次性筷子		5%
十三、实木地板		5%
十四、电池		4%
十五、涂料		4%

注：(1) 卷烟调拨价格为不含增值税的价格。
(2) 啤酒出厂价格为含包装物及包装物押金、不含增值税的价格。
(3) 对航空煤油暂缓征收消费税。

消费税采取列举法按具体应税消费品设置税目税率，征税界限清楚，一般不易发生错用税率的情况。但是，存在下列情况时，纳税人应按照相关规定确定适用税率：

(1) 纳税人兼营不同税率的应税消费品，应当分别核算不同税率应税消费品的销售额、销售数量。未分别核算销售额、销售数量，或者将不同税率的应税消费品组成成套消费品销售的，从高适用税率。

(2) 配制酒适用税率的确定。以蒸馏酒或食用酒精为酒基，同时符合以下条件的配制酒，按其他酒税率征收消费税：以发酵酒为酒基，酒精度低于 20 度（含）。其他配制酒，按白酒税率征收消费税。

（3）纳税人自产自用的卷烟应当按照纳税人生产的同牌号规格的卷烟销售价格确定征税类别和适用税率。

（4）卷烟由于接装过滤嘴、改变包装或其他原因提高销售价格后，应按照新的销售价格确定征税类别和适用税率。

（5）委托加工的卷烟按照受托方同牌号规格卷烟的征税类别和适用税率征税。没有同牌号规格卷烟的，一律按卷烟最高税率征税。

（6）残次品卷烟应当按照同牌号规格正品卷烟的征税类别确定适用税率。

五、消费税应纳税额的计算

（一）销售额的确定

消费税应纳税额的计算有从价计征、从量计征和从价从量复合计征三种方法。以下分三种情况介绍销售额的确定。

1. 从价计征销售额的确定

（1）销售额的范围。

销售额，是指纳税人销售应税消费品向购买方收取的全部价款和价外费用，不包括应向购买方收取的增值税税款。价外费用的规定与增值税相同。

（2）含增值税销售额的换算。

应税消费品在缴纳消费税的同时，与一般货物一样，还应缴纳增值税。应税消费品的销售额，不包括应向购货方收取的增值税税款。如果纳税人应税消费品的销售额中未扣除增值税税款或者因不得开具增值税专用发票而发生价款和增值税税款合并收取的，在计算消费税时，应将含增值税的销售额换算为不含增值税税款的销售额。其换算公式为：

应税消费品的销售额＝含增值税的销售额÷(1＋增值税税率或征收率)

在使用换算公式时，应根据纳税人的具体情况分别适用增值税税率或征收率。如果消费税的纳税人同时又是增值税一般纳税人的，应适用 13%的增值税税率；如果消费税的纳税人是增值税小规模纳税人的，应适用 3%的征收率。

2. 从量计征销售数量的确定

（1）销售数量的具体规定。

销售数量，是指纳税人生产、加工和进口应税消费品的数量。具体规定为：

1）销售应税消费品的，为应税消费品的销售数量。

2）自产自用应税消费品的，为应税消费品的移送使用数量。

3）委托加工应税消费品的，为纳税人收回的应税消费品数量。

4）进口应税消费品的，为海关核定的应税消费品进口征税数量。

（2）计量单位的换算标准。

为了规范不同产品的计量单位，以准确计算应纳税额，我国《消费税暂行条例实施细则》规定了吨与升两个计量单位的换算标准，具体见表 3－4。

表 3-4 计量单位换算表

序号	项目	换算标准
1	黄酒	1 吨=962 升
2	啤酒	1 吨=988 升
3	汽油	1 吨=1 388 升
4	柴油	1 吨=1 176 升
5	航空煤油	1 吨=1 246 升
6	石脑油	1 吨=1 385 升
7	溶剂油	1 吨=1 282 升
8	润滑油	1 吨=1 126 升
9	燃料油	1 吨=1 015 升

3. 复合计征销售额和销售数量的确定

卷烟和白酒实行从价定率和从量定额相结合的复合计征办法征收消费税。

销售额为纳税人生产销售卷烟、白酒向购买方收取的全部价款和价外费用。销售数量为纳税人生产销售、进口、委托加工、自产自用卷烟、白酒的销售数量、海关核定数量、委托方收回数量和移送使用数量。

4. 特殊情形下销售额和销售数量的确定

（1）纳税人应税消费品的计税价格明显偏低并无正当理由的，由税务机关核定计税价格。

（2）纳税人通过自设非独立核算门市部销售的自产应税消费品，应当按照门市部对外销售额或者销售数量征收消费税。

（3）纳税人用于换取生产资料和消费资料、投资入股和抵偿债务等方面的应税消费品，应当以纳税人同类应税消费品的最高销售价格作为计税依据计算消费税。

（4）白酒生产企业向商业销售单位收取的“品牌使用费”是随着应税白酒的销售而向购货方收取的，属于应税白酒销售价款的组成部分，因此，不论企业采取何种方式或以何种名义收取价款，均应并入白酒的销售额中缴纳消费税。

（5）实行从价计征办法征收消费税的应税消费品连同包装销售的，无论包装物是否单独计价以及在会计上如何核算，均应并入应税消费品的销售额中缴纳消费税。

如果包装物不作价随同产品销售，而是收取押金，此项押金则不应并入应税消费品的销售额中征税。但对因逾期未收回的包装物不再退还的或者已收取的时间超过 12 个月的押金，应并入应税消费品的销售额中缴纳消费税。

对包装物既作价随同应税消费品销售，又另外收取押金的，凡纳税人在规定的期限内没有退还，均应并入应税消费品的销售额，按照应税消费品的适用税率缴纳消费税。

对酒类生产企业销售酒类产品而收取的包装物押金，无论押金是否返还以及会计上如何核算，均应并入酒类产品销售额中征收消费税。

（6）纳税人采用以旧换新（含翻新改制）方式销售的金银首饰，应按实际收取的不含增值税的全部价款确定计税依据征收消费税。

对既销售金银首饰，又销售非金银首饰的生产、经营单位，应将两类商品划分清楚，分别核算销售额。凡划分不清楚或不能分别核算并在生产环节销售的，一律从高适用税率征收消费税；在零售环节销售的，一律按金银首饰征收消费税。

金银首饰与其他产品组成成套消费品销售的，应按销售额全额征收消费税。

金银首饰连同包装物销售的，无论包装是否单独计价，也无论会计上如何核算，均应并入金银首饰的销售额计征消费税。

带料加工的金银首饰，应按受托方销售同类金银首饰的价格确定计税依据征收消费税。没有同类金银首饰销售价格的，按照组成计税价格计算纳税。

（7）纳税人销售的应税消费品，以人民币以外的货币结算销售额的，其销售额的人民币折合率可以选择销售额发生的当天或者当月 1 日的人民币汇率中间价。纳税人应事先确定采取何种折合率，确定后 1 年内不得变更。

（二）应纳税额的计算

1. 生产销售应纳消费税的计算

（1）实行从价定率计征消费税的，其计算公式为：

应纳税额＝销售额×比例税率

（2）实行从量定额计征消费税的，其计算公式为：

应纳税额＝销售数量×定额税率

（3）实行从价定率和从量定额复合计征方法征收消费税的，其计算公式为：

应纳税额＝销售额×比例税率＋销售数量×定额税率

现行消费税的征税范围中，只有卷烟、白酒采用复合计征方法。

例 3-5

某木材加工厂为增值税一般纳税人，2024 年 1 月 15 日向某建材商场销售实木地板一批，取得含增值税销售额 113 万元。已知实木地板适用的增值税税率为 13%，消费税税率为 5%。计算该厂当月应纳消费税税额。

【参考答案】从价计征消费税的销售额中不包括向购货方收取的增值税款，所以在计算消费税时，应将增值税款从计税依据中剔除。计算过程如下：

（1）不含增值税销售额＝113÷(1＋13%)＝100（万元）。

（2）应纳消费税税额＝100×5%＝5（万元）。

例 3-6

某加油站 2024 年 12 月销售汽油 1 000 吨、柴油 500 吨，另向本公司在建工程车辆提供汽油 5 吨。已知汽油 1 吨＝1 388 升，柴油 1 吨＝1 176 升；汽油的定额税率为 1.52 元/升，柴油的定额税率为 1.2 元/升。请计算该加油站当月应纳消费税税额。

【参考答案】应税消费品用于在建工程应当征收消费税。所以，该加油站将汽油用于在建工程车辆也应计算缴纳消费税。

（1）销售汽油应纳税额＝1 000×1 388×1.52÷10 000＝210.976（万元）。

（2）销售柴油应纳税额＝500×1 176×1.2÷10 000＝70.56（万元）。

（3）在建工程车辆使用汽油应纳税额＝5×1 388×1.52÷10 000＝1.055（万元）。

（4）应纳消费税税额合计＝210.976＋70.56＋1.055＝282.591（万元）。

例 3－7

某白酒生产企业为增值税一般纳税人，2024 年 6 月销售粮食白酒 30 吨，取得不含增值税销售额 180 万元；销售薯类白酒 50 吨，取得不含增值税销售额 150 万元。已知白酒消费税比例税率为 20%，定额税率为 0.5 元/500 克。请计算该企业当月应纳消费税税额。

【参考答案】白酒实行从价定率和从量定额复合计征方法征收消费税。计算过程如下：

（1）从价定率应纳税额＝(180＋150)×20%＝66（万元）。

（2）从量定额应纳税额＝(30＋50)×2 000×0.5÷10 000＝8（万元）。

（3）应纳消费税税额合计＝66＋8＝74（万元）。

2. 自产自用应纳消费税的计算

纳税人自产自用的应税消费品，用于连续生产应税消费品的，不纳税；凡用于其他方面的，于移送使用时，按照纳税人生产的同类消费品的销售价格计算纳税；没有同类消费品销售价格的，按照组成计税价格计算纳税。

（1）实行从价定率办法计征消费税的，其计算公式为：

组成计税价格＝（成本＋利润）÷（1－比例税率）

应纳税额＝组成计税价格×比例税率

（2）实行复合计税办法计征消费税的，其计算公式为：

组成计税价格＝（成本＋利润＋自产自用数量×定额税率）÷（1－比例税率）

应纳税额＝组成计税价格×比例税率＋自产自用数量×定额税率

上述公式中的“成本”是指应税消费品的生产成本，“利润”是指根据应税消费品的全国平均成本利润率计算的利润。平均成本利润率由国家税务总局确定，如表 3－5 所示。

表 3－5　应税消费品全国平均成本利润率

项目	成本利润率	项目	成本利润率
1. 甲类卷烟	10%	11. 摩托车	6%
2. 乙类卷烟	5%	12. 乘用车	8%
3. 雪茄烟	5%	13. 中轻型商用客车	5%
4. 烟丝	5%	14. 高尔夫球及球具	10%
5. 粮食白酒	10%	15. 高档手表	20%
6. 薯类白酒	5%	16. 木制一次性筷子	5%
7. 其他酒	5%	17. 实木地板	5%
8. 高档化妆品	5%	18. 游艇	10%
9. 鞭炮、焰火	5%	19. 电池	4%
10. 贵重首饰及珠宝玉石	6%	20. 涂料	7%

同类消费品的销售价格是指纳税人或者代收代缴义务人当月销售的同类消费品的销售价格，如果当月同类消费品各期销售价格高低不同，应按销售数量加权平均计算。但销售的应税消费品有下列情况之一的，不得列入加权平均计算：销售价格明显偏低又无正当理由的；无销售价格的。

如果当月无销售或者当月未完结，应按照同类消费品上月或者最近月份的销售价格计算纳税。

例 3-8

2025 年春节前，某白酒厂将新研制的薯类白酒 1 吨作为过节福利发放给员工饮用，该薯类白酒无同类产品市场销售价格。已知该批薯类白酒生产成本为 20 000 元，成本利润率为 5%，白酒消费税比例税率为 20%，定额税率为 0.5 元/500 克。计算该批薯类白酒应纳消费税税额。

【参考答案】 纳税人自产自用的应税消费品，用于企业员工福利的，应按照同类消费品的销售价格计算缴纳消费税；没有同类消费品销售价格的，按照组成计税价格计算纳税。计算过程如下：

（1）组成计税价格＝[20 000×(1＋5%)＋(1×2 000×0.5)]÷(1－20%)＝27 500（元）。

（2）应纳消费税税额＝27 500×20%＋1×2 000×0.5＝6 500（元）。

3. 委托加工应纳消费税的计算

委托加工的应税消费品，按照受托方的同类消费品的销售价格计算纳税，没有同类消费品销售价格的，按照组成计税价格计算纳税。

（1）实行从价定率办法计征消费税的，其计算公式为：

组成计税价格＝(材料成本＋加工费)÷(1－比例税率)

应纳税额＝组成计税价格×比例税率

（2）实行复合计税办法计征消费税的，其计算公式为：

组成计税价格＝(材料成本＋加工费＋委托加工数量×定额税率)÷(1－比例税率)

应纳税额＝组成计税价格×比例税率＋委托加工数量×定额税率

材料成本，是指委托方所提供加工材料的实际成本。委托加工应税消费品的纳税人，必须在委托加工合同上如实注明（或以其他方式提供）材料成本，凡未提供材料成本的，受托方税务机关有权核定其材料成本。

加工费，是指受托方加工应税消费品向委托方所收取的全部费用（包括代垫辅助材料的实际成本），不包括增值税税款。

例 3-9

2024 年 10 月，某化妆品企业受托为某商场加工一批高档化妆品，收取不含增值税加工费 13 万元，商场提供的原材料金额为 72 万元。已知该化妆品企业无同类产品销售价格，消费税税率为 15%。请计算该化妆品企业应代收代缴的消费税。

【参考答案】根据消费税法律制度的规定，委托加工的应税消费品，应按照受托方的同类消费品的销售价格计算缴纳消费税，没有同类消费品销售价格的，按照组成计税价格计算纳税。计算过程如下：

（1）组成计税价格＝(72＋13)÷(1－15％)＝100（万元）。

（2）应代收代缴消费税＝100×15％＝15（万元）。

4. 进口环节应纳消费税的计算

纳税人进口应税消费品，按照组成计税价格和规定的税率计算应纳税额。

（1）从价定率计征消费税的，其计算公式为：

组成计税价格＝(关税完税价格＋关税)÷(1－消费税比例税率)

应纳税额＝组成计税价格×消费税比例税率

公式中的关税完税价格是指海关核定的关税计税价格。

（2）实行复合计税办法计征消费税的，其计算公式为：

组成计税价格＝(关税完税价格＋关税＋进口数量×定额税率)÷(1－消费税比例税率)

应纳税额＝组成计税价格×消费税比例税率＋进口数量×定额税率

除国务院另有规定外，进口环节消费税一律不得减税、免税。

例 3－10

2024 年 6 月，某汽车贸易公司从国外进口小汽车 50 辆，海关核定的每辆小汽车关税完税价为 28 万元。已知小汽车适用的关税税率为 20％，消费税税率为 25％。请计算该公司进口小汽车应纳消费税税额。

【参考答案】根据消费税法律制度的规定，纳税人进口应税消费品，按照组成计税价格和规定的税率计算应纳税额。计算过程如下：

（1）应纳关税税额＝50×28×20％＝280（万元）。

（2）组成计税价格＝(50×28＋280)÷(1－25％)＝2 240（万元）。

（3）应纳消费税税额＝2 240×25％＝560（万元）。

（三）已纳消费税的扣除

为了避免重复征税，消费税法律制度规定，将外购应税消费品和委托加工收回的应税消费品继续生产应税消费品销售的，可以将外购应税消费品和委托加工收回应税消费品已缴纳的消费税扣除。

六、消费税征收管理

（一）纳税义务发生时间

（1）纳税人销售应税消费品的，按不同的销售结算方式确定纳税义务发生时间，分别为：

1）采取赊销和分期收款结算方式的，为书面合同约定的收款日期的当天，书面合同没有约定收款日期或者无书面合同的，为发出应税消费品的当天。

2）采取预收货款结算方式的，为发出应税消费品的当天。

3）采取托收承付和委托银行收款方式的，为发出应税消费品并办妥托收手续的当天。

4）采取其他结算方式的，为收讫销售款或者取得索取销售款凭据的当天。

（2）纳税人自产自用应税消费品的，为移送使用的当天。

（3）纳税人委托加工应税消费品的，为纳税人提货的当天。

（4）纳税人进口应税消费品的，为报关进口的当天。

（二）纳税地点

（1）纳税人销售的应税消费品，以及自产自用的应税消费品，一般应当向纳税人机构所在地或者居住地的税务机关申报纳税。

（2）委托加工的应税消费品，除受托方为个人外，由受托方向机构所在地或者居住地的税务机关解缴消费税税款。受托方为个人的，由委托方向机构所在地的税务机关申报纳税。

（3）进口的应税消费品，由进口人或者其代理人向报关地海关申报纳税。

（4）纳税人到外县（市）销售或者委托外县（市）代销自产应税消费品的，于应税消费品销售后，向机构所在地或者居住地税务机关申报纳税。

（5）纳税人的总机构与分支机构不在同一县（市）的，应当分别向各自机构所在地的税务机关申报纳税。

纳税人的总机构与分支机构不在同一县（市），但在同一省（自治区、直辖市）范围内，经省（自治区、直辖市）财政厅（局）、税务局审批同意，可以由总机构汇总向总机构所在地的税务机关申报缴纳消费税。

（6）纳税人销售的应税消费品，如因质量等原因由购买者退回，经机构所在地或者居住地税务机关审核批准后，可退还已缴纳的消费税税款。

（7）出口的应税消费品办理退税后，发生退关，或者国外退货进口时予以免税的，报关出口者必须及时向其机构所在地或者居住地税务机关申报补缴已退还的消费税税款。

（8）个人携带或者邮寄进境的应税消费品的消费税，连同关税一并计征，具体办法由国务院关税税则委员会会同有关部门制定。

（三）纳税期限

消费税的纳税期限分别为 1 日、3 日、5 日、10 日、15 日、1 个月或者 1 个季度。纳税人的具体纳税期限，由税务机关根据纳税人应纳税额的大小分别核定。不能按照固定期限纳税的，可以按次纳税。

纳税人以 1 个月或者 1 个季度为 1 个纳税期的，自期满之日起 15 日内申报纳税；以 1 日、3 日、5 日、10 日或者 15 日为 1 个纳税期的，自期满之日起 5 日内预缴税款，于次月 1 日起至 15 日内申报纳税并结清上月应纳税款。

纳税人进口应税消费品，应当自海关填发海关进口消费税专用缴款书之日起 15 日内缴纳税款。

练习题

在线测试 3-3

第四节　城市维护建设税和教育费附加法律制度

城市维护建设税是以纳税人依法实际缴纳的增值税、消费税税额为计税依据所征收的一种税，主要目的是筹集城镇设施建设和维护资金。

教育费附加是以各单位和个人实际缴纳的增值税、消费税税额为计征依据而征收的一种费用，其目的是加快发展教育事业，扩大教育经费资金来源。

一、城市维护建设税

（一）城市维护建设税纳税人

在中华人民共和国境内缴纳增值税、消费税的单位和个人，为城市维护建设税的纳税人，应当依照我国《城市维护建设税法》的规定缴纳城市维护建设税。

城市维护建设税扣缴义务人为负有增值税、消费税扣缴义务的单位和个人，在扣缴增值税、消费税的同时扣缴城市维护建设税。

（二）城市维护建设税税率

1. 税率的具体规定

城市维护建设税实行差别比例税率。按照纳税人所在地区的不同，设置了 3 档比例税率，即：

（1）纳税人所在地在市区的，税率为 7%；

（2）纳税人所在地在县城、镇的，税率为 5%；

（3）纳税人所在地不在市区、县城或者镇的，税率为 1%。

纳税人所在地，是指纳税人住所地或者与纳税人生产经营活动相关的其他地点，具体地点由省、自治区、直辖市确定。

2. 适用税率的确定

由受托方代扣代缴、代收代缴增值税、消费税的单位和个人，其代扣代缴、代收代缴的城市维护建设税按受托方所在地适用税率执行。流动经营等无固定纳税地点的单位和个人，在经营地缴纳增值税、消费税的，其城市维护建设税的缴纳按经营地适用税率执行。

（三）城市维护建设税计税依据

城市维护建设税的计税依据为纳税人实际缴纳的增值税、消费税税额。在计算计税依据时，应当按照规定扣除期末留抵退税退还的增值税税额。

（四）城市维护建设税应纳税额的计算

城市维护建设税的应纳税额按照纳税人实际缴纳的增值税、消费税税额乘以适用税率计算。其计算公式为：

应纳税额＝(实际缴纳的增值税＋实际缴纳的消费税)×适用税率

对实行增值税期末留抵退税的纳税人，允许其从城市维护建设税的计税依据中扣除退还的增值税税额。

例 3－11

华润公司位于某市主城区，2024 年 9 月应缴纳增值税 80 000 元，实际缴纳增值税 78 000 元；应缴纳消费税 60 000 元，实际缴纳消费税 60 000 元。已知适用的城市维护建设税税率为 7%。请计算该公司当月应纳城市维护建设税税额。

【参考答案】根据城市维护建设税法律制度的规定，城市维护建设税以纳税人实际缴纳的增值税、消费税税额为计税依据。

应纳城市维护建设税税额＝(78 000＋60 000)×7%＝9 660（元）

（五）城市维护建设税税收优惠

城市维护建设税属于增值税、消费税的一种附加税，原则上不单独规定税收减免条款。如果税法规定减免增值税、消费税，也就相应地减免了城市维护建设税。城市维护建设税的减免规定主要有：

（1）对进口货物或者境外单位和个人向境内销售劳务、服务、无形资产缴纳的增值税、消费税税额，不征收城市维护建设税。

（2）对出口货物、劳务和跨境销售服务、无形资产以及因优惠政策退还增值税、消费税的，不退还已缴纳的城市维护建设税。

（3）对增值税、消费税实行先征后返、先征后退、即征即退办法的，除另有规定外，对随增值税、消费税附征的城市维护建设税，一律不予退（返）还。

（4）根据国民经济和社会发展的需要，国务院对重大公共基础设施建设、特殊产业和群体以及重大突发事件应对等情形可以规定减征或者免征城市维护建设税，报全国人民代表大会常务委员会备案。

（六）城市维护建设税征收管理

1. 纳税义务发生时间

城市维护建设税纳税义务发生时间与缴纳增值税、消费税的纳税义务发生时间一致，分别与增值税、消费税同时缴纳。

2. 纳税地点

城市维护建设税纳税地点为实际缴纳增值税、消费税的地点。扣缴义务人应当向其机构所在地或者居住地的主管税务机关申报缴纳其扣缴的税款。有特殊情况的，按下列原则和办法确定纳税地点：

（1）代扣代缴、代收代缴增值税、消费税的单位和个人，同时也是城市维护建设税的代扣代缴、代收代缴义务人，其纳税地点为代扣代收地。

（2）对流动经营等无固定纳税地点的单位和个人，应随同增值税、消费税在经营地纳税。

3. 纳税期限

城市维护建设税的纳税期限与增值税、消费税的纳税期限一致。根据增值税和消费税法律制度的规定，增值税、消费税的纳税期限分别为 1 日、3 日、5 日、10 日、15 日、1 个月或者 1 个季度；纳税人的具体纳税期限，由税务机关根据纳税人应纳税额的大小分别核定；不能按照固定期限纳税的，可以按次纳税。

二、教育费附加

（一）教育费附加征收范围

教育费附加的征收范围为税法规定征收增值税、消费税的单位和个人，包括外商投资企业、外国企业及外籍个人。

（二）教育费附加计征依据

教育费附加以纳税人实际缴纳的增值税、消费税税额之和为计征依据。

（三）教育费附加征收比率

现行教育费附加征收比率为 3%。

（四）教育费附加计算与缴纳

1. 计算公式

教育费附加的计算公式为：

应纳教育费附加=（实际缴纳的增值税+实际缴纳的消费税）×征收比率

例 3－12

2024 年 6 月，某大型超市应缴纳增值税 260 000 元，实际缴纳增值税 200 000 元；实际缴纳消费税 100 000 元。请计算该超市当月应纳教育费附加。

【参考答案】 应纳教育费附加＝(200 000＋100 000)×3%＝9 000（元）。

2. 费用缴纳

教育费附加分别与增值税、消费税税款同时缴纳。

（五）教育费附加减免规定

教育费附加的减免，原则上比照增值税、消费税的减免规定。如果税法规定增值税、消费税减免，则教育费附加也就相应地减免。主要的减免规定有：

（1）对海关进口产品征收的增值税、消费税，不征收教育费附加。

（2）对由于减免增值税、消费税而发生退税的，可同时退还已征收的教育费附加。但对出口产品退还增值税、消费税的，不退还已征收的教育费附加。

练习题

在线测试 3－4

第五节 企业所得税法律制度

一、企业所得税纳税人

在中华人民共和国境内，企业和其他取得收入的组织（以下统称企业）为企业所得税的纳税人，依法缴纳企业所得税。企业所得税纳税人包括各类企业、事业单位、社会团体、民办非企业单位和从事经营活动的其他组织。依照中国法律、行政法规成立的个人独资企业、合伙企业，不属于企业所得税纳税人，不缴纳企业所得税。

企业所得税采取收入来源地管辖权和居民管辖权相结合的双重管辖权，把企业分为居民企业和非居民企业，分别确定不同的纳税义务。

（一）居民企业

居民企业，是指依法在中国境内成立，或者依照外国（地区）法律成立但实际管理机构在中国境内的企业。实际管理机构，是指对企业的生产经营、人员、账务、财产等实施实质性全面管理和控制的机构。

（二）非居民企业

非居民企业，是指依照外国（地区）法律成立且实际管理机构不在中国境内，但在中国境内设立机构、场所的，或者在中国境内未设立机构、场所，但有来源于中国境内所得的企业。

非居民企业委托营业代理人在中国境内从事生产经营活动的，包括委托单位或者个人经常代其签订合同，或者储存、交付货物等，该营业代理人视为非居民企业在中国境内设立的机构、场所。

二、企业所得税征税对象

（一）居民企业的征税对象

居民企业应当就其来源于中国境内、境外的所得缴纳企业所得税，具体包括销售货物所得、提供劳务所得、转让财产所得、股息红利等权益性投资所得、利息所得、租金所得、特许权使用费所得、接受捐赠所得和其他所得。

（二）非居民企业的征税对象

非居民企业在中国境内设立机构、场所的，应当就其所设机构、场所取得的来源于中国境内的所得，以及发生在中国境外但与其所设机构、场所有实际联系的所得，缴纳企业所得税。

非居民企业在中国境内未设立机构、场所的，或者虽设立机构、场所但取得的所得与其所设机构、场所没有实际联系的，应当就其来源于中国境内的所得缴纳企业所得税。

三、企业所得税税率

企业所得税实行比例税率。

居民企业以及在中国境内设立机构、场所且取得的所得与其所设机构、场所有实际联系的非居民企业，应当就其来源于中国境内、境外的所得缴纳企业所得税，适用税率为25％。

非居民企业在中国境内未设立机构、场所的，或者虽设立机构、场所但取得的所得与其所设机构、场所没有实际联系的，应当就其来源于中国境内的所得缴纳企业所得税，适用税率为20％。

四、企业所得税应纳税所得额的计算

（一）企业所得税应纳税所得额的计算公式与原则

企业所得税的计税依据是应纳税所得额，即企业每一纳税年度的收入总额，减除不征税收入、免税收入、各项扣除以及允许弥补的以前年度亏损后的余额。其计算公式为：

应纳税所得额＝收入总额－不征税收入－免税收入－各项扣除
－允许弥补的以前年度亏损

企业应纳税所得额的计算，以权责发生制为原则，属于当期的收入和费用，不论款项是否收付，均作为当期的收入和费用；不属于当期的收入和费用，即使款项已经在当期收付，均不作为当期的收入和费用。在计算应纳税所得额时，企业财务、会计处理办法与税收法律法规的规定不一致的，应当依照税收法律法规的规定计算。

（二）收入总额

1. 收入总额的定义和形式

企业收入总额是指以货币形式和非货币形式从各种来源取得的收入。非货币形式收入应当按照公允价值确定收入额。

企业取得的收入包括销售货物收入，提供劳务收入，转让财产收入，股息、红利等权益性投资收益，利息收入，租金收入，特许权使用费收入，接受捐赠收入，其他收入。

2. 销售货物收入

销售货物收入，是指企业销售商品、产品、原材料、包装物、低值易耗品以及其他存货取得的收入。除法律法规另有规定外，企业销售货物收入的确认，必须遵循权责发生制原则和实质重于形式原则。

（1）符合收入确认条件，采取下列商品销售方式的，应按以下规定确认收入实现时间：

1）销售商品采用托收承付方式的，在办妥托收手续时确认收入。

2）销售商品采用预收款方式的，在发出商品时确认收入。

3）销售商品需要安装和检验的，在购买方接受商品以及安装和检验完毕时确认收入。如果安装程序比较简单，可在发出商品时确认收入。

4）销售商品采用支付手续费方式委托代销的，在收到代销清单时确认收入。

（2）采用售后回购方式销售商品的，销售的商品按售价确认收入，回购的商品作为购进商品处理。

（3）销售商品以旧换新的，销售商品应当按照销售商品收入确认条件确认收入，回收的商品作为购进商品处理。

（4）商品销售涉及商业折扣的，应当按照扣除商业折扣后的金额确定销售商品收入金额。

（5）销售商品涉及现金折扣的，应当按扣除现金折扣前的金额确定销售商品收入金额，现金折扣在实际发生时作为财务费用扣除。

(6) 企业已经确认销售收入的售出商品发生销售折让和销售退回，应当在发生当期冲减当期销售商品收入。

3. 提供劳务收入

企业在各个纳税期末，提供劳务交易的结果能够可靠估计的，应采用完工进度（百分比）法确认提供劳务收入。

4. 转让财产收入

转让财产收入应当按照从财产受让方已收或应收的合同或协议价款确认。

5. 股息、红利等权益性投资收益

股息、红利等权益性投资收益，一般按照被投资方做出利润分配决定的日期确认收入的实现。

6. 利息收入

利息收入，按照合同约定的债务人应付利息的日期确认收入的实现。

7. 租金收入

租金收入，按照合同约定的承租人应付租金的日期确认收入的实现。如果交易合同或协议中规定租赁期限跨年度，且租金提前一次性支付的，出租人可对上述已确认的收入，在租赁期内分期、均匀计入相关年度的收入。

8. 特许权使用费收入

特许权使用费收入，按照合同约定的特许权使用人应付特许权使用费的日期确认收入的实现。

9. 接受捐赠收入

接受捐赠收入，按照实际收到捐赠资产的日期确认收入的实现。

10. 其他收入

其他收入包括企业资产溢余收入、逾期未退包装物押金收入、确实无法偿付的应付款项、已作坏账损失处理后又收回的应收款项、债务重组收入、补贴收入、违约金收入、汇兑收益等。

11. 特殊收入的确认

(1) 以分期收款方式销售货物的，按照合同约定的收款日期确认收入的实现。

(2) 企业受托加工制造大型机械设备、船舶、飞机，以及从事建筑、安装、装配工程业务或者提供其他劳务等，持续时间超过 12 个月的，按照纳税年度内完工进度或者完成的工作量确认收入的实现。

(3) 采取产品分成方式取得收入的，按照企业分得产品的日期确认收入的实现，其收入额按照产品的公允价值确定。

(4) 企业发生非货币性资产交换，以及将货物、财产、劳务用于捐赠、偿债、赞助、集资、广告、样品、职工福利或者利润分配等用途的，应当视同销售货物、转让财产或者提供劳务，但国务院财政、税务主管部门另有规定的除外。

(5) 企业以买一赠一等方式组合销售本企业商品的，不属于捐赠，应将总的销售金额按各项商品的公允价值的比例来分摊确认各项的销售收入。

（三）不征税收入

下列收入为不征税收入：

（1）财政拨款。

（2）依法收取并纳入财政管理的行政事业性收费、政府性基金。

（3）国务院规定的其他不征税收入。

（四）税前扣除项目

企业实际发生的与取得收入有关的、合理的支出，包括成本、费用、税金、损失和其他支出，准予在计算应纳税所得额时扣除。合理的支出，是指符合生产经营活动常规，应当计入当期损益或者有关资产成本的必要和正常的支出。

（1）成本，是指企业在生产经营活动中发生的销售成本、销货成本、业务支出以及其他耗费。

（2）费用，是指企业在生产经营活动中发生的销售费用、管理费用和财务费用。已经计入成本的有关费用除外。

（3）税金，即纳税人按照规定缴纳的消费税、资源税、土地增值税、关税、城市维护建设税、教育费附加及房产税、车船税、城镇土地使用税、印花税等。企业缴纳的增值税属于价外税，不计入企业收入总额。

（4）损失，是指企业在生产经营活动中发生的固定资产和存货的盘亏、毁损、报废损失，转让财产损失，呆账损失，坏账损失，自然灾害等不可抗力因素造成的损失以及其他损失。企业发生的损失，减除责任人赔偿和保险赔款后的余额，可以按规定扣除。企业已经作为损失处理的资产，在以后纳税年度又全部收回或者部分收回时，应当计入当期收入。

（5）其他支出，是指除成本、费用、税金、损失外，企业在生产经营活动中发生的与生产经营活动有关的、合理的支出。

企业发生的支出应当区分收益性支出和资本性支出。收益性支出在发生当期直接扣除；资本性支出应当分期扣除或者计入有关资产成本，不得在发生当期直接扣除。

企业的不征税收入用于支出所形成的费用或者财产，不得扣除或者计算对应的折旧、摊销扣除。

（五）税前扣除标准

1. 工资、薪金支出

企业发生的合理的工资、薪金支出，准予扣除。工资、薪金，包括基本工资、奖金、津贴、补贴、年终加薪、加班工资，以及与员工任职或者受雇有关的其他支出。

2. 职工福利费、工会经费、职工教育经费

企业发生的职工福利费、工会经费、职工教育经费，按标准扣除。未超过标准的，按实际发生数额扣除；超过扣除标准的，只能按标准扣除。

（1）企业发生的职工福利费支出，不超过工资、薪金总额14%的部分，准予扣除。

（2）企业拨缴的工会经费，不超过工资、薪金总额2%的部分，准予扣除。

（3）企业发生的职工教育经费支出，不超过工资、薪金总额8%的部分，准予在计算企业所得税应纳税所得额时扣除；超过的部分，准予在以后纳税年度结转扣除。

3. 社会保险费

（1）企业依照国务院有关主管部门或者省级人民政府规定的范围和标准为职工缴纳的基本养老保险费、基本医疗保险费、失业保险费、工伤保险费等基本社会保险费和住房公积金，准予扣除。

（2）企业根据国家有关政策规定，为在本企业任职或者受雇的全体员工支付的补充养老保险费、补充医疗保险费，分别在不超过职工工资总额5%标准内的部分，在计算应纳税所得额时准予扣除；超过的部分，不予扣除。

4. 借款费用

（1）企业在生产经营活动中发生的合理的、不需要资本化的借款费用，准予扣除。

（2）企业为购置、建造固定资产、无形资产和经过12个月以上的建造才能达到预定可销售状态的存货发生借款的，在有关资产购置、建造期间发生的合理的借款费用，应当作为资本性支出计入有关资产的成本，并依照我国《企业所得税法实施条例》的有关规定扣除。

5. 利息费用

企业在生产经营活动中发生的下列利息支出，准予扣除：

（1）非金融企业向金融企业借款的利息支出、金融企业的各项存款利息支出和同业拆借利息支出、企业经批准发行债券的利息支出可据实扣除。

（2）非金融企业向非金融企业借款的利息支出，不超过按照金融企业同期同类贷款利率计算的数额的部分，可据实扣除，超过部分不许扣除。

6. 汇兑损失

企业在货币交易中，以及纳税年度终了时将人民币以外的货币性资产、负债按照期末即期人民币汇率中间价折算为人民币时产生的汇兑损失，除已经计入有关资产成本以及与向所有者进行利润分配相关的部分外，准予扣除。

7. 公益性捐赠

公益性捐赠，是指企业通过公益性社会组织或者县级以上人民政府及其部门，用于符合法律规定的慈善活动、公益事业的捐赠。

企业当年发生以及以前年度结转的公益性捐赠支出，不超过年度利润总额12%的部分，在计算应纳税所得额时准予扣除；超过年度利润总额12%的部分，准予结转以后年度在计算应纳税所得额时扣除。企业在对公益性捐赠支出计算扣除时，应先扣除以前年度结转的捐赠支出，再扣除当年发生的捐赠支出。

年度利润总额，是指企业依照国家统一会计制度的规定计算的年度会计利润。

公益性捐赠的具体范围包括：

（1）救助灾害、救济贫困、扶助残疾人等困难的社会群体和个人的活动。

（2）教育、科学、文化、卫生、体育事业。

（3）环境保护、社会公共设施建设。

（4）促进社会发展和进步的其他社会公共和福利事业。

8. 业务招待费

企业发生的与生产经营活动有关的业务招待费支出，按照发生额的60%扣除，最高不得超过当年销售（营业）收入的5‰。

企业在筹建期间，发生的与筹办活动有关的业务招待费支出，可按实际发生额的60%计入企业筹办费，并按有关规定在税前扣除。

9. 广告费和业务宣传费

企业发生的符合条件的广告费和业务宣传费支出，除国务院财政、税务主管部门另有规定外，不超过当年销售（营业）收入15%的部分，准予扣除；超过部分，准予在以后纳税年度结转扣除。企业在筹建期间，发生的广告费和业务宣传费，可按实际发生额计入企业筹办费，并按有关规定在税前扣除。

自2021年1月1日至2025年12月31日，对化妆品制造或销售、医药制造和饮料制造（不含酒类制造）企业发生的广告费和业务宣传费支出，不超过当年销售（营业）收入30%的部分，准予扣除；超过部分，准予在以后纳税年度结转扣除。

烟草企业的烟草广告费和业务宣传费支出，一律不得在计算应纳税所得额时扣除。

10. 环境保护专项资金

企业依照法律、行政法规的有关规定提取的用于环境保护、生态恢复等方面的专项资金，准予扣除。上述专项资金提取后改变用途的，不得扣除。

11. 保险费

（1）企业参加财产保险，按照规定缴纳的保险费，准予扣除。

（2）除企业依照国家有关规定为特殊工种职工支付的人身安全保险费和国务院财政、税务主管部门规定可以扣除的其他商业保险费外，企业为投资者或职工支付的商业保险费，不得扣除。

（3）企业参加雇主责任险、公众责任险等责任保险，按照规定缴纳的保险费，准予在企业所得税税前扣除。

（4）企业职工因公出差乘坐交通工具发生的人身意外保险费支出，准予企业在计算应纳税所得额时扣除。

12. 租赁费

企业根据生产经营活动的需要租入固定资产支付的租赁费，按照以下方法扣除：

（1）以经营租赁方式租入固定资产发生的租赁费支出，按照租赁期限均匀扣除。经营租赁是指所有权不转移的租赁。

（2）以融资租赁方式租入固定资产发生的租赁费支出，按照规定构成融资租入固定资产价值的部分，应当提取折旧费用分期扣除。融资租赁是指在实质上转移与一项资产所有权有关的全部风险和报酬的一种租赁。

13. 劳动保护支出

企业发生的合理的劳动保护支出，准予扣除。

14. 有关资产的费用

企业转让各类固定资产发生的费用，允许扣除。企业按规定计算的固定资产折旧费、无形资产和递延资产的摊销费，准予扣除。

15. 总机构分摊的费用

非居民企业在中国境内设立的机构、场所，就其中国境外总机构发生的与该机构、场所生产经营有关的费用，能够提供总机构出具的费用汇集范围、定额、分配依据和方法等证明文件，并合理分摊的，准予扣除。

16. 手续费及佣金支出

（1）自 2019 年 1 月 1 日起，保险企业发生与其经营活动有关的手续费及佣金支出，不超过当年全部保费收入扣除退保金等后余额的 18%（含本数）的部分，在计算应纳税所得额时准予扣除；超过部分，允许结转以后年度扣除。

（2）其他企业按与具有合法经营资格的中介服务机构或个人（不含交易双方及其雇员、代理人和代表人等）所签订服务协议或合同确认的收入金额的 5%计算限额。

17. 党组织工作经费

企业纳入管理费用的党组织工作经费，实际支出不超过职工年度工资、薪金总额 1%的部分，可以据实在企业所得税前扣除。

18. 其他支出项目

其他支出项目是指依照有关法律、行政法规和国家有关税法规定准予扣除的其他项目，如会员费、合理的会议费、差旅费、违约金、诉讼费用等。

（六）不得税前扣除项目

在计算应纳税所得额时，下列支出不得扣除：

（1）向投资者支付的股息、红利等权益性投资收益款项。

（2）企业所得税税款。

（3）税收滞纳金。具体是指纳税人因违反税收法规而被税务机关处以的滞纳金。

（4）罚金、罚款和被没收财物的损失。

（5）超过规定标准的捐赠支出。

（6）赞助支出。具体是指企业发生的与生产经营活动无关的各种非广告性质支出。

（7）未经核定的准备金支出。具体是指不符合国务院财政、税务主管部门规定的各项资产减值准备、风险准备等准备金支出。

（8）企业之间支付的管理费、企业内营业机构之间支付的租金和特许权使用费，以及非银行企业内营业机构之间支付的利息。

（9）与取得收入无关的其他支出。

（七）亏损弥补

亏损，是指企业将每一纳税年度的收入总额减除不征税收入、免税收入和各项扣除后小于零的数额。税法规定，企业某一纳税年度发生的亏损可以用下一年度的所得弥补，下一年度的所得不足以弥补的，可以逐年延续弥补，但最长不得超过 5 年。企业在汇总计算缴纳企业所得税时，其境外营业机构的亏损不得抵减境内营业机构的盈利。

自 2018 年 1 月 1 日起，当年具备高新技术企业或科技型中小企业资格的企业，其具备资格年度之前 5 个年度发生的尚未弥补完的亏损，准予结转以后年度弥补，最长结转年限由 5 年延长至 10 年。

（八）非居民企业应纳税所得额的计算

在中国境内未设立机构、场所的，或者虽设立机构、场所但取得的所得与其所设机构、场所没有实际联系的非居民企业，其取得的来源于中国境内的所得，按照下列方法计算其应纳税所得额：

（1）股息、红利等权益性投资收益和利息、租金、特许权使用费所得，以收入全额为应纳税所得额。

（2）转让财产所得，以收入全额减除财产净值后的余额为应纳税所得额。财产净值，是指有关资产、财产的计税基础减除已经按照规定扣除的折旧、折耗、摊销、准备金等后的余额。

（3）其他所得，参照上述两项规定的方法计算应纳税所得额。

五、企业所得税应纳税额的计算

企业所得税应纳税额的计算公式为：

应纳税额＝应纳税所得额×适用税率－减免税额－抵免税额

公式中的减免税额和抵免税额，是指依照我国《企业所得税法》和国务院的税收优惠规定减征、免征和抵免的应纳税额。

六、企业所得税税收优惠

我国企业所得税的税收优惠包括免税收入、所得减免、减低税率与定期减免税、民族自治地方的减免税、加计扣除、抵扣应纳税所得额、加速折旧、减计收入、税额抵免和其他专项优惠政策。企业同时从事适用不同企业所得税待遇的项目的，其优惠项目应当单独计算所得，并合理分摊企业的期间费用；没有单独计算的，不得享受企业所得税税收优惠。

（一）免税收入

企业的免税收入包括：

（1）国债利息收入，是指企业持有国务院财政部门发行的国债取得的利息收入。

（2）符合条件的居民企业之间的股息、红利等权益性投资收益。

（3）在中国境内设立机构、场所的非居民企业从居民企业取得与该机构、场所有实际联系的股息、红利等权益性投资收益。

（4）符合条件的非营利组织的收入。

（二）所得减免

1. 免征企业所得税的项目

企业从事下列项目的所得，免征企业所得税：

(1) 蔬菜、谷物、薯类、油料、豆类、棉花、麻类、糖料、水果、坚果的种植。

(2) 农作物新品种的选育。

(3) 中药材的种植。

(4) 林木的培育和种植。

(5) 牲畜、家禽的饲养。

(6) 林产品的采集。

(7) 灌溉、农产品初加工、兽医、农技推广、农机作业和维修等农、林、牧、渔服务业项目。

(8) 远洋捕捞。

2. 减半征收企业所得税的项目

企业从事花卉、茶以及其他饮料作物和香料作物的种植，海水养殖、内陆养殖的所得减半征收企业所得税。

3. 从事国家重点扶持的公共基础设施项目投资经营的所得

国家重点扶持的公共基础设施项目，是指《公共基础设施项目企业所得税优惠目录》规定的港口码头、机场、铁路、公路、城市公共交通、电力、水利等项目。

(1) 企业从事上述国家重点扶持的公共基础设施项目的投资经营的所得，自项目取得第1笔生产经营收入所属纳税年度起，第1年至第3年免征企业所得税，第4年至第6年减半征收企业所得税。

(2) 企业承包经营、承包建设和内部自建自用上述项目，不得享受上述企业所得税税收优惠。

4. 从事符合条件的环境保护、节能节水项目的所得

符合条件的环境保护、节能节水项目，包括公共污水处理、公共垃圾处理、沼气综合开发利用、节能减排技术改造、海水淡化等。企业从事上述规定的符合条件的环境保护、节能节水项目的所得，自项目取得第1笔生产经营收入所属纳税年度起，第1年至第3年免征企业所得税，第4年至第6年减半征收企业所得税。

5. 符合条件的技术转让所得

符合条件的技术转让所得免征、减征企业所得税，是指一个纳税年度内，居民企业技术转让所得不超过500万元的部分，免征企业所得税；超过500万元的部分，减半征收企业所得税。其计算公式为：

技术转让所得＝技术转让收入－技术转让成本－相关税费

6. 非居民企业减免税所得

在中国境内未设立机构、场所的，或者虽设立机构、场所但取得的所得与其所设机构、场所没有实际联系的非居民企业，其取得的来源于中国境内的所得，减按10％的税率

征收企业所得税。

下列所得可以免征企业所得税：

（1）外国政府向中国政府提供贷款取得的利息所得。

（2）国际金融组织向中国政府和居民企业提供优惠贷款取得的利息所得。

（3）经国务院批准的其他所得。

7. 境外机构投资者免税所得

自2014年11月17日起，对合格境外机构投资者、人民币合格境外机构投资者取得的来源于中国境内的股票等权益性投资资产转让所得，暂免征收企业所得税。

（三）减低税率与定期减免税

1. 小型微利企业

自2023年1月1日，对小型微利企业年应纳税所得额不超过100万元的部分，减按25%计入应纳税所得额，按20%的税率征收企业所得税；自2022年1月1日至2024年12月31日，对年应纳税所得额超过100万元但不超过300万元的部分，减按25%计入应纳税所得额，按20%的税率征收企业所得税。

2. 高新技术企业

国家需要重点扶持的高新技术企业，减按15%的税率征收企业所得税。

3. 技术先进型服务企业

自2018年1月1日起，对经认定的技术先进型服务企业（服务贸易类），减按15%的税率征收企业所得税。

（四）民族自治地方的减免税

民族自治地方的自治机关对本民族自治地方的企业应缴纳的企业所得税中属于地方分享的部分，可以决定减征或者免征。自治州、自治县决定减征或者免征的，须报省、自治区、直辖市人民政府批准。对民族自治地方内国家限制和禁止行业的企业，不得减征或者免征企业所得税。

（五）加计扣除

企业的下列支出，可以在计算应纳税所得额时加计扣除。

1. 研究开发费用

研究开发费用的加计扣除，是指企业为开发新技术、新产品、新工艺发生的研究开发费用，未形成无形资产计入当期损益的，在按照规定据实扣除的基础上，按照研究开发费用的50%加计扣除；形成无形资产的，按照无形资产成本的150%摊销。

企业开展研发活动中实际发生的研发费用，未形成无形资产计入当期损益的，在按规定据实扣除的基础上，自2023年1月1日起，再按照实际发生额的100%在税前加计扣除；形成无形资产的，自2023年1月1日起，按照无形资产成本的200%在税前摊销。

集成电路企业和工业母机企业开展研发活动中实际发生的研发费用，未形成无形资产计入当期损益的，在按规定据实扣除的基础上，在 2023 年 1 月 1 日至 2027 年 12 月 31 日期间，再按照实际发生额的 120%在税前扣除；形成无形资产的，在上述期间按照无形资产成本的 220%在税前摊销。

制造业企业开展研发活动中实际发生的研发费用，未形成无形资产计入当期损益的，在按规定据实扣除的基础上，自 2021 年 1 月 1 日起，再按照实际发生额的 100%在税前加计扣除；形成无形资产的，自 2021 年 1 月 1 日起，按照无形资产成本的 200%在税前摊销。

2. 安置国家鼓励就业人员所支付的工资

企业安置残疾人员所支付的工资的加计扣除，是指企业安置残疾人员的，在按照支付给残疾职工工资据实扣除的基础上，按照支付给残疾职工工资的 100%加计扣除。企业安置国家鼓励安置的其他就业人员所支付的工资的加计扣除办法，由国务院另行规定。

（六）抵扣应纳税所得额

创业投资企业采取股权投资方式投资于未上市的中小高新技术企业 2 年以上的，可以按照其投资额的 70%在股权持有满 2 年的当年抵扣该创业投资企业的应纳税所得额；当年不足抵扣的，可以在以后纳税年度结转抵扣。

（七）加速折旧

企业的固定资产由于技术进步等原因，确需加速折旧的，可以缩短折旧年限或者采取加速折旧的方法。可以缩短折旧年限或者采取加速折旧的方法的固定资产包括：由于技术进步，产品更新换代较快的固定资产；常年处于强震动、高腐蚀状态的固定资产。

采取缩短折旧年限方法的，最低折旧年限不得低于税法规定折旧年限的 60%；采取加速折旧方法的，可以采取双倍余额递减法或年数总和法。

（八）减计收入

（1）企业以《资源综合利用企业所得税优惠目录》规定的资源作为主要原材料，生产国家非限制和禁止并符合国家和行业相关标准的产品取得的收入，减按 90%计入收入总额。原材料占生产产品材料的比例不得低于优惠目录规定的标准。

（2）自 2019 年 6 月 1 日至 2025 年 12 月 31 日，社区提供养老、托育、家政等服务的机构，提供社区养老、托育、家政服务取得的收入，在计算应纳税所得额时，减按 90%计入收入总额。社区包括城市社区和农村社区。

（九）税额抵免

企业购置并实际使用税法规定的环境保护、节能节水、安全生产等专用设备的，该专用设备的投资额的 10%可以从企业当年的应纳税额中抵免；当年不足抵免的，可以在以后 5 个纳税年度结转抵免。享受上述规定的企业所得税税收优惠的企业，应当实际购置并自身实际投入使用上述规定的专用设备；企业购置上述专用设备在 5 年内转让、出租的，应当停止享受企业所得税税收优惠，并补缴已经抵免的企业所得税税款。

例 3-13

某企业 2024 年度实现销售收入 1 000 万元、利润总额 200 万元，全年发生的与生产经营活动有关的业务招待费支出 10 万元，持有国债取得利息收入 3 万元，除上述两项外无其他纳税调整项目。已知企业适用的所得税税率为 25%。计算该企业 2024 年度企业所得税应纳税额。

【参考答案】企业发生的业务招待费支出，按照发生额的 60%扣除，但最高不得超过当年销售（营业）收入的 5‰。10×60%＝6（万元），1 000×5‰＝5（万元），6 万元＞5 万元，所以准予在计算应纳税所得额时扣除 5 万元，应调增 10－5＝5（万元）；企业持有国债取得的利息收入属于免税收入，应调减 3 万元。故该企业 2024 年度企业所得税应纳税额的计算过程为（200＋5－3）×25%＝50.5（万元）。

七、企业所得税征收管理

（一）纳税地点

1. 居民企业的纳税地点

除税收法律、行政法规另有规定外，居民企业以企业登记注册地为纳税地点；但登记注册地在境外的，以实际管理机构所在地为纳税地点。

居民企业在中国境内设立不具有法人资格的营业机构的，应当汇总计算并缴纳企业所得税。除国务院另有规定外，企业之间不得合并缴纳企业所得税。

2. 非居民企业的纳税地点

非居民企业在中国境内设立机构、场所的，以机构、场所所在地为纳税地点。如果在中国境内设立 2 个或者 2 个以上机构、场所，符合条件的，可以选择由其主要机构、场所汇总缴纳企业所得税。在中国境内未设立机构、场所，或者虽设立机构、场所但取得的所得与其所设机构、场所没有实际联系的非居民企业，以扣缴义务人所在地为纳税地点。

（二）按年计征与分期预缴

企业所得税按年计征，分月或者分季预缴，年终汇算清缴，多退少补。纳税年度自公历 1 月 1 日起至 12 月 31 日止。企业在一个纳税年度中间开业，或者终止经营活动，使该纳税年度的实际经营期不足 12 个月的，应当以其实际经营期为一个纳税年度。企业依法清算时，应当以清算期间作为一个纳税年度。

（三）汇算清缴期限

企业应当自年度终了之日起 5 个月内，向税务机关报送年度企业所得税纳税申报表，并汇算清缴，结清应缴应退税款。企业在年度中间终止经营活动的，应当自实际经营终止之日起 60 日内，向税务机关办理当期企业所得税汇算清缴。

（四）纳税申报

按月或按季预缴的，应当自月份或者季度终了之日起 15 日内，向税务机关报送预缴企业所得税纳税申报表，预缴税款。企业在报送企业所得税纳税申报表时，应当按照规定附送财务会计报告和其他有关资料。

练习题

在线测试 3-5

第六节　个人所得税法律制度

一、个人所得税纳税人及其纳税义务

（一）个人所得税纳税人

个人所得税纳税人，包括中国公民、个体工商户、个人独资企业投资人和合伙企业的个人合伙人等。

个人所得税纳税人依据住所和居住时间两个标准，分为居民个人和非居民个人。

1. 居民个人

在中国境内有住所，或者无住所但一个纳税年度内在中国境内居住累计满 183 天的个人，为居民个人。

2. 非居民个人

在中国境内无住所又不居住，或者无住所但一个纳税年度内在中国境内居住累计不满 183 天的个人，为非居民个人。

（二）个人所得税纳税人的纳税义务

1. 居民个人的纳税义务

居民个人从中国境内和境外取得的所得，依照法律规定缴纳个人所得税。从中国境内和境外取得的所得，分别是指来源于中国境内的所得和来源于中国境外的所得。

2. 非居民个人的纳税义务

非居民个人从中国境内取得的所得，依照法律规定缴纳个人所得税。在中国境内无住所的个人，在一个纳税年度内在中国境内居住累计不超过 90 天的，其来源于中国境内的所得，由境外雇主支付并且不由该雇主在中国境内的机构、场所负担的部分，免予缴纳个人所得税。

二、个人所得税应税所得项目

按应纳税所得的来源划分，现行个人所得税共包括 9 个应税项目。

（一）工资、薪金所得

工资、薪金所得，是指个人因任职或者受雇而取得的工资、薪金、奖金、年终加薪、劳动分红、补贴、津贴以及与任职或者受雇有关的其他所得。

下列项目不属于工资、薪金性质的补贴、津贴，不予征收个人所得税：独生子女补贴；执行公务员工资制度未纳入基本工资总额的补贴、津贴差额和家属成员的副食补贴；托儿补助费；差旅费津贴、误餐补助。误餐补助是指按照财政部的规定，个人因公在城区、郊区工作，不能在工作单位或返回就餐的，根据实际误餐顿数，按规定的标准领取的误餐费。单位以误餐补助名义发给职工的补助、津贴不包括在内，应当并入当月工资、薪金所得计征个人所得税。

（二）劳务报酬所得

劳务报酬所得，是指个人从事劳务取得的所得，包括从事设计、安装、制图、化验、测试、医疗、法律、会计、咨询、讲学、翻译、书画、雕刻、影视、录音、录像、演出、表演、广告、展览、技术服务以及其他劳务取得的所得。

（三）稿酬所得

稿酬所得，是指个人因其作品以图书、报刊形式出版、发表而取得的所得。

（四）特许权使用费所得

特许权使用费所得，是指个人提供专利权、商标权、著作权、非专利技术以及其他特许权的使用权取得的所得；提供著作权的使用权取得的所得，不包括稿酬所得。

（五）经营所得

经营所得，是指：（1）个体工商户从事生产、经营活动取得的所得，个人独资企业投资人、合伙企业的个人合伙人来源于境内注册的个人独资企业、合伙企业生产、经营的所得；（2）个人依法从事办学、医疗、咨询以及其他有偿服务活动取得的所得；（3）个人对企业、事业单位承包经营、承租经营以及转包、转租取得的所得；（4）个人从事其他生产、经营活动取得的所得。

（六）利息、股息、红利所得

利息、股息、红利所得，是指个人拥有债权、股权而取得的利息、股息、红利所得。

（七）财产租赁所得

财产租赁所得，是指个人出租不动产、机器设备、车船以及其他财产取得的所得。

（八）财产转让所得

财产转让所得，是指个人转让有价证券、股权、合伙企业中的财产份额、不动产、机器设备、车船以及其他财产取得的所得。

（九）偶然所得

偶然所得，是指个人得奖、中奖、中彩以及其他偶然性质的所得。

居民个人取得上述（一）至（四）项所得（综合所得），按纳税年度合并计算个人所得税；非居民个人取得上述（一）至（四）项所得，按月或者按次分项计算个人所得税。纳税人取得上述（五）至（九）项所得，依照法律规定分别计算个人所得税。

三、个人所得税税率

（一）综合所得适用的税率

居民个人每一纳税年度内取得的综合所得包括：工资、薪金所得；劳务报酬所得；稿酬所得；特许权使用费所得。

综合所得适用3%～45%的超额累进税率，具体见表3-6。

表3-6　个人所得税税率表

（综合所得适用）

级数	全年应纳税所得额	税率（%）	速算扣除数（元）
1	不超过36 000元的部分	3	0
2	超过36 000元至144 000元的部分	10	2 520
3	超过144 000元至300 000元的部分	20	16 920
4	超过300 000元至420 000元的部分	25	31 920
5	超过420 000元至660 000元的部分	30	52 920
6	超过660 000元至960 000元的部分	35	85 920
7	超过960 000元的部分	45	181 920

注：（1）本表所称全年应纳税所得额是指依照法律规定，居民个人取得综合所得以每一纳税年度收入额减除费用6万元以及专项扣除、专项附加扣除和依法确定的其他扣除后的余额。

（2）非居民个人取得工资、薪金所得，劳务报酬所得，稿酬所得和特许权使用费所得，依照本表按月换算后计算应纳税额。

（二）经营所得适用的税率

经营所得适用5%～35%的超额累进税率，具体见表3-7。

表 3-7　个人所得税税率表
（经营所得适用）

级数	全年应纳税所得额	税率（%）	速算扣除数（元）
1	不超过 30 000 元的部分	5	0
2	超过 30 000 元至 90 000 元的部分	10	1 500
3	超过 90 000 元至 300 000 元的部分	20	10 500
4	超过 300 000 元至 500 000 元的部分	30	40 500
5	超过 500 000 元的部分	35	65 500

注：本表所称全年应纳税所得额是指依照规定，以每一纳税年度的收入总额减除成本、费用以及损失后的余额。

（三）其他所得适用的税率

利息、股息、红利所得，财产租赁所得，财产转让所得和偶然所得适用比例税率，税率为 20%。

自 2001 年 1 月 1 日起，对个人出租住房取得的所得暂减按 10%的税率征收个人所得税。

四、个人所得税应纳税所得额的确定

个人所得税的计税依据是纳税人取得的应纳税所得额。应纳税所得额为个人取得的各项收入减去税法规定的费用扣除金额和减免税收入后的余额。由于个人所得税的应税项目不同，扣除费用标准也各不相同，需要按不同应税项目分项计算。

（一）个人所得的形式

个人所得的形式，包括现金、实物、有价证券和其他形式的经济利益。

（二）居民个人综合所得应纳税所得额的确定

1. 应纳税所得额的计算

居民个人的综合所得，以每一纳税年度的收入额减除费用 6 万元以及专项扣除、专项附加扣除和依法确定的其他扣除后的余额，为应纳税所得额。

综合所得，包括工资、薪金所得，劳务报酬所得，稿酬所得，特许权使用费所得四项。

2. 专项扣除

专项扣除，包括居民个人按照国家规定的范围和标准缴纳的基本养老保险、基本医疗保险、失业保险等社会保险费和住房公积金等。

3. 专项附加扣除

专项附加扣除，包括子女教育、继续教育、大病医疗、住房贷款利息或者住房租金、赡养老人、3 岁以下婴幼儿照护等支出。

（1）子女教育。纳税人的子女接受全日制学历教育的相关支出、年满 3 岁至小学入学前处于学前教育阶段的子女，按照每个子女每月 2 000 元的标准定额扣除。父母可以选择由其中一方按扣除标准的 100%扣除，也可以选择由双方分别按扣除标准的 50%扣除，具体扣除方式在一个纳税年度内不能变更。

（2）继续教育。纳税人在中国境内接受学历（学位）继续教育的支出，在学历（学位）教育期间按照每月 400 元定额扣除。同一学历（学位）继续教育的扣除期限不能超过 48 个月。纳税人接受技能人员职业资格继续教育、专业技术人员职业资格继续教育的支出，在取得相关证书的当年，按照 3 600 元定额扣除。

（3）大病医疗。在一个纳税年度内，纳税人发生的与基本医保相关的医药费用支出，扣除医保报销后个人负担累计超过 15 000 元的部分，由纳税人在办理年度汇算清缴时，在 80 000 元限额内据实扣除。纳税人及其配偶、未成年子女发生的医药费用支出，按上述规定分别计算扣除额。

（4）住房贷款利息。纳税人本人或者配偶单独或者共同使用商业银行或者住房公积金个人住房贷款为本人或者其配偶购买中国境内住房，发生的首套住房贷款利息支出，在实际发生贷款利息的年度，按照每月 1 000 元的标准定额扣除，扣除期限最长不超过 240 个月。纳税人只能享受一次首套住房贷款的利息扣除。经夫妻双方约定，可以选择由其中一方扣除，具体扣除方式在一个纳税年度内不能变更。

（5）住房租金。纳税人在主要工作城市没有自有住房而发生的住房租金支出，可以按照以下标准定额扣除：

1）直辖市、省会（首府）城市、计划单列市以及国务院确定的其他城市，扣除标准为每月 1 500 元。

2）除上述所列城市以外，市辖区户籍人口超过 100 万的城市，扣除标准为每月 1 100 元；市辖区户籍人口不超过 100 万的城市，扣除标准为每月 800 元。

（6）赡养老人。纳税人赡养 1 位及以上被赡养人的赡养支出，统一按照以下标准定额扣除：

1）纳税人为独生子女的，按照每月 3 000 元的标准定额扣除。

2）纳税人为非独生子女的，由其与兄弟姐妹分摊每月 3 000 元的扣除额度，每人分摊的额度不能超过每月 1 500 元。可以由赡养人均摊或者约定分摊，也可以由被赡养人指定分摊。约定或者指定分摊的，须签订书面分摊协议，指定分摊优先于约定分摊。具体分摊方式和额度在一个纳税年度内不能变更。

（7）3 岁以下婴幼儿照护。从婴幼儿出生的当月至满 3 周岁的前一个月，纳税人可享受每月 2 000 元的专项扣除。父母可以选择由其中一方按扣除标准的 100%扣除，也可以选择双方分别按扣除标准的 50%扣除。

4. 其他扣除

其他扣除，包括个人缴付符合国家规定的企业年金、职业年金，个人购买符合国家规定的商业健康保险、税收递延型商业养老保险的支出，以及国务院规定可以扣除的其他项目。

对个人购买符合规定的商业健康保险产品的支出，允许在当年（月）计算应纳税所得额时予以税前扣除，扣除限额为 2 400 元/年（200 元/月）。单位统一为员工购买符合规定的商业健康保险产品的支出，应分别计入员工个人工资、薪金，视同个人购买，按上述限额予以扣除。

（三）非居民个人应纳税所得额的确定

非居民个人的工资、薪金所得，以每月收入额减除费用 5 000 元后的余额为应纳税所得额；劳务报酬所得、稿酬所得、特许权使用费所得，以每次收入额为应纳税所得额。

（四）经营所得应纳税所得额的确定

1. 经营所得应纳税所得额的计算

经营所得，以每一纳税年度的收入总额减除成本、费用以及损失后的余额，为应纳税所得额。

取得经营所得的个人，没有综合所得的，计算其每一纳税年度的应纳税所得额时，应当减除费用 6 万元、专项扣除、专项附加扣除以及依法确定的其他扣除。专项附加扣除在办理汇算清缴时减除。

从事生产、经营活动，未提供完整、准确的纳税资料，不能正确计算应纳税所得额的，由主管税务机关核定应纳税所得额或者应纳税额。

2. 个体工商户经营所得应纳税所得额计算的具体规定

（1）基本计算规定。个体工商户的生产、经营所得，以每一纳税年度的收入总额，减除成本、费用、税金、损失、其他支出以及允许弥补的以前年度亏损后的余额，为应纳税所得额。

（2）不得扣除的支出。个体工商户的下列支出不得扣除：个人所得税税款；税收滞纳金；罚金、罚款和被没收财物的损失；不符合扣除规定的捐赠支出；赞助支出；用于个人和家庭的支出；与取得生产经营收入无关的其他支出；个体工商户代其从业人员或者他人负担的税款；国家税务总局规定不准扣除的支出。

（3）业主及从业人员相关支出的扣除。

1）实际支付给从业人员的、合理的工资薪金支出，准予扣除。业主的工资薪金支出不得税前扣除。

2）按照国家规定标准为其业主和从业人员缴纳的基本养老保险费、基本医疗保险费、失业保险费、工伤保险费和住房公积金，准予扣除。

3）为从业人员缴纳的补充养老保险费、补充医疗保险费，分别在不超过从业人员工资总额 5%标准内的部分据实扣除；超过部分，不得扣除。

4）业主本人缴纳的补充养老保险费、补充医疗保险费，以当地（地级市）上年度社会平均工资的 3 倍为计算基数，分别在不超过该计算基数 5%标准内的部分据实扣除；超过部分，不得扣除。

5）业主本人或者为从业人员支付的商业保险费，不得扣除。

6）向当地工会组织拨缴的工会经费、实际发生的职工福利费、职工教育经费分别在工资薪金总额的 2%、14%、8%的标准内据实扣除。

7）个体工商户发生的合理的劳动保护支出，准予扣除。

（4）借款费用与利息支出的扣除。个体工商户在生产经营活动中发生的合理的不需要资本化的借款费用，准予扣除。个体工商户在生产经营活动中发生的下列利息支出，准予扣除：向金融企业借款的利息支出；向非金融企业和个人借款的利息支出，不超过按照金融企业同期同类贷款利率计算的数额的部分。

（5）业务招待费与广告费支出的扣除。

1）发生的与生产经营活动有关的业务招待费，按照实际发生额的60%扣除，但最高不得超过当年销售（营业）收入的5‰。业主自申请营业执照之日起至开始生产经营之日止所发生的业务招待费，按照实际发生额的60%计入个体工商户的开办费。

2）每一纳税年度发生的与其生产经营活动直接相关的广告费和业务宣传费，不超过当年销售（营业）收入15%的部分，可以据实扣除；超过部分，准予在以后纳税年度结转扣除。

（6）开办费及研发费支出的扣除。

1）自申请营业执照之日起至开始生产经营之日止所发生符合规定的费用，除为取得固定资产、无形资产的支出，以及应计入资产价值的汇兑损益、利息支出外，作为开办费，个体工商户可以选择在开始生产经营的当年一次性扣除，也可以自生产经营月份起在不短于3年期限内摊销扣除，但一经选定，不得改变。开始生产经营之日为个体工商户取得第1笔销售（营业）收入的日期。

2）研究开发新产品、新技术、新工艺所发生的开发费用，以及研究开发新产品、新技术而购置单台价值在10万元以下的测试仪器和试验性装置的购置费准予直接扣除；单台价值在10万元以上（含10万元）的测试仪器和试验性装置，按固定资产管理，不得在当期直接扣除。

（7）公益性捐赠的扣除。个体工商户通过公益性社会团体或者县级以上人民政府及其部门，用于规定的公益事业的捐赠，捐赠额不超过其应纳税所得额30%的部分可以据实扣除，但直接对受益人的捐赠不得扣除。

（8）其他支出的扣除。个体工商户按照规定缴纳的摊位费、行政性收费、协会会费等，按实际发生数额扣除。个体工商户参加财产保险，按照规定缴纳的保险费，准予扣除。个体工商户在生产经营活动中，应当分别核算生产经营费用和个人、家庭费用。对于生产经营与个人、家庭生活混用难以分清的费用，其40%视为与生产经营有关的费用，准予扣除。

（9）亏损结转。个体工商户纳税年度发生的亏损，准予向以后年度结转，用以后年度的生产经营所得弥补，但结转年限最长不得超过5年。

（五）其他所得应纳税所得额的确定

1. 财产租赁所得

财产租赁所得，每次收入不超过4 000元的，减除费用800元；每次收入在4 000元以上的，减除20%的费用，其余额为应纳税所得额。

2. 财产转让所得

财产转让所得，以转让财产的收入额减除财产原值和合理费用后的余额，为应纳税所得额。

3. 利息、股息、红利所得和偶然所得

利息、股息、红利所得和偶然所得，以每次收入额为应纳税所得额。

（六）公益性捐赠的扣除

（1）个人将其所得对教育、扶贫、济困等公益慈善事业进行捐赠，捐赠额未超过纳税人申报的应纳税所得额30%的部分，可以从其应纳税所得额中扣除；国务院规定对公益慈善事业捐赠实行全额税前扣除的，从其规定。

（2）个人通过非营利性的社会团体和国家机关向红十字事业的捐赠，在计算缴纳个人所得税时，准予在税前的所得额中全额扣除。

（3）个人通过境内非营利性的社会团体、国家机关向教育事业的捐赠，准予在个人所得税前全部扣除。

（4）个人通过非营利性的社会团体和国家机关向农村义务教育的捐赠，在计算缴纳个人所得税时，准予在税前的所得额中全额扣除。

（5）个人通过非营利性的社会团体和国家机关对公益性青少年活动场所（包括新建）的捐赠，在计算缴纳个人所得税时准予在税前的所得额中全额扣除。

（6）个人通过宋庆龄基金会等6家单位，中国医药卫生事业发展基金会、中国教育发展基金会、中国老龄事业发展基金会等8家单位，中华健康快车基金会等5家单位用于公益救济性的捐赠，符合相关条件的，准予在缴纳个人所得税前全额扣除。

根据财政部、国家税务总局有关规定，个人通过非营利性的社会团体和政府部门向福利性、非营利性老年服务机构捐赠，符合相关条件的，准予在缴纳个人所得税前全额扣除。

（七）每次收入的确定

（1）财产租赁所得，以1个月内取得的收入为1次。

（2）利息、股息、红利所得，以支付利息、股息、红利时取得的收入为1次。

（3）偶然所得，以每次取得的该项收入为1次。

（4）非居民个人取得的劳务报酬所得、稿酬所得、特许权使用费所得，属于一次性收入的，以取得的该项收入为1次；属于同一项目连续性收入的，以1个月内取得的收入为1次。

五、个人所得税应纳税额的计算

（一）综合所得应纳税额的计算

综合所得应纳税额的计算公式为：

应纳税额＝应纳税所得额×适用税率－速算扣除数

＝(每一纳税年度的收入额－费用6万元－专项扣除－专项附加扣除－依法确定的其他扣除)×适用税率－速算扣除数

（二）综合所得预扣预缴税款的计算

1．工资、薪金所得预扣预缴税款的计算

扣缴义务人向居民个人支付工资、薪金所得时，应当按照累计预扣法计算预扣税款，并按月办理全员全额扣缴申报。累计预扣法，是指扣缴义务人在一个纳税年度内预扣预缴税款时，以纳税人在本单位截至当前月份工资、薪金所得累计收入减除累计免税收入、累计减除费用、累计专项扣除、累计专项附加扣除和累计依法确定的其他扣除后的余额为累计预扣预缴应纳税所得额，计算累计应预扣预缴税额，再减除累计减免税额和累计已预扣预缴税额，其余额为本期应预扣预缴税额。余额为负值时，暂不退税。纳税年度终了后余额仍为负值时，由纳税人办理综合所得年度汇算清缴，税款多退少补。

具体计算公式如下：

本期应预扣预缴税额=(累计预扣预缴应纳税所得额×预扣率-速算扣除数)-累计减免税额-累计已预扣预缴税额

累计预扣预缴应纳税所得额=累计收入-累计免税收入-累计减除费用-累计专项扣除-累计专项附加扣除-累计依法确定的其他扣除

其中：累计减除费用，按照5 000元/月乘以纳税人当年截至本月在本单位的任职受雇月份数计算。

上述公式中，计算居民个人工资、薪金所得预扣预缴税额的预扣率、速算扣除数，按表3-6执行。

自2020年7月1日起，对1个纳税年度内首次取得工资、薪金所得的居民个人（即新入职人员），扣缴义务人在预扣预缴个人所得税时，可按照5 000元/月乘以纳税人当年截至本月月份数计算累计减除费用。

自2021年1月1日起，对上一完整纳税年度内每月均在同一单位预扣预缴工资、薪金所得个人所得税且全年工资、薪金收入不超过6万元的居民个人，扣缴义务人在预扣预缴本年度工资、薪金所得个人所得税时，累计减除费用自1月起直接按照全年6万元计算扣除。即：在纳税人累计收入不超过6万元的月份，暂不预扣预缴个人所得税；在其累计收入超过6万元的当月及年内后续月份，再预扣预缴个人所得税。对按照累计预扣法预扣预缴劳务报酬所得个人所得税的居民个人，扣缴义务人比照上述规定执行。

2. 其他综合所得预扣预缴税款的计算

扣缴义务人向居民个人支付劳务报酬所得、稿酬所得、特许权使用费所得，按次或者按月预扣预缴个人所得税。劳务报酬所得、稿酬所得、特许权使用费所得，属于一次性收入的，以取得该项收入为1次；属于同一项目连续性收入的，以1个月内取得的收入为1次。具体预扣预缴方法如下：

劳务报酬所得、稿酬所得、特许权使用费所得以收入减除费用后的余额为收入额。其中，稿酬所得的收入额减按70%计算。

减除费用：劳务报酬所得、稿酬所得、特许权使用费所得每次收入不超过4 000元的，减除费用按800元计算；每次收入在4 000元以上的，减除费用按20%计算。

应纳税所得额：劳务报酬所得、稿酬所得、特许权使用费所得，以每次收入额为预扣预缴应纳税所得额。

劳务报酬所得适用20%～40%的超额累进预扣率（见表3-8），稿酬所得、特许权使用费所得适用20%的比例预扣率。相关计算公式如下：

劳务报酬所得应预扣预缴税额=预扣预缴应纳税所得额×预扣率-速算扣除数

稿酬所得、特许权使用费所得应预扣预缴税额=预扣预缴应纳税所得额×20%

表 3-8 劳务报酬所得预扣率表

级数	预扣预缴应纳税所得额	预扣率（%）	速算扣除数
1	不超过 20 000 元	20	0
2	超过 20 000 元至 50 000 元的部分	30	2 000
3	超过 50 000 元的部分	40	7 000

（三）经营所得应纳税额的计算

个体工商户的生产、经营所得应纳税额的计算公式为：

应纳税额＝应纳税所得额×适用税率－速算扣除数

＝(全年收入总额－成本、费用、税金、损失、其他支出及以前年度亏损)×适用税率－速算扣除数

自 2023 年 1 月 1 日至 2027 年 12 月 31 日，对个体工商户年应纳税所得额不超过 200 万元的部分，减半征收个人所得税。个体工商户在享受现行其他个人所得税优惠政策的基础上，可叠加享受本条优惠政策。对小型微利企业减按 25%计算应纳税所得额，按 20%的税率缴纳企业所得税政策，延续执行至 2027 年 12 月 31 日。

（四）利息、股息、红利所得应纳税额的计算

利息、股息、红利所得应纳税额的计算公式为：

应纳税额＝应纳税所得额×适用税率＝每次收入额×适用税率

（五）财产租赁所得应纳税额的计算

财产租赁所得应纳税额的计算公式为：

（1）每次（月）收入不超过 4 000 元的：

应纳税额＝[每次（月）收入额－财产租赁过程中缴纳的税费－由纳税人负担的租赁财产实际开支的修缮费用（800 元为限）－800]×20%

（2）每次（月）收入超过 4 000 元的：

应纳税额＝[每次（月）收入额－财产租赁过程中缴纳的税费－由纳税人负担的租赁财产实际开支的修缮费用（800 元为限）]×(1－20%)×20%

个人出租房屋的个人所得税应税收入不含增值税，计算房屋出租所得可扣除的税费不包括本次出租缴纳的增值税。个人转租房屋的，其向房屋出租方支付的租金及增值税额，在计算转租所得时予以扣除。

（六）财产转让所得应纳税额的计算

财产转让所得应按照一次转让财产的收入额减除财产原值和合理费用后的余额计算纳税。

财产转让所得应纳税额的计算公式为：

应纳税额＝应纳税所得额×适用税率

＝(收入总额－财产原值－合理费用)×20%

个人转让房屋的个人所得税应税收入不含增值税，其取得房屋时所支付价款中包含的增值税计入财产原值，计算转让所得时可扣除的税费不包括本次转让缴纳的增值税。

受赠人转让受赠房屋的，以其转让受赠房屋的收入减除原捐赠人取得该房屋的实际购置成本以及赠予和转让过程中受赠人支付的相关税费后的余额，为受赠人的应纳税所得额，依法计征个人所得税。受赠人转让受赠房屋价格明显偏低且无正当理由的，税务机关可以依据该房屋的市场评估价格或其他合理方式确定的价格核定其转让收入。

（七）偶然所得应纳税额的计算

偶然所得应纳税额的计算公式为：

应纳税额＝应纳税所得额×适用税率＝每次收入额×20%

例 3-14

某公司职员王某 2024 年 1—3 月每月取得工资、薪金收入均为 10 000 元。当地规定的社会保险和住房公积金个人缴存比例为：基本养老保险 8%，基本医疗保险 2%，失业保险 0.5%，住房公积金 12%。社保部门核定的王某 2023 年社会保险费的缴费工资基数为8 000 元。王某 2024 年 1—2 月累计已预扣预缴个人所得税税额为 192 元。计算王某 2024 年 3 月应预扣预缴的个人所得税税额。

【参考答案】（1）累计收入＝10 000×3＝30 000（元）。

（2）累计减除费用＝5 000×3＝15 000（元）。

（3）累计专项扣除＝8 000×(8%＋2%＋0.5%＋12%)×3＝5 400（元）。

（4）累计预扣预缴应纳税所得额＝30 000－15 000－5 400＝9 600（元）。

（5）应预扣预缴税额＝9 600×3%－192＝96（元）。

例 3-15

甲公司职员李某 2024 年全年取得工资、薪金收入为 180 000 元。当地规定的社会保险和住房公积金个人缴存比例为：基本养老保险 8%，基本医疗保险 2%，失业保险 0.5%，住房公积金 12%。社保部门核定的李某 2023 年社会保险费的缴费工资基数为 10 000 元。李某正在偿还首套住房贷款及利息；李某为独生女，其独生子正就读大学三年级；李某父母均已年过 60 岁。李某夫妻约定由李某扣除贷款利息和子女教育费。计算李某 2024 年应缴纳的个人所得税税额。

【参考答案】（1）全年减除费用 60 000 元。

（2）专项扣除＝10 000×(8%＋2%＋0.5%＋12%)×12＝27 000（元）。

（3）专项附加扣除：子女教育每年扣除 24 000 元；住房贷款利息每年扣除 12 000 元；赡养老人每年扣除 36 000 元。专项附加扣除合计＝24 000＋12 000＋36 000＝72 000（元）。

（4）扣除项合计＝60 000＋27 000＋72 000＝159 000（元）。

（5）应纳税所得额＝180 000－159 000＝21 000（元）。

（6）应纳个人所得税税额＝21 000×3%－0＝630（元）。

例 3－16

2024 年 3 月，王某为某公司提供设计服务，取得劳务报酬所得 5 000 元。计算王某当月该笔劳务报酬所得应预扣预缴的个人所得税税额。

【参考答案】 劳务报酬所得每次收入不超过 4 000 元的，减除费用按 800 元计算；每次收入在 4 000 元以上的，减除费用按 20%计算。预扣预缴应纳税所得额不超过 20 000 元的，预扣率为 20%。

应预扣预缴的个人所得税税额＝5 000×(1－20%)×20%＝800（元）

例 3－17

2024 年 1 月，张某所写的一部小说出版，取得稿酬所得 30 000 元。计算张某该笔稿酬所得应预扣预缴的个人所得税税额。

【参考答案】 稿酬所得每次收入不超过 4 000 元的，减除费用按 800 元计算；每次收入在 4 000 元以上的，减除费用按 20%计算。稿酬所得的收入额减按 70%计算，预扣率为 20%。

应预扣预缴的个人所得税税额＝30 000×(1－20%)×70%×20%＝3 360（元）

六、个人所得税税收优惠

（一）免税项目

（1）省级人民政府、国务院部委和中国人民解放军军以上单位，以及外国组织、国际组织颁发的科学、教育、技术、文化、卫生、体育、环境保护等方面的奖金。

（2）国债和国家发行的金融债券利息。其中，国债利息，是指个人持有中华人民共和国财政部发行的债券而取得的利息；国家发行的金融债券利息，是指个人持有经国务院批准发行的金融债券而取得的利息。

（3）按照国家统一规定发给的补贴、津贴，是指按照国务院规定发给的政府特殊津贴、院士津贴，以及国务院规定免纳个人所得税的其他补贴、津贴。

（4）福利费、抚恤金、救济金。其中，福利费，是指根据国家有关规定，从企业、事业单位、国家机关、社会组织提留的福利费或者工会经费中支付给个人的生活补助费；救济金，是指各级人民政府民政部门支付给个人的生活困难补助费。

（5）保险赔款。

（6）军人的转业费、复员费、退役金。

（7）按照国家统一规定发给干部、职工的安家费、退职费、基本养老金或者退休费、离休费、离休生活补助费。

（8）依照有关法律规定应予以免税的各国驻华使馆、领事馆的外交代表、领事官员和其他人员的所得。该所得是指依照《中华人民共和国外交特权与豁免条例》和《中华人民共和国领事特权与豁免条例》规定免税的所得。

（9）中国政府参加的国际公约、签订的协议中规定免税的所得。

（10）国务院规定的其他免税所得。该项免税规定，由国务院报全国人大常委会备案。

（二）减税项目

（1）残疾、孤老人员和烈属的所得。

（2）因自然灾害造成重大损失的。

（三）其他免税和暂免征税项目

（1）对个人在上海证券交易所、深圳证券交易所转让从上市公司公开发行和转让市场取得的上市公司股票所得，免征个人所得税。

（2）个人举报、协查各种违法、犯罪行为而获得的奖金，暂免征收个人所得税。

（3）个人办理代扣代缴手续，按规定取得的扣缴手续费，暂免征收个人所得税。

（4）个人转让自用达5年以上，并且是唯一的家庭生活用房取得的所得，暂免征收个人所得税。

（5）对个人购买福利彩票、体育彩票，一次中奖收入在1万元以下（含1万元）的，暂免征收个人所得税；超过1万元的，全额征收个人所得税。

（6）个人取得单张有奖发票奖金所得不超过800元（含800元）的，暂免征收个人所得税。

（7）储蓄存款利息所得，暂免征收个人所得税。

（8）个体工商户、个人独资企业和合伙企业或个人从事种植业、养殖业、饲养业、捕捞业取得的所得，暂免征收个人所得税。

例3-18

2024年10月，李某取得如下收入：

（1）到期国债利息收入1 530元。

（2）购买福利彩票支出500元，取得一次性中奖收入15 000元。

（3）境内上市公司股票转让所得10 000元。

（4）转让自用住房1套，取得转让收入500万元，该套住房购买价为300万元，购买时间为2008年并且是唯一的家庭生活用房。

计算李某当月应缴纳的个人所得税税额。

【参考答案】国债利息收入、股票转让所得免征个人所得税，转让自用5年以上并且是唯一的家庭生活用房取得的所得暂免征收个人所得税，福利彩票收入15 000元（超过1万元）应缴纳个人所得税，且不得扣除购买彩票支出。

中奖收入应缴纳个人所得税税额＝15 000×20％＝3 000（元）

李某当月应缴纳的个人所得税税额为3 000元。

七、个人所得税征收管理

（一）纳税申报

个人所得税以所得人为纳税人，以支付所得的单位或者个人为扣缴义务人。扣缴义务人向个人支付应税款项时，应当依照我国《个人所得税法》的规定预扣或代扣税款，按时缴库，并专项记载备查。支付，包括现金支付、汇拨支付、转账支付和以有价证券、实物以及其他形式的支付。税务机关对扣缴义务人按照所扣缴的税款，付给 2%的手续费。

扣缴义务人应当按照国家规定办理全员全额扣缴申报，并向纳税人提供其个人所得和已扣缴税款等信息。全员全额扣缴申报，是指扣缴义务人在代扣税款的次月 15 日内，向主管税务机关报送其支付所得的所有个人的有关信息、支付所得数额、扣除事项和数额、扣缴税款的具体数额和总额以及其他相关涉税信息资料。

（二）纳税期限

1. 居民个人的纳税期限

（1）居民个人取得综合所得，按年计算个人所得税；有扣缴义务人的，由扣缴义务人按月或者按次预扣预缴税款；需要办理汇算清缴的，应当在取得所得的次年 3 月 1 日至 6 月 30 日内办理汇算清缴。

（2）居民个人从中国境外取得所得的，应当在取得所得的次年 3 月 1 日至 6 月 30 日内申报纳税。

2. 非居民个人的纳税期限

（1）非居民个人取得工资、薪金所得，劳务报酬所得，稿酬所得和特许权使用费所得，有扣缴义务人的，由扣缴义务人按月或者按次代扣代缴税款，不办理汇算清缴。

（2）非居民个人在中国境内从两处以上取得工资、薪金所得的，应当在取得所得的次月 15 日内申报纳税。

3. 扣缴义务人的纳税期限

扣缴义务人每月或者每次预扣、代扣的税款，应当在次月 15 日内缴入国库，并向税务机关报送扣缴个人所得税申报表。

练习题

在线测试 3-6

财经素养专栏

增值税加计抵减政策

财经素养融入点

1. 对生产、生活性服务业减税，有助于提高百姓生活质量、丰富精神生活。
2. 政府让利形成价格传导机制，使改革发展成果更多、更公平地惠及全体人民。
3. 对企业减负可以繁荣市场，不断提升人民的获得感、幸福感。

第四章　财政法律制度

教学目标

知识目标

- 掌握预算法律制度、政府采购法律制度和国库集中收付法律制度的主要内容。
- 理顺预算法律制度、政府采购法律制度和国库集中收付法律制度三者之间的关系，对我国财政法律制度体系有一个全面的认识。

能力目标

- 了解《中华人民共和国预算法》（以下简称《预算法》）和《中华人民共和国预算法实施条例》（以下简称《预算法实施条例》）的颁布背景。
- 掌握《预算法》的主要内容，明确国家预算在我国经济建设中的作用。
- 掌握政府采购法律制度的构成，明确政府采购的概念及原则。
- 掌握政府采购执行模式、当事人及采购方式。
- 理解国库集中收付制度的作用。
- 掌握国库单一账户体系的构成。
- 掌握财政收入收缴方式和程序。
- 掌握财政支出支付方式和程序。

素养目标

- 践行勤俭节约理念，培养勤俭节约习惯，传播勤俭节约美德。
- 理解依法治国新理念新思想新战略，切实增强预算法治意识，增强文化自信。
- 传承中华文化，担当国家繁荣使命，怀揣社会责任感。

案例导入

设备购置采购项目举报案

采购人A委托代理机构B就该单位“××设备购置采购项目”（以下简称“本项目”）采用网上竞价方式采购，采购预算为56万元。2024年8月10日代理机构B发布网上竞价公告。2024年8月17日竞价截止，共六家供应商参与竞价。2024年8月24日，代理机构B发布成交结果，C公司为成交供应商，成交金额为55.8万元。

2024年6月20日，财政部门收到关于该项目的举报信。来信反映，在本项目网上竞价活动中，C公司以高价成交，竞价结果有失公平。财政部门依法受理本案，审查中发现，本项目另一家参与竞价的供应商D公司提交的竞价文件中，法人代表授权书、技术指标应答书和报价单上加盖的是C公司的公章。对此，C公司称，对D公司的竞价文件加盖自己公章之事不知情。D公司称，确实存在竞价文件中加盖的公章与公司名称不符的情况，原因是公司职员在与C公司对账过程中拿错公章，将C公司的公章直接加盖在自己的竞价文件中，未经核查直接上传了竞价文件。

财政部门审查终结后依法作出监督检查处理决定：根据《中华人民共和国政府采购法》第七十七条第二款的规定，决定本项目成交无效。对C公司和D公司就其违法行为分别作出行政处罚决定：根据《中华人民共和国政府采购法》第七十七条第一款的规定，对C公司处以采购金额千分之五的罚款，列入不良行为记录名单，在一年内禁止参加政府采购活动，没收违法所得（即采购合同已支付金额）；对D公司处以采购金额千分之五的罚款，列入不良行为记录名单，在一年内禁止参加政府采购活动。

后C公司不服对其作出的处罚决定，向法院提起行政诉讼。一审法院审理后认为，由于C公司在财政部门作出处罚决定前已将合同支付金额予以退还，所以部分撤销了处罚决定中没收违法所得的行政处罚，同时驳回C公司的其他诉讼请求。

第一节 预算法律制度

一、预算法律制度的构成

预算法律制度是指国家经过法定程序制定的，用以调整国家预算关系的法律、行政法规和相关规章制度。我国预算法律制度由《预算法》和《预算法实施条例》以及国家预算管理的其他法规制度构成。

（一）《预算法》

为了强化预算的分配和监督职能，健全国家对预算的管理，加强国家宏观调控，保障经济和社会的健康发展，1994 年 3 月 22 日，第八届全国人民代表大会第二次会议通过了《预算法》，自 1995 年 1 月 1 日起施行。2014 年 8 月 31 日，第十二届全国人民代表大会常务委员会第十次会议对《预算法》进行第一次修正。2018 年 12 月 29 日，第十三届全国人民代表大会常务委员会第七次会议对《预算法》进行第二次修正。修订后的《预算法》共 11 章。其主要内容包括总则、预算管理职权、预算收支范围、预算编制、预算审查和批准、预算执行、预算调整、决算、监督、法律责任和附则，共 101 条。该法是我国第一部财政基本法律，是我国国家预算管理工作的根本性法律以及制定其他预算法规的基本依据。《预算法》的颁布和施行，适应了社会主义市场经济体制的总体要求，按照财权与事权相统一的原则，基本理顺了各级政府之间的财政分配关系；有效地调动了各有关方面当家理财的积极性，建立了财政收入稳定增长机制，推动了国家财政收入的快速增长；直接促进了财政收入占 GDP 比重以及中央财政收入占全国财政收入比重的提高，大大增强了政府的宏观调控能力，并为科教兴国战略、西部开发战略等重大决策措施的落实提供了坚实的财力保证。《预算法》不仅为分税制财政管理体制改革提供了法律保障，而且对我国的长治久安产生了深远的影响。

（二）《预算法实施条例》

为了保证《预算法》的贯彻实施，使之更具有操作性，为预算及其监督提供更为具体明确的行为准则，1995 年 11 月 22 日中华人民共和国国务院令第 186 号发布《中华人民共和国预算法实施条例》，2020 年 8 月 3 日中华人民共和国国务院令第 729 号修订。修订后的条例共 8 章 97 条，包括总则、预算收支范围、预算编制、预算执行、决算、监督、法律责任、附则。

国家预算概述

二、国家预算概述

（一）国家预算的概念

国家预算是指经法定程序批准的，国家在一定期间内预定的财政收支计划，是国家进行财政分配的依据和宏观调控的重要手段。

我国国家预算是具有法律效力的基本财政计划，是国家为了实现政治经济任务，有计划地集中和分配财政收入的重要工具，是国家经济政策的反映。我国的预算收入采取税收等形式筹集，预算支出主要用于经济建设、国防、文化、教育、科学、卫生、社会福利等各项事业。

（二）国家预算的作用

国家预算作为财政分配和宏观调控的主要手段，具有分配、调控和监督职能。国家预算的作用是国家预算职能在经济生活中的具体体现，它主要包括三个方面。

1. 财力保证作用

国家预算既是保障国家机器运转的物质条件，又是政府实施各项社会经济政策的有效保证。

2. 调节制约作用

国家预算作为国家的基本财政计划，是国家财政实行宏观控制的主要依据和手段。国家预算的收支规模可调节社会总供给和总需求的平衡，预算支出的结构可调节国民经济结构，因而国家预算的编制和执行情况对国民经济和社会发展都有直接的制约作用。

3. 反映监督作用

国家预算是国民经济的综合反映，预算收入反映国民经济发展规模和经济效益水平，预算支出反映各项建设事业发展的基本情况。因此，通过国家预算的编制和执行便于掌握国民经济的运行状况、发展趋势以及出现的问题，从而采取对策措施，促进国民经济稳定协调地发展。

（三）国家预算的级次划分

我国国家预算级次结构是根据国家政权结构、行政区域划分和财政管理体制要求而确定的。我国的国家预算实行一级政府一级预算，分为五级预算。具体包括：

（1）中央预算。

（2）省级（包括省、自治区、直辖市）预算。

（3）地市级（设区的市、自治州）预算。

（4）县级（县、自治县、不设区的市、市辖区）预算。

（5）乡级（乡、民族乡、镇）预算。

其中，对于不具备设立预算条件的乡、民族乡、镇，经省、自治区、直辖市政府确定，可以暂不设立预算。

（四）国家预算的构成

1. 按照预算的级次分类

国家预算按照预算的级次分类，可以分为中央预算和地方预算。

（1）中央预算是中央政府的年度财政收支计划，国家预算的重要组成部分。它规定中央财政各项收入的来源和数量、中央财政支出的各项用途和数量，反映中央的方针政策。中央预算由中央各部门（含直属单位，下同）的预算组成，包括地方向中央上解的收入数额和中央对地方返还或者给予补助的数额。

其中，中央各部门是指与财政部直接发生预算缴款、拨款关系的国家机关、军队、政党组织和社会团体。直属单位是指与财政部直接发生预算缴款、拨款关系的企业和事业单位。

（2）地方预算由各省、自治区、直辖市总预算组成。地方各级政府预算由本级各部门（含直属单位）的预算组成，包括下级向上级上解的收入数额和上级政府对下级政府返还或者给予补助的数额。

2. 按照收支管理范围分类

国家预算按照收支管理范围分类，可以分为总预算和部门单位预算。

（1）总预算是指政府的财政汇总预算。按照国家行政区域划分和政权结构可划分为各级次的总预算，包括中央、省、市、县和乡共五级总预算。各级总预算由本级政府预算和所属下级政府的总预算汇编而成，由财政部门负责编制。下一级只有本级预算的，下一级总预算即指下一级的本级预算。没有下一级预算的，总预算即指本级预算。

（2）部门单位预算是指部门、单位的收支预算。各部门预算由本部门所属各单位预算组成。单位预算是指列入部门预算的国家机关、社会团体和其他单位的收支预算。部门单位预算是总预算的基础，其收支项目比较详细和具体，它由各预算部门和单位编制。

三、预算管理的职权

明确划分国家各级权力机关、各级政府、各级财政部门以及各部门、各单位在预算活动中的职权，是保证依法管理预算的前提条件，也是将各级预算编制、预算审批、预算执

预算管理的职权

行、预算调整和预算决算的各环节纳入法制化、规范化轨道的必要措施。根据统一领导、分级管理、权责结合的原则，《预算法》明确地规定了各级人民代表大会及其常务委员会、各级财政部门和各部门、各单位的预算职权。

（一）各级人民代表大会及其常务委员会的职权

根据《预算法》的规定，各级人民代表大会的预算职权如下。

1. 全国人民代表大会及其常务委员会的职权

（1）全国人民代表大会的职权。

审查中央和地方预算草案及中央和地方预算执行情况的报告；批准中央预算和中央预算执行情况的报告；改变或者撤销全国人民代表大会常务委员会关于预算、决算的不适当的决议。

（2）全国人民代表大会常务委员会的职权。

全国人民代表大会常务委员会监督中央和地方预算的执行；审查和批准中央预算的调整方案；审查和批准中央决算；撤销国务院制定的同宪法、法律相抵触的关于预算、决算的行政法规、决定和命令；撤销省、自治区、直辖市人民代表大会及其常务委员会制定的同宪法、法律和行政法规相抵触的关于预算、决算的地方性法规和决议。

2. 县级以上地方各级人民代表大会及其常务委员会的职权

（1）县级以上地方各级人民代表大会的职权。

县级以上地方各级人民代表大会审查本级总预算草案及本级总预算执行情况的报告；批准本级预算和本级预算执行情况的报告；改变或者撤销本级人民代表大会常务委员会关于预算、决算的不适当的决议；撤销本级政府关于预算、决算的不适当的决定和命令。

（2）县级以上地方各级人民代表大会常务委员会的职权。

县级以上地方各级人民代表大会常务委员会监督本级总预算的执行；审查和批准本级预算的调整方案；审查和批准本级政府决算（以下简称本级决算）；撤销本级政府和下一级人民代表大会及其常务委员会关于预算、决算的不适当的决定、命令和决议。

3. 乡、民族乡、镇的人民代表大会的职权

（1）审查和批准本级预算和本级预算执行情况的报告。

（2）监督本级预算的执行。

（3）审查和批准本级预算的调整方案。

（4）审查和批准本级决算。

（5）撤销本级政府关于预算、决算的不适当的决定和命令。

（二）各级财政部门的职权

1. 国务院财政部门的职权

（1）具体编制中央预算、决算草案。

（2）具体组织中央和地方预算的执行。

（3）提出中央预算预备费的动用方案。
（4）具体编制中央预算调整方案。
（5）定期向国务院报告中央和地方预算的执行情况。

2. 地方各级政府财政部门的职权

（1）具体编制本级预算、决算草案。
（2）具体组织本级总预算的执行。
（3）提出本级预算预备费的动用方案。
（4）具体编制本级预算调整方案。
（5）定期向本级政府和上一级政府财政部门报告本级总预算的执行情况。

（三）各部门、各单位的职权

1. 各部门的职权

（1）编制本部门预算、决算草案。
（2）组织和监督本部门预算的执行。
（3）定期向本级政府财政部门报告预算的执行情况。

2. 各单位的职权

（1）编制本单位预算、决算草案。
（2）按照国家规定上缴预算收入。
（3）安排预算支出。
（4）接受国家有关部门的监督。

四、预算收入与预算支出

预算收入
与预算支出

国家预算由预算收入和预算支出组成。

（一）预算收入

预算收入是指在预算年度内通过一定的形式和程序，有计划地筹措到的归国家支配的资金，它是实现国家职能的财力保证。

1. 预算收入按其来源划分

目前，我国预算收入来源主要包括各项税收收入、国有资产（资源）收益、专项收入和其他收入。

（1）税收收入是指国家依据其政治权力向纳税人强制征收的收入，它是最古老也是最主要的一种财政收入形式。税收历来是国家财政收入的主要来源，税收是历史上最早出现的财政范畴，也是目前世界各个国家财政收入的主要来源。在我国，目前来自税收的收入占全部财政收入的90%以上。在我国的税收收入结构中，流转税和所得税居于主体地位。具体有以下来源：增值税、消费税、企业所得税、个人所得税、城市维护建设税、车船税、房产税、土地使用税、资源税、燃油税、印花税等。

（2）国有资产（资源）收益是指各部门和各单位占有、使用和依法处分境内外国有资产产生的收益，按照国家有关规定应当上缴预算的部分。

（3）专项收入是指根据特定需要由国务院批准或者经国务院授权由财政部批准，设置、征集和纳入预算管理，有专项用途的收入。

（4）其他收入是指不属于上述的各项收入，包括各种罚没收入、公产收入及杂项收入。罚没收入是政府部门依法处理的罚款和没收品收入，以及依法追回的赃款和赃物变卖收入。公产收入是指国有山林等公产的产品收入、政府部门主管的公房和其他公产的租赁收入及变价出售收入等。杂项收入包括国际组织援助捐赠收入、对外借款归还收入等。

2. 预算收入按分享程度划分

据此，预算收入划分为中央预算收入、地方预算收入、中央和地方预算共享收入。

（1）中央预算收入是指按照分税制财政管理体制，纳入中央预算、地方不参与分享的收入，包括中央本级收入和地方按照规定向中央上解的收入。

（2）地方预算收入是指按照分税制财政管理体制，纳入地方预算、中央不参与分享的收入，包括地方本级收入和中央按照规定返还或者补助地方的收入。

（3）中央和地方预算共享收入是指按照分税制财政管理体制，中央预算和地方预算对同一税种的收入按照一定划分标准或者比例分享的收入。

中央预算与地方预算有关收入和支出项目的划分、地方向中央上解收入、中央对地方返还或者给予补助的具体办法，由国务院规定，报全国人民代表大会常务委员会备案。

（二）预算支出

预算支出是国家对集中的预算收入有计划地分配和使用而安排的支出。

1. 预算支出按内容划分

（1）经济建设支出，包括用于经济建设的基本建设投资支出、支持企业的挖潜改造支出、专项建设基金支出、支持农业生产支出以及其他经济建设支出。

（2）教育、科学、文化、卫生、体育等事业发展支出，是指用于教育、科学、文化、卫生、体育、工业、交通、商业、农业、林业、环境保护、水利、气象等方面事业的支出，具体包括公益性基本建设支出、设备购置支出、人员费用支出、业务费用支出以及其他事业发展支出。

（3）国家管理费用支出，是指用于国家机关的支出，具体包括基本建设支出、设备购置支出、人员费用支出、业务费用支出以及其他支出。

（4）国防支出，是指国家预算用于国防建设和保卫国家安全的支出，包括国防费、国防科研事业费、民兵建设以及专项工程支出等。

（5）各项补贴支出，包括物价补助支出等。

（6）其他支出。

2. 预算支出按支出级次划分

（1）中央预算支出，是指按照分税制财政管理体制，由中央财政承担并列入中央预算的支出，包括中央本级支出和中央返还或者补助地方的支出。

（2）地方预算支出，是指按照分税制财政管理体制，由地方财政承担并列入地方预算的支出，包括地方本级支出和地方按照规定上解中央的支出。

五、预算组织程序

预算组织
程序

预算组织程序包括预算的编制、审批、执行和调整四个环节。

（一）预算的编制

国务院应当及时下达关于编制下一年度预算草案的指示。编制预算草案的具体事项由财政部门负责部署。预算草案是指各级政府、各部门、各单位编制的未经法定程序审查和批准的预算收支计划。

1. 预算年度

预算年度亦称财政年度，指国家预算收支起止的有效期限，通常为一年。预算年度可以采用历年制，也可以采用跨年制。我国采用历年制，自 1 月 1 日起至 12 月 31 日。

2. 预算草案的编制依据

（1）预算草案的编制要求。

中央预算和地方各级政府预算，应当参考上一年预算执行情况和本年度收支预测进行编制。基本要求是：

1）各级政府、各部门、各单位应当按照国务院规定的时间编制预算草案。

2）中央预算和地方各级政府预算按照复式预算编制。

3）中央政府公共预算不列赤字。

4）地方各级预算按照量入为出、收支平衡的原则编制，不得编制赤字预算。

（2）各级政府编制年度预算草案的依据。

根据《预算法》的规定，各级政府编制年度预算草案的依据为：

1）法律、法规。

2）国民经济和社会发展计划、财政中长期计划以及有关的财政经济政策。

3）本级政府的预算管理职权和财政管理体制确定的预算收支范围。

4）上一年度预算执行情况和本年度预算收支变化因素。

5）上级政府对编制本年度预算草案的指示和要求。

（3）各单位编制年度预算草案的依据。

根据《预算法》的规定，各部门、各单位编制年度预算草案的依据为：

1）法律、法规。

2）本级政府的指示和要求以及本级政府财政部门的部署。

3）本部门、本单位的职责、任务和事业发展计划。

4）本部门、本单位的定员定额标准。

5）本部门、本单位上一年度预算执行情况和本年度预算收支变化因素。

3. 预算草案的编制内容

（1）中央预算草案的编制内容，包括：

1）本级预算收入和支出。

2）上一年度结余用于本年度安排的支出。

3）返还或者补助地方的支出。

4）地方上解的收入。

中央财政本年度举借的国内外债务和还本付息数额应当在本级预算中单独列示。

（2）地方各级政府预算草案的编制内容，包括：

1）本级预算收入和支出。

2）上一年度结余用于本年度安排的支出。

3）上级返还或者补助的收入。

4）返还或者补助下级的支出。

5）上解上级的支出。

6）下级上解的收入。

（二）预算的审批

由于各级预算的审批具有时效性、级别性、程序性和严肃性，《预算法》对预算的审查和批准作出了明确的规定：

（1）中央预算由全国人民代表大会审查和批准。地方各级政府预算由本级人民代表大会审查和批准。

（2）预算备案。各级政府预算批准后必须依法向相应的国家机关备案，以加强预算监督。

（3）预算批复。各级政府预算经本级人民代表大会批准后，本级政府财政部门应当及时向本级各部门批复预算。各部门应当及时向所属各单位批复预算。各省、自治区、直辖市政府应当在国务院规定的时间将本级总预算草案报国务院审核汇总。

（三）预算的执行

预算的执行是指经法定程序批准的预算进入具体实施阶段，各级政府、各部门、各预算单位在组织实施本级权力机关批准的本级预算中筹措预算收入、拨付预算支出等的活动。各级预算由本级政府组织执行，具体工作由各级政府财政部门负责。

（1）预算收入征收部门必须依照法律、行政法规的规定，及时、足额征收应征的预算收入。不得违反法律、行政法规规定，擅自减征、免征或者缓征应征的预算收入，不得截留、占用或者挪用预算收入。

（2）有预算收入上缴任务的部门和单位，必须依照法律、行政法规和国务院财政部门的规定，将应当上缴的预算资金及时、足额地上缴国家金库（以下简称国库），不得截留、占用、挪用或者拖欠。

（3）各级政府财政部门必须依照法律、行政法规和国务院财政部门的规定，及时、足额地拨付预算支出资金，加强对预算支出的管理和监督。

（4）各级政府、各部门、各单位的支出必须按照预算执行。

（5）各级国库必须按照国家有关规定，及时准确地办理预算收入的收纳、划分、留解和预算支出的拨付。各级国库库款的支配权属于本级政府财政部门。除法律、行政法规另有规定外，未经本级政府财政部门同意，任何部门、单位和个人都无权动用国库库款或者以其他方式支配已入国库的库款。各级政府应当加强对本级国库的管理和监督。

(6) 各部门、各单位应当加强对预算收入和支出的管理，不得截留或者动用应当上缴的预算收入，也不得将不应当在预算内支出的款项转为预算内支出。

(四) 预算的调整

1. 预算调整的概念

预算调整是指经全国人民代表大会批准的中央预算和经地方各级人民代表大会批准的本级预算，在执行中因特殊情况需要增加支出或者减少收入，使原批准的收支平衡的预算的总支出超过总收入，或者使原批准的预算中举借债务的数额增加的部分变更。

2. 预算调整方案的审批

各级政府对于必须进行的预算调整，应当编制预算调整方案。中央预算的调整方案必须提请全国人民代表大会常务委员会审查和批准。县级以上地方各级政府预算的调整方案必须提请本级人民代表大会常务委员会审查和批准；乡、民族乡、镇政府预算的调整方案必须提请本级人民代表大会审查和批准。未经批准，不得调整预算。未经批准调整预算，各级政府不得作出任何使原批准的收支平衡的预算的总支出超过总收入或者使原批准的预算中举借债务的数额增加的决定。

3. 预算调整方案的备案

根据《预算法》的规定，地方各级政府预算的调整方案经批准后，由本级政府报上一级政府备案。

4. 不属于预算调整的范围

在预算执行中，因上级政府返还或者给予补助而引起的预算收支变化，不属于预算调整。地方各级政府预算的调整方案经批准后，由本级政府报上一级政府备案。

六、决算

决算是指对年度预算收支执行结果的会计报告，是预算执行的总结，是国家管理预算活动的最后一道程序，它包括决算报告和文字说明两部分。

(一) 决算草案的编制

决算草案由各级政府、各部门、各单位，在每一预算年度终了后按照国务院规定的时间编制。编制决算草案的具体事项，由国务院财政部门部署。各部门对所属各单位的决算草案，应当审核并汇总编制本部门的决算草案，在规定的期限内报本级政府财政部门审核。

(二) 决算草案的审批

国务院财政部门编制中央决算草案，报国务院审定后，由国务院提请全国人民代表大会常务委员会审查和批准。

县级以上地方各级政府财政部门编制本级决算草案，报本级政府审查后，由本级政府提请本级人民代表大会常务委员会审查和批准。

乡、民族乡、镇政府编制本级决算草案，提请本级人民代表大会审查和批准。

（三）决算的批复

各级政府决算经批准后，财政部门应当向本级各部门批复决算。县级以上各级政府决算草案经本级人民代表大会常务委员会批准后，本级政府财政部门应当自批准之日起 20 日内向本级各部门批复决算。各部门应当自本级政府财政部门批复本部门决算之日起 15 日内向所属各单位批复决算。

县级以上地方各级政府应当自本级人民代表大会常务委员会批准本级政府决算之日起 30 内，将本级政府决算及下一级政府上报备案的决算汇总，报上一级政府备案。

七、预决算的监督

决算和预决算的监督

为了保证预算、决算的贯彻实施，各级国家权力机关、各级政府及财政审计部门应依法履行法律赋予的预算决算监督职责，保证预算工作顺利进行。

《预算法》规定，全国人民代表大会及其常务委员会对中央和地方预算、决算进行监督，县级以上各级人民代表大会及其常务委员会对本级和下级预算、决算进行监督，乡级人民代表大会对本级预算、决算进行监督。各级审计机关应当依照《中华人民共和国审计法》以及有关法律、行政法规的规定，对本级预算执行情况，对本级各部门和下级政府预算的执行情况和决算，进行审计监督。

案例分析 4－1

2024 年 3 月 5 日在第十四届全国人民代表大会第二次会议上财政部部长蓝佛安作了《关于 2023 年中央和地方预算执行情况与 2024 年中央和地方预算草案的报告》。其内容简述如下：

各位代表：

受国务院委托，现将 2023 年中央和地方预算执行情况与 2024 年中央和地方预算草案提请十四届全国人大二次会议审查，并请全国政协各位委员提出意见。

一、2023 年中央和地方预算执行情况

2023 年是全面贯彻党的二十大精神的开局之年，也是三年新冠疫情防控转段后经济恢复发展的一年。在以习近平同志为核心的党中央坚强领导下，各地区各部门坚持以习近平新时代中国特色社会主义思想为指导，全面贯彻党的二十大和二十届二中全会精神，按照党中央、国务院决策部署，坚持稳中求进工作总基调，严格执行十四届全国人大一次会议审查批准的预算，全面深化改革开放，加大宏观调控力度，着力扩大内需、优化结构、提振信心、防范化解风险，我国经济总体回升向好，高质量发展扎实推进，全面建设社会主义现代化国家迈出坚实步伐。中央和地方预算执行情况较好。

（一）2023年一般公共预算收支情况

2023年预算执行过程中，经十四届全国人大常委会第六次会议审查批准，在四季度增发国债10 000亿元，支持地方灾后恢复重建和提升防灾减灾救灾能力，其中2023年预算安排5 000亿元，其余5 000亿元结转2024年使用，相应对年初预算安排作了调整。

1. 全国一般公共预算

全国一般公共预算收入216 784.37亿元，为预算的99.8%，比2022年增长6.4%。其中，税收收入181 129.36亿元，增长8.7%；非税收入35 655.01亿元，下降3.7%。加上从预算稳定调节基金、政府性基金预算、国有资本经营预算调入资金及使用结转结余16 840.68亿元，收入总量为233 625.05亿元。全国一般公共预算支出274 573.81亿元，完成预算的98%，增长5.4%。加上补充中央预算稳定调节基金2 851.24亿元、结转下年资金5 000亿元，支出总量为282 425.05亿元。收支总量相抵，赤字48 800亿元，与预算持平。

2. 中央一般公共预算

中央一般公共预算收入99 565.82亿元，为预算的99.4%，增长4.9%。加上从中央预算稳定调节基金调入1 500亿元，从中央政府性基金预算、中央国有资本经营预算调入6 350亿元，收入总量为107 415.82亿元。中央一般公共预算支出141 164.58亿元，完成预算的98%，增长6.5%，其中，本级支出38 219.39亿元，完成预算的100.9%，增长7.4%；对地方转移支付102 945.19亿元，完成预算的97.5%，增长6.2%，主要是执行中部分中央预算内投资对地方转移支付转列中央本级支出以及一些据实结算项目支出低于预算。加上补充中央预算稳定调节基金2 851.24亿元、结转下年资金5 000亿元，支出总量为149 015.82亿元。收支总量相抵，中央财政赤字41 600亿元，与预算持平。

…………

二、2024年中央和地方预算草案

2024年是中华人民共和国成立75周年，是实现“十四五”规划目标任务的关键一年，做好预算编制和财政工作意义重大。要按照党中央、国务院决策部署，贯彻稳中求进、以进促稳、先立后破的要求，统筹扩大内需和深化供给侧结构性改革，统筹新型城镇化和乡村全面振兴，统筹高质量发展和高水平安全，加大宏观调控力度，实施好积极的财政政策，巩固和增强经济回升向好态势，努力实现全年经济社会发展主要预期目标。

（一）2024年财政收支形势分析

当前和今后一个时期，我国发展面临的有利条件强于不利因素，经济回升向好、长期向好的基本趋势没有改变。同时，外部环境的复杂性、严峻性、不确定性上升，国内经济回升向好态势尚需巩固。从财政收入看，宏观调控政策效应持续释放，高质量发展扎实推进，为财政收入增长奠定了基础。同时，2022年制造业中小微企业缓税入库一次性垫高2023年基数，将相应下拉2024年财政收入增幅；2023年年中出台的一些减税降费政策对2024年产生翘尾减收，继续实施结构性减税降费政策也将减少财政收入规模。从财政支出看，国防、科技攻关、乡村振兴、生态环保等重点支出刚性增长；弥补养老、教育、医疗卫生等领域基本民生短板，财政需要继续加强保障；推动解决发展不平衡不充分问题，支持区域协调发展，兜牢基层“三保”底线，转移支付需保持一定力度。总体来看，2024年财政收支形势依然严峻，既要看清发展大势，始终坚定信心，又要把握环境变化，保持清醒头脑，坚定不移做好自己的事，为高质量发展提供坚实支撑。

…………

请分析该部分涉及《预算法》的哪些知识。

分析与提示：

预决算的监督是全国人民代表大会及其常委会的职责；国务院财政部门编制中央预算和决算，报国务院审定；预算包括预算收入和预算支出两部分；预算组织程序包括预算的编制、审批、执行和调整四个方面，体现了国家预算的财力保证、调节制约和反映监督的作用。

练习题

在线测试4-1

第二节 政府采购法律制度

一、政府采购法律制度的构成

我国的政府采购法律制度由《中华人民共和国政府采购法》（以下简称《政府采购法》）、国务院各部门特别是财政部颁布的一系列部门规章，以及地方性法规和政府规章组成。

（一）政府采购法

政府采购法是指调整各级国家机关、事业单位和团体组织，使用财政性资金依法采购货物、工程和服务活动的法律规范的总称。

我国的政府采购工作始于1996年。1998年，试点范围迅速扩大。为了规范政府采购行为，提高政府采购资金的使用效益，维护国家利益和社会公共利益，保护政府采购当事人的合法权益，促进廉政建设，中华人民共和国第九届全国人民代表大会常务委员会第二十八次会议于2002年6月29日通过《政府采购法》，自2003年1月1日起施行。2014年8月31日第十二届全国人民代表大会常务委员会第十次会议修正。《政府采购法》共9章88条，除总则和附则外，分别对政府采购当事人、政府采购方式、政府采购程序、政府采购合同、质疑与投诉、监督检查、法律责任这几个问题，作了较为全面的规定。除法律另有规定外，《政府采购法》适用于在中华人民共和国境内进行的政府采购。

（二）政府采购部门规章

为了细化《政府采购法》中的原则性规定，财政部颁布了《政府采购货物和服务招标投标管理办法》（财政部令第18号）、《政府采购信息公告管理办法》（财政部令第19号）、《政府采购代理机构管理暂行办法》（财政部财库〔2018〕2号文），它们属于政府采购部门规章。

（三）政府采购地方性法规和政府规章

各地政府根据各地的具体情况颁布了规范本行政区域内政府采购活动的地方性法规和政府规章。这些法规和规章都以《政府采购法》为依据，同时结合了本地区的实际情况，具有较强的针对性和操作性。

二、政府采购的概念与原则

政府采购的概念与原则

（一）政府采购的概念

政府采购是指各级国家机关、事业单位和团体组织，使用财政性资金采购依法制定的集中采购目录以内的或者采购限额标准以上的货物、工程和服务的行为。

1. 政府采购的主体范围

政府采购法所规范的采购主体，亦即采购人，是指使用财政性资金采购依法制定的集中采购目录以内的或者采购限额标准以上的货物、工程和服务的国家机关、事业单位和团体组织。《政府采购法》没有将国有企业纳入政府采购的主体范围。

2. 政府采购的资金范围

政府采购资金是指采购机关获取货物、工程和服务时支付的资金，包括财政性资金（预算资金和预算外资金）和与财政性资金相配套的单位自筹资金。预算资金是指财政预算安排的资金，包括预算执行中追加的资金。预算外资金是指按规定缴入财政专户和经财政部门批准留用的未纳入财政预算收入管理的财政性资金。单位自筹资金是指采购机关按照政府采购拼盘项目要求，按规定用单位自有资金安排的资金。

3. 政府集中采购目录和政府采购限额标准

政府集中采购目录和政府采购限额标准由各省级以上人民政府确定并公布。属于中央预算的政府采购项目，其集中采购目录和政府采购限额标准由国务院确定并公布；属于地方预算的政府采购项目，其集中采购目录和政府采购限额标准由省、自治区、直辖市人民政府或者其授权的机构确定并公布。

例如，某省政府办公厅要求，除政府集中采购目录以外，项目预算在 20 万元以上的货物类和服务类、50 万元以上的工程类均属于政府采购管理范畴，实行分散采购。省级政府采购货物类（交通工具除外）和服务类项目单项或批量采购金额一次性达到 50 万元以上的、工程类项目采购金额达到 200 万元以上的必须公开招标。因特殊情况需要采用公开招标以外采购方式的，应获得设区的市（州）以上人民政府采购监督管理部门批准。

4. 政府采购的对象范围

政府采购的对象包括货物、工程和服务行为。货物是指各种形态和种类的物品，包括原材料、燃料、设备、产品等。工程是指建设工程，包括建筑物和构筑物的新建、改建、扩建、装修、拆除、修缮等。服务是指除货物和工程以外的其他政府采购对象。

（二）政府采购的原则

《政府采购法》第三条规定了政府采购应当遵循的四项基本原则，这是《政府采购法》的重要内容，其精神贯穿全法。在这些原则中，公平竞争是核心，公开透明是体现，公正和诚实信用是保障。

1. 公开透明原则

公开透明是政府采购必须遵循的基本原则之一，政府采购被誉为“阳光下的交易”即源于此。政府采购的资金来源于纳税人缴纳的各种税金，只有坚持公开透明才能为供应商参加政府采购提供公平竞争的环境，为公众对政府采购资金的使用情况进行有效的监督创造条件。公开透明要求政府采购的信息和行为不仅要全面公开，而且要完全透明。

2. 公平竞争原则

公平竞争原则是市场经济运行的重要法则，是政府采购的基本规则。公平竞争要求在竞争的前提下公平地开展政府采购活动。首先，要将竞争机制引入采购活动中，实行优胜劣汰，让采购人通过优中选优的方式，获得价廉物美的货物、工程或者服务，提高财政性资金的使用效益。其次，竞争必须公平，不能设置妨碍充分竞争的不正当条件。公平竞争是指政府采购的竞争是有序的竞争，要公平地对待每一个供应商，不能有歧视某些潜在的符合条件的供应商参与政府采购活动的现象，而且采购信息要在政府采购监督管理部门制定的媒体上公平地披露。

3. 公正原则

公正原则是为采购人与供应商之间在政府采购活动中处于平等地位而确立的。公正原则要求政府采购要按照事先预定的条件和程序进行，对所有供应商一视同仁，不得有歧视条件和行为，任何单位或个人无权干涉采购活动的正常开展。尤其在评标活动中，要严格按照统一的评标标准评定中标或成交供应商，不得存在任何主观倾向。

4. 诚实信用原则

诚实信用原则是发展市场经济的内在要求，在市场经济发展初期向成熟时期过渡阶段，尤其要大力推崇这一原则。诚实信用原则要求政府采购当事人在政府采购活动中，本着诚实、守信的态度履行各自的权利和义务，讲究信誉，兑现承诺，不得散布虚假信息，不得有欺诈、串通、隐瞒等行为，不得伪造、变造、隐匿需要依法保存的文件，不得规避法律法规，不得损害第三人的利益。

三、政府采购的功能与执行模式

政府采购的
功能与执行模式

（一）政府采购的功能

1. 节约财政支出，提高采购资金的使用效益

政府采购通过公开、公平、公正、透明和科学的制度设计，充分引入竞争机制并建立对供应商的激励约束机制，这些都使得政府采购主体能够以较低廉的价格购买到高质量的货物、工程和服务，从而起到节约财政支出、提高采购资金的使用效益的作用。

2. 强化宏观调控

政府采购的范围和规模的不断扩大，有助于形成政府采购买方市场。政府可以通过调整采购规模、采购时间、采购项目、采购规则等方式来实现特定的宏观调控目标。比如，政府可以通过调整采购总量来调控社会总需求进而促进社会总供给和总需求的平衡。

3. 活跃市场经济

政府采购通过公开、公平、公正的原则，在竞标过程中执行严密、透明的优胜劣汰机制，充分调动了供应商参与政府采购的积极性，并能够促使供应商不断提高产品质量、降低生产成本或改善售后服务，以使自己能够赢得更多的政府订单。供应商竞争能力的提高带动产业升级，繁荣国内经济，也有利于供应商走出国门，参与国际竞争。

4. 推进反腐倡廉

政府采购作为一项制度安排可以从两方面推进政府的反腐倡廉工作。首先，政府采购中的采购人、采购代理机构和供应商三者之间在各自内在利益驱动下所形成的内在相互监督机制，可以促进反腐倡廉。其次，实行政府采购制度的同时也建立了一套外在的监督机制，如法律监督，各级纪检、监察、审计等部门的监督，这些监督都最大限度地增加了政府采购的透明度，尽可能避免腐败现象的发生。

5. 保护民族产业

在众多的非关税贸易壁垒中，政府采购是世界各国为保护民族产业所普遍采取的有效手段。根据我国《政府采购法》的规定，除极少数法定情形外，政府采购应当采购本国货物、工程和服务。这一规定体现了国货优先的原则，即政府采购具有保护民族产业的作用。

案例分析 4－2

为满足人民群众日益增长的文化需求，山西省文化厅根据省委、省政府工作安排和要求，每年 12 月拟定下年度政府购买公共演出服务的全额购买和定向补贴计划，省财政厅根据计划核定预算控制数并编入年度预算草案，经省政府常务会议研究同意，省人民代表大会审查批准后编入省本级预算。省级政府购买公共演出服务预算列入政府采购项目，按规定程序执行，资金支付实行国库统一支付。省财政厅委托省政府采

购中心面向社会发布省级购买公共演出服务公告，进行演出主体、演出剧目、演出剧场招标，并分别组织专家对演出剧团、演出剧场资质等进行论证，最终确定中标演出单位及演出剧场。根据《中华人民共和国政府采购法》等法律法规及项目招标文件的规定，由省文化厅与演出单位签署书面合同并报财政厅备案，购买合同对购买主体和承接主体双方责任、演出剧种、演出场次、购买金额、承接剧场责任及其他约定事项等做了详细的规定。

上述项目取得的成效有：

（1）为政府购买公共服务积累了经验。政府购买公共演出服务与通常购买物化的公共产品和一般公共服务相比，有一定的难度和特殊性，购买公共演出服务的科学定位和完备的操作办法，既体现了正确导向，又符合规范的采购规程，为政府购买其他服务积累了经验。

（2）促进政府职能和财政支出方式转变。政府购买演出服务体现了依法行政、管办分离、公开公正、平等竞争的原则。过去政府组织公益演出，要么是行政命令，无偿调动院团；要么是先组织演出，事后再层层打报告解决相关经费；要么是管理粗放，演出费用大，资金使用效果不能严格考核。通过政府购买公共演出服务的方式，从根本上解决了上述问题，提高了财政资金使用效益。

（3）实现了群众多看戏、看好戏的目的。购买政策出台后，省级院团演出覆盖全省 11 个市、60 多个县，特别是贫困县区和革命老区，实现了与基层群众面对面、零距离接触，改善了基层文化民生，把党和政府的温暖送到了基层群众家门口。

（4）为处在困境中的省直院团提供了演出市场。按照分级负责的原则，省级购买公共演出服务主要采购省直院团的演出。在经济下行压力较大、演出市场低迷的情况下，省直院团普遍存在演不起、下不去、缺平台、少活力的情况。政府购买演出政策的出台，为院团打造了平台、疏通了渠道、增加了活力，剧团创作和演出积极性高涨，各个院团争先恐后下乡演出，凭借下乡演出既使院团获得了经济效益，又使演员增加了自信心和自豪感。

（5）对全省示范带动作用明显。在省级示范效应下，山西省已有 10 个市出台了规范的购买政策，每年落实专项购买资金 4 000 余万元，各地政府购买公共演出服务进一步规范化。比如，忻州市、晋城市分别落实专项购买资金 600 万元和 300 万元，定期开展“周末大戏台”“周末大剧场”演出；运城市推出以“政府关心、演员热心、企业爱心、群众开心”为主题的“四心剧场”活动，定期开展低票价惠民演出。县级政府也注重加强对文化惠民演出的投入和对基层惠民演出的监管。

资料来源：中国政府采购网．山西省公共演出服务项目．(2017-10-18)[2024-03-17]. http://www.ccgp.gov.cn/gpsr/jyjl/201710/t20171018_9004091.htm.（有删改）

以上体现政府采购的哪些功能？

分析与提示：

政府采购通过公开、公平、公正、透明和科学的制度设计，充分引入竞争机制并建立对供应商的激励约束机制，这些都使得政府采购主体能够以较低廉的价格购买到高质量的服务，从而节约财政支出，提高采购资金的使用效益，同时也起到反腐倡廉的作用。

（二）政府采购的执行模式

根据《政府采购法》的规定，我国政府采购实行集中采购和分散采购相结合的执行模式。采购人采购纳入集中采购目录的政府采购项目，应当采用集中采购的方式。

1. 集中采购

集中采购是指由政府设立的职能机构统一为其他政府机构提供采购服务的一种采购组织实施形式。按照《政府采购法》的规定，集中采购必须委托采购机构代理采购。设区的市、自治州以上的人民政府根据本级政府采购项目组织集中采购的，需要设立集中采购机构。

实行集中采购有利于取得规模效益，降低采购成本，保证采购质量，贯彻落实政府采购的政策导向，便于实施统一的管理和监督。但是，集中采购周期长，程序复杂，难以满足用户多样化的需求，特别是无法满足紧急情况的采购需要。

2. 分散采购

分散采购是指各预算单位自行开展采购活动的一种采购组织实施形式。《政府采购法》规定，采购未纳入集中采购目录的政府采购项目，可以自行采购，也可以委托采购代理机构在委托的范围内代理采购。

相对于集中采购而言，分散采购有利于满足采购及时性和多样性的需求，手续简单。不足之处是失去了规模效益，加大了采购成本，也不便于实施统一的管理和监督。

四、政府采购当事人

政府采购当事人

政府采购当事人是指在政府采购活动中享有权利和承担义务的各类主体，包括采购人、供应商和采购代理机构。

（一）采购人

采购人是购买和使用所购买的货物、工程或服务的主体。作为政府采购的采购人，一般具有两个重要特征：一是采购人是依法进行政府采购的国家机关、事业单位和团体组织；二是采购人的政府采购行为从筹划、决策到实施，都必须在《政府采购法》等法律法规的规范内进行。

（二）供应商

供应商是指向采购人提供货物、工程或者服务的法人、其他组织或者自然人。供应商参加政府采购活动，应当具备法律规定的各项条件。两个以上的自然人、法人或者其他组织可以组成一个联合体，以一个供应商的身份共同参加政府采购。联合体各方应当共同与采购人签订采购合同，就采购合同约定的事项对采购人承担连带责任。

（三）采购代理机构

采购代理机构是指具备一定条件，经政府有关部门批准而依法拥有政府采购代理资格的社会中介机构。《政府采购法》中所称的集中采购机构就是采购代理机构。

采购代理机构分为一般采购代理机构和集中采购代理机构两种。一般采购代理机构是由国务院有关部门或省级人民政府财政部门认定的具有政府采购代理机构资格的采购代理机构，主要负责分散采购的代理业务。政府采购代理机构资格分为甲级资格和乙级资格。取得乙级资格的政府采购代理机构只能代理单项政府采购预算金额 1 000 万元以下的政府采购项目。甲级政府采购代理机构资格由财政部负责审批，乙级政府采购代理机构资格由申请人住所所在地的省级人民政府财政部门负责审批。集中采购代理机构是进行政府集中采购的法定代理机构，由设区的市、自治州以上的人民政府根据本级政府采购项目组织集中采购的需要设立。

政府采购方式

五、政府采购方式

政府采购可以采用公开招标、邀请招标、竞争性谈判、单一来源、询价以及国务院政府采购监督管理部门认定的其他采购方式。其中，公开招标应作为政府采购的主要采购方式。

（一）公开招标

公开招标是指招标采购单位依法以招标公告的方式邀请不特定的供应商参加投标的方式。货物、服务采购项目达到公开招标数额标准的，必须采用公开招标方式。采购人不得将应当以公开招标方式采购的货物或者服务化整为零或者以其他任何方式规避公开招标采购。

采用公开招标方式采购的，招标采购单位必须在财政部门指定的政府采购信息发布媒体上发布招标公告。采用公开招标方式采购的，自招标文件发出之日起至投标人提交投标文件截止之日止，不得少于 20 日。招标采购单位应当根据招标项目的特点和需求编制招标文件。

（二）邀请招标

邀请招标是指招标采购单位依法从符合相应资格条件的供应商中随机邀请三家或三家以上供应商，并以投标邀请书的方式，邀请其参加投标的方式。

符合下列情形之一的货物或者服务，可以采用邀请招标方式采购：

（1）具有特殊性，只能从有限范围的供应商处采购的。

（2）采用公开招标方式的费用占政府采购项目总价值的比例过大的。

采用邀请招标方式采购的，招标采购单位应当在省级以上人民政府财政部门指定的政府采购信息媒体发布资格预审公告，公布投标人的资格条件，发布资格预审公告的期限不得少于 7 个工作日。

（三）竞争性谈判

竞争性谈判是指采购人或其委托的政府采购代理机构通过与多家供应商就采购事宜进行谈判，经分析比较后从中确定中标供应商的采购方式。

符合下列情形之一的货物或者服务，可以依照法律采用竞争性谈判方式采购：

（1）招标后没有供应商投标或者没有合格标的或者重新招标未能成立的；

（2）技术复杂或者性质特殊，不能确定详细规格或者具体要求的；
（3）采用招标所需时间不能满足用户紧急需要的；
（4）不能事先计算出价格总额的。

（四）单一来源

单一来源是指采购人采购不具有竞争条件的物品，只能从唯一的供应商取得采购货物或服务的情况下，直接向供应商协商采购的采购方式。

符合下列情形之一的货物或者服务，可以依法采用单一来源方式采购：

（1）只能从唯一供应商处采购的；
（2）发生了不可预见的紧急情况不能从其他供应商处采购的；
（3）必须保证原有采购项目一致性或者服务配套的要求，需要继续从原供应商处添购，且添购资金总额不超过原合同采购金额10%的。

（五）询价

询价是指只考虑价格因素，要求采购人向三家以上供应商发出询价单，对一次性报出的价格进行比较，最后按照符合采购需求、质量和服务相等且报价最低的原则，确定成交供应商的方式。采购的货物规格、标准统一，现货货源充足且价格变化幅度小的政府采购项目，可以依照规定采用询价方式采购。

（六）国务院政府采购监督管理部门认定的其他采购方式

国务院政府采购监督管理部门还可以在《政府采购法》规定的五种方式之外，认定其他采购方式。

六、政府采购的监督检查

（一）政府采购监督管理部门的监督

政府采购监督管理部门应当加强对政府采购活动及集中采购机构的监督检查。监督检查的内容包括：有关政府采购的法律、行政法规和规章的执行情况；采购范围、采购方式和采购程序的执行情况；政府采购人员的职业素质和专业技能。

政府采购监督管理部门不得设置集中采购机构，不得参与政府采购项目的采购活动。采购代理机构与行政机关不得存在隶属关系或者其他利益关系。

（二）集中采购机构的内部监督

集中采购机构应当建立健全内部监督管理制度。采购活动的决策和执行程序应当明确，并相互监督、相互制约。经办采购的人员与负责采购合同审核、验收人员的职责权限应当明确，并相互分离。

（三）采购人的内部监督

采购人必须按照《政府采购法》规定的采购方式和采购程序进行采购。政府采购项目的采购标准和采购结果应当公开。任何单位和个人不得违反《政府采购法》的规定，要求采购人或者采购工作人员向其指定的供应商进行采购。

（四）政府其他有关部门的监督

依照法律、行政法规的规定对政府采购负有行政监督职责的政府部门，应当按照其职责分工，加强对政府采购活动的监督。审计机关对政府采购进行审计监督。监察机关对参与政府采购活动的国家机关、国家公务员和国家行政机关任命的其他人员实施监察。政府采购监督管理部门、政府采购各当事人的有关政府采购活动，应当接受审计机关的审计监督。

（五）政府采购活动的社会监督

任何单位和个人对政府采购活动中的违法行为，有权控告和检举，有关部门、机关依照各自职责及时处理。

练习题

在线测试 4－2

第三节 国库集中收付制度

一、国库集中收付制度的概念

国库集中收付制度是指以国库单一账户体系为基础，将所有财政性资金都纳入国库单一账户体系管理，收入直接缴入国库和财政专户，支出通过国库单一账户体系支付到商品和劳务提供者或用款单位的一项国库管理制度。

二、国库单一账户体系

国库单一账户体系

（一）国库单一账户体系的概念

国库单一账户体系是指以财政国库存款账户为核心的各类财政性资金账户的集合，所有财政性资金的收入、支付、存储及资金清算活动均在该账户体系进行。

（二）国库单一账户体系的构成

1. 国库单一账户

财政部门在中国人民银行开设的国库单一账户，简称国库单一账户，该账户用于记录、核算和反映纳入预算管理的财政收入和支出活动，并用于与财政部门在商业银行开设的零余额账户进行清算，实现支付。

2. 财政部门零余额账户

财政部门在商业银行开设的零余额账户，用于财政直接支付和与国库单一账户支出清算。该账户每日发生的支付，于当日营业终了前与国库单一账户清算；营业中单笔支付额5 000万元人民币以上的（含5 000万元），应当及时与国库单一账户清算。财政部门的零余额账户在国库会计中使用，行政单位和事业单位会计中不设置该账户。

3. 预算单位零余额账户

财政部门在商业银行为预算单位开设的零余额账户，简称预算单位零余额账户。该账户用于财政授权支付和清算。该账户可以办理转账、提取现金等结算业务，可以向本单位按账户管理规定保留的相应账户划拨工会经费、住房公积金及提租补贴，以及经财政部门批准的特殊款项，不得违反规定向本单位其他账户和上级主管单位所属下级单位账户划拨资金。预算单位零余额账户在行政单位和事业单位会计中使用。

4. 预算外资金专户

财政部门在商业银行为预算单位开设的预算外资金财政专户，简称预算外资金专户。该专户用于记录、核算和反映预算外资金的收入和支出活动，并用于预算外资金日常收支清算。预算外资金专户在财政部门设立和使用。

5. 特设专户

经国务院或国务院授权财政部门批准的预算单位在商业银行开设的特殊专户，简称特设专户。该专户用于记录、核算和反映预算单位的特殊专项支出活动，并用于与国库单一账户清算。特设专户在按规定申请设置了特设专户的预算单位使用。

三、财政收入收缴方式和程序

财政收支方式

（一）收缴方式

为适应财政国库管理制度的改革要求，将财政收入的收缴分为直接缴库和集中汇缴两种方式。

1. 直接缴库

直接缴库是由缴款单位或缴款人按有关法律法规规定，直接将应缴收入缴入国库单一账户或预算外资金财政专户。

2. 集中汇缴

集中汇缴是由征收机关（有关法定单位）按有关法律法规规定，将所收的应缴收入汇总缴入国库单一账户或预算外资金财政专户。

（二）收缴程序

收缴程序包括直接缴库程序和集中汇缴程序。

1. 直接缴库程序

直接缴库的税收收入由纳税人或税务代理人提出纳税申报，经征收机关审核无误后，由纳税人通过开户银行将税款缴入国库单一账户。直接缴库的其他收入，比照上述程序缴入国库单一账户或预算外资金财政专户。

2. 集中汇缴程序

小额零散税收和法律另有规定的应缴收入，由征收机关于收缴收入的当日汇总缴入国库单一账户。非税收入中的现金缴款，比照本程序缴入国库单一账户或预算外资金财政专户。

四、财政支出支付方式和程序

（一）支付方式

1. 财政直接支付

财政直接支付是指由财政部门开具支付令，通过国库单一账户体系，直接将财政资金支付到收款人（即商品和劳务供应者，下同）或用款单位账户。实行财政直接支付的支出包括工资支出、购买支出以及转移支付等。

2. 财政授权支付

财政授权支付是指预算单位根据财政授权，自行开具支付令，通过国库单一账户体系将资金支付到收款人账户。实行财政授权支付的支出包括未实行财政直接支付的购买支出和零星支出。

（二）支付程序

1. 财政直接支付程序

预算单位实行财政直接支付的财政性资金包括工资支出、工程采购支出、物品和服务采购支出。其支付程序如下：

（1）预算单位申请。财政直接支付的申请由一级预算单位汇总，填写“财政直接支付汇总申请书”，报财政部门国库支付执行机构。

（2）财政部门国库支付执行机构开具支付令。财政部门国库支付执行机构对一级预算单位提出的支付申请审核无误后，开具“财政直接支付汇总清算额度通知单”和“财政直接支付凭证”，经财政部门国库管理机构加盖印章签发后，分别送中国人民银行和代理银行。

（3）代理银行划拨资金。代理银行根据“财政直接支付凭证”及时将资金直接支付给收款人或用款单位。

(4) 资金清算。代理银行依据财政部门国库支付执行机构的支付指令，将当日实际支付的资金，按一级预算单位分预算科目汇总，附实际支付清单与国库单一账户进行资金清算。

(5) 出具入账通知书。代理银行根据“财政直接支付凭证”办理支出后，开具“财政直接支付入账通知书”发给一级预算单位和基层预算单位。“财政直接支付入账通知书”作为一级预算单位和基层预算单位收到或付出款项的凭证。一级预算单位有所属二级或多级预算单位的，由一级预算单位负责向二级或多级预算单位提供收到和付出款项的凭证。

(6) 会计处理。预算单位根据收到的支付凭证做好相应的会计核算。

2. 财政授权支付程序

财政授权支付程序适用于未纳入工资支出，工程采购支出，物品、服务采购支出管理的购买支出和零星支出。包括单件物品或单项服务购买额不足 10 万元人民币的购买支出；年度财政投资不足 50 万元人民币的工程采购支出；特别紧急的支出和经财政部门批准的其他支出。其支付程序如下：

(1) 预算单位申请月度用款限额。预算单位按照批复的部门预算和资金使用计划，申请授权支付的月度用款限额，由一级预算单位汇总后报财政部门国库支付执行机构。

(2) 通知支付银行。财政部门根据批准的一级预算单位用款计划中月度授权支付额度，每月 25 日前以“财政授权支付汇总清算额度通知单”“财政授权支付额度通知单”的形式分别通知中国人民银行、代理银行。

(3) 代理银行办理支付。代理银行在收到财政部门下达的“财政授权支付额度通知单”后，向相关预算单位发出“财政授权支付额度到账通知书”。基层预算单位凭据“财政授权支付额度到账通知书”所确定的额度支用资金。

(4) 代理银行办理资金清算。代理银行凭据“财政授权支付额度通知单”受理预算单位财政授权支付业务，控制预算单位的支付金额，并与国库单一账户进行资金清算。

(5) 预算单位使用资金。预算单位支用授权额度时，填制财政部门统一制定的“财政授权支付凭证”（或新版银行票据和结算凭证）送代理银行，代理银行根据“财政授权支付凭证”通过零余额账户办理资金支付。

练习题

在线测试 4-3

财经素养专栏

加强财政预算执行力度　开源节流确保收支平衡

财经素养融入点

1. 学习依法治国新理念新思想新战略，切实增强预算法治意识，增强文化自信。
2. 践行勤俭节约理念，培养勤俭节约习惯，传播勤俭节约美德。
3. 不忘初心、牢记使命，增强为人民服务的宗旨意识。

第五章　会计职业道德

教学目标

知识目标

- 掌握会计职业道德的概念与功能。
- 掌握会计职业道德与会计法律制度的关系。
- 掌握会计职业道德规范的主要内容。
- 掌握会计职业道德教育与修养的内容和途径。
- 掌握会计职业道德建设的组织与实施等方面的知识。

能力目标

- 掌握会计职业道德的概念，理解会计职业道德所具有的功能。
- 深刻理解和正确把握会计职业道德规范的主要内容，自觉遵守会计职业道德规范。
- 理解会计职业道德与会计法律制度的联系和区别，把握好两者的关系。
- 熟悉会计职业道德教育与修养的内容、形式及途径，主动进行会计职业道德教育。
- 理解会计职业道德建设的相关问题，为会计职业道德建设贡献力量。

素养目标

- 学习葛家澍先生的执着求真、勇于创新、独树一帜的工匠精神。
- 培养爱岗敬业、乐于奉献、勇于实践的职业理念。
- 弘扬中华优秀传统文化，发扬开拓创新精神，推动中国会计国际化进程。

案例导入

上市公司财务造假案例分析

一、财务造假简介

康×药业股份有限公司（以下简称康×药业）于2001年在上交所上市。该公司在国家振兴中医药事业战略指引下，率先布局中医药全产业，全面打造“大健康＋大平台＋大数据＋大服务”体系，成为中医药全产业链精准服务型“智慧＋”大健康产业上市企业、国家高新技术企业。

康×药业财务造假的声音在2012年就开始引起大众讨论，直至2018年10月15日一篇文章从资金真实性、经营现金等多个角度对康×药业提出质疑，康×药业股价触底跌停，并出现连续跌停的情况。随后康×药业发布了澄清公告，但此公告不仅没有澄清疑问，反而引起了更大的争议。

二、财务造假动因分析

第一，动因压力，康×药业财务造假的压力来自维持股价或融资的需求，维持股价是其财务造假最直接的利益驱使，通过粉饰财报，维持一个比较满意的股价水平，从而使企业持股的高管、员工减持获取不错的收益。还可以维持公司较大的融资需求，包括股权融资、债权融资，或者股票质押融资。

第二，动因机会，马某为康×药业董事长、总经理、实际控制人，许某为副董事长、常务副总经理，且二人为夫妻关系，康×公司的其他大股东也有其家族成员，公司董事与管理层职务兼容使得董事会的职能丧失，无法对管理层进行制约，公司内控制度无法得到有效的施行，这无疑为财务造假提供了巨大便利，降低了掩饰舞弊行为的难度。

第三，动因借口，康×药业早期的财务情况已经屡遭质疑，但没有确凿的证据，直至在披露2018年度报告之时，康×药业更正了前期出现的会计差错，称2018年之前，营业收入、营业成本、费用及款项收付方面存在账实不符的情况。以“核算账户资金时存在错误”为由，康×药业299亿元现金蒸发消失，引发市场哗然。康×药业为掩饰自己的舞弊行为，企图用这种漏洞百出的借口蒙混过关。

三、财务造假手段分析

（一）业绩造假

业绩造假一般为了虚增利润，而虚增利润则体现为利润表上净利润的虚增，根据会计恒等式，资产等于负债加所有者权益，若转入所有者权益“未分配利润”科目的净利润增加，则等式上对应着资产增加或负债减少，由于难度问题，虚增利润就成了财务造假最常用的手段。比如2019年8月16日晚，证监会公布了康×药业财务造假事件的调查结果，康×药业在2016—2018年年度报告中虚增营业收入291.28亿元、虚增利息收入5.10亿元、虚增营业利润41.01亿元。

（二）资金流造假

资金流造假一般是通过虚假现金交易、变造资金交易凭证以及伪造资金循环三种方式。在康×药业造假案中，使用的就是第二种方式——变造资金交易凭证。通过篡改伪造银行收付交易回单、对账单等，达成资金流的造假目的。这种无舞弊方式操作成本低，变造的凭证作为第三方证据，证明效力更强。康×药业财务造假案中，康×药业就是通过财务不记账、虚假记账，伪造、变造大额定期存单或银行对账单，配合营业收入造假伪造销售回款等方式，在2016—2018年上半年，分别虚增货币资金225.49亿元、299.44亿元和361.88亿元，共计886.81亿元。

2019年4月底，康×药业披露2018年公司年报，表示由于公司会计处理存在错误，造成公司应收账款少计6.41亿元；存货少计195.46亿元；在建工程少计6.32亿元；由于公司核算账户资金时存在错误，造成货币资金多计299.44亿元。企图通过会计错误蒙混过关，但显然康×药业的这种行为破绽百出。2019年8月底，证监会披露立案调查结果：康×药业三年虚增收入206亿元，虚增利润20.72亿元，虚构362亿元货币资金，虚增固定资产、在建工程、投资性房地产36.05亿元，坐实了康×药业300亿元的财务造假，进一步的调查显示，这还只是冰山一角。

第一节　会计职业道德概述

一、职业道德的概念、特征与作用

会计职业道德概述

（一）职业道德的概念

不同职业的人员在特定的职业活动中形成了特殊的职业关系、职业利益、职业活动范围和方式。为了协调这些复杂的、特殊的社会关系，除了依赖政治的、行政的、法律的、经济的规范之外，还需要一种适应职业生活特点的、调节职业社会关系的规范和手段，由此形成了不同职业人员的道德规范，即职业道德。这些职业道德规范用来指导和约束职业行为，以保证职业活动的正常进行。

职业道德是道德在职业实践活动中的具体体现。我国《新时代公民道德建设实施纲要》提出了职业道德的主要内容，包括爱岗敬业、诚实守信、办事公道、热情服务、奉献社会。

（二）职业道德的特征

1. 职业道德具有职业性（行业性）

职业道德是道德在职业实践活动中的具体体现，其内容与职业实践活动紧密相连，反映着特定职业活动对从业人员行为的道德要求。每一种职业道德都只能规范本行业从业人员的职业行为，在特定的职业范围内发挥作用。所以，职业道德的职业性很强，不具有全社会普遍的适用性。

2. 职业道德具有实践性

职业道德总是与具体的职业活动紧密联系，这使其具有较强的针对性、实践性，偏重于实用性，容易形成条文。它一般用行业公约、工作守则、行为须知、操作规程等具体的规章制度形式，来教育、约束本行业的从业人员，并且公之于众，让行业内外人员检查、监督。

3. 职业道德具有继承性

由于职业道德与职业活动紧密结合，即使在不同的社会经济发展阶段，同样一种职业因服务对象、服务手段、职业利益、职业责任和义务相对稳定，职业行为的道德要求的核心内容就被继承和发扬。例如，教师“诲人不倦”、商人“买卖公平”等职业道德，就在这些行业中世代相传，并且得到不断的丰富和发展。

4. 职业道德具有多样性

由于职业道德与具体的职业相联系，而社会上的职业是复杂的、多样的，因此有多少种职业就有多少种职业道德。例如，经商要有“商德”，行医要有“医德”，执教要有“师德”等。随着生产力和社会的发展，新兴行业不断产生，与之相适应的职业道德也就层出不穷，职业道德就越来越多样，越来越丰富。

（三）职业道德的作用

1. 促进职业活动的有序进行

职业道德最主要的作用就是通过调节职业关系，维护正常的职业活动秩序。人们在从事的各种职业活动中所涉及的各方都会存在责、权、利的矛盾和差异，职业道德作为职业行为的规范，用来协调职业关系中的各种矛盾和差异，确保职业活动的正常进行，同时也促进职业的有序发展。

2. 对社会道德风尚会产生积极的影响

职业道德是社会道德的一个重要组成部分。职业道德状况对社会道德风尚会产生极大的影响。在现实生活中，人们把商业、交通、医疗、供电、电信等对社会生活影响较大的一些行业和部门形象地比喻为“窗口”行业，这些行业和部门的职业道德水准，直接体现着社会道德风尚的面貌。如果人们都能自觉遵守各自的职业道德规范，那么必将形成良好的社会道德风尚。

二、会计职业道德的概念与特征

（一）会计职业道德的概念

会计职业道德是指在会计职业活动中应当遵循的、体现会计职业特征的、调整会计职业关系的职业行为准则和规范。

会计职业道德作为社会道德体系的重要组成部分，既吸纳社会道德规范的一般要求，如爱岗敬业、诚实守信，又突出会计职业特征，如客观公正、坚持准则等。

（二）会计职业道德的特征

会计作为社会经济活动中的一种特殊职业，除具有职业道德的一般特征外，还具有一定的强制性和较多关注公众利益的特征。会计工作中要处理的各种经济关系的实质是经济利益关系。

1. 较多关注公众利益

会计的一个显著特征是会计活动与社会公众利益密切联系。会计人员在遵循会计职业道德的过程中，往往会受到利益因素的驱动。由于会计人员的利益取决于经济主体的利益，当个人利益、经济主体利益与国家利益和社会公众利益出现矛盾时，如果会计人员与经济主体利益协调一致，忽视国家利益和社会公众利益，便产生了会计职业道德危机，从事做假账、偷税漏税等违法行为，损害广大投资者利益和债权人利益。因此，会计职业的社会公众利益性，要求会计人员客观公正，在会计职业活动中，发生道德冲突时要坚持准则，把社会公众利益放在第一位。

2. 具有一定的强制性

会计职业道德具有广泛的社会性，是旨在维护社会经济秩序的职业规范，而不是仅仅去追求内在精神世界的高尚和完善。为了强化会计职业道德的调整职能，我国的会计职业道德中的许多内容直接纳入了会计法律制度。例如，我国的《会计法》《会计基础工作规范》等都规定了会计职业道德的内容和要求，对会计人员的行为有明确的规定和要求。

三、会计职业道德的功能与作用

（一）会计职业道德的功能

会计职业道德的功能是指会计职业道德对会计职业发展所具有的功效与能力。

1. 指导功能

指导功能，即指导会计人员行为的功能。会计职业道德是职业行为准则和规范，它对会计的行为动机提出了相应的要求，如诚实守信、客观公正等，因此会计职业道德可以引导、规劝、约束会计人员树立正确的职业观念，建立良好的职业品行，从而达到规范会计行为的目的。

2. 评价功能

评价功能，即根据一定的道德标准对会计人员的行为进行评价的功能。会计职业道德可以评价会计人员的工作，具有评价功能。在现实工作中，会计人员的很多行为很难由法律作出规定，会计法律只能对会计人员不得违法的行为作出规定，不宜对他们如何爱岗敬业、诚实守信、提高技能等提出具体要求。但是，如果会计人员缺乏爱岗敬业的热情和态度，缺乏诚实守信的做人准则，没有必要的职业技能，则很难保证会计信息达到真实、完整的法定要求。会计职业道德恰好从职业道德的角度形成其他会计法律制度的有益补充，对会计人员的职业道德行为给予评价。

3. 教化功能

会计职业道德具有道德的一般特征，即自觉性的一面，侧重于倡导会计从业人员应自觉遵循的职业行为。同时，会计职业道德又有强制性的一面，许多内容都直接纳入了会计法律制度，侧重于防范会计人员的不正当的职业行为，通常采用政府或社会组织的限制性或禁止性条款的形式，要求人们必须这样或那样做。因此，会计职业道德对于会计人员的行为有教化功能。

（二）会计职业道德的作用

1. 会计职业道德是规范会计行为的基础

会计行为是由内心信念来支配的，信念的善与恶将导致行为的是与非。会计职业道德对会计的行为动机提出了相应的要求，如诚实守信、客观公正等，引导、规劝、约束会计人员树立正确的职业观念，遵守职业道德要求，从而达到规范会计行为的目的。

2. 会计职业道德是实现会计目标的重要保证

从会计职业关系角度讲，会计目标就是为会计职业关系中的各个服务对象提供有用的会计信息。能否为这些服务对象及时提供相关的、可靠的会计信息，取决于会计职业者能否严格履行职业行为准则。如果会计人员故意提供不充分、不可靠的会计信息，会严重背离会计目标，造成会计信息严重失真，使服务对象的决策失误，甚至会导致社会经济秩序混乱。

3. 会计职业道德是对会计法律制度的重要补充

会计法律制度是会计职业道德的最低要求，会计职业道德是对会计法律制度的重要补充，其作用是其他会计法律制度所不能替代的。

4. 会计职业道德是提高会计人员职业素养的内在要求

社会的进步和发展，对会计职业者的素质要求越来越高，会计职业道德是会计人员素质的主要体现。一个高素质的会计人员应当做到爱岗敬业、提高专业胜任能力，这不仅是会计职业道德的主要内容，也是会计职业者遵循会计职业道德的可靠保证。倡导会计职业道德，加强会计职业道德教育，并结合会计职业活动，引导会计职业者进一步加强自我修养，提高专业胜任能力，有利于促进会计职业者整体素质的不断提高。

四、会计职业道德与会计法律制度

为了保证市场经济主体之间的公平竞争，需要有完备的法律制度，因此市场经济是法制经济。同时，市场经济的负面效应也会反映在会计职业领域中，会计法制的加强并不意味着会计职业道德的作用被弱化。会计职业道德与会计法律制度作为社会规范，均属于会计人员行为规范的范畴，两者既有联系，又有区别。

（一）会计职业道德与会计法律制度的关系

会计职业道德与会计法律制度有着共同的目标、相同的调整对象，承担着同样的职责，两者联系密切。主要表现在以下几个方面：

（1）两者在作用上相互补充、协调。在规范会计行为时，我们不可能完全依赖会计法律制度的强制功能而排斥会计职业道德的教化功能，会计行为不可能都由会计法律制度进行规范，不需要或不宜由会计法律制度进行规范的行为，可通过会计职业道德规范来实现。同样，那些基本的会计行为必须运用会计法律制度强制执行。

（2）两者在内容上相互渗透、相互重叠。会计法律制度中含有会计职业道德规范的内容，同时，会计职业道德规范中也包含会计法律制度的某些条款。

（3）两者在地位上相互转化、相互吸收。最初的会计职业道德规范就是对会计职业行为约定俗成的基本要求，后来制定的会计法律制度逐渐吸收了这些基本要求。可见，会计法律制度是会计职业道德的最低要求。

（4）两者在实施上相互作用、相互促进。会计法律制度和会计职业道德在实施过程中相互作用，会计职业道德是会计法律规范实施的重要的社会和思想基础，会计法律制度是促进会计职业道德规范形成和遵守的制度保障。

（二）会计职业道德与会计法律制度的区别

1. 性质不同

会计法律制度体现了统治阶级的愿望和意志，通过国家机器强制执行，具有很强的他律性；会计职业道德主要依靠会计从业人员的自觉性，并依靠社会舆论、传统习惯和内心的信念来实现，具有很强的自律性。

2. 作用范围不同

会计法律制度侧重于调整会计人员的外在行为和结果的合法化，是会计职业关系得以维系的最基本条件，是对会计从业人员行为的最低限度的要求，具有较强的客观性；会计职业道德则不仅要求调整会计人员的外在行为，还要调整会计人员内在的精神世界。因此，会计职业道德在时间和空间上对会计人员的影响比会计法律制度要广泛、深刻得多。违反会计职业道德的行为，不一定违反会计法律制度；受到会计法律制裁的，一般都会受到道德的谴责（某些过失犯罪除外）。

3. 表现形式不同

会计法律制度是通过一定的程序由国家立法机关或行政管理机关制定的，其表现形式是具体的、明确的、正式的成文规定；会计职业道德出自会计人员的职业生活和职业实践，其表现形式既有明确的成文规定，也有不成文的规范，存在于人们的意识和信念之中，并无具体的表现形式，主要依靠社会舆论、道德教育、传统习俗和道德评价来实现。

4. 实施保障机制不同

会计法律制度由国家强制力保障实施；会计职业道德既有国家法律的相应要求，又需要会计人员的自觉遵守，缺乏权威机构保障对裁定的执行。

练习题

在线测试 5－1

第二节 会计职业道德规范的主要内容

会计职业道德规范是指在一定社会经济条件下，对会计职业行为及职业活动的系统要求或明确规定，是职业道德在会计职业行为和会计职业活动中的具体表现。根据我国会计工作、会计人员的实际情况，结合《新时代公民道德建设实施纲要》和国际上会计职业道德的一般要求，我国会计职业道德规范的主要内容包括爱岗敬业、诚实守信、廉洁自律、客观公正、坚持准则、提高技能、参与管理、强化服务八个方面。

会计职业道德的内容

一、爱岗敬业

（一）爱岗敬业的含义

爱岗敬业就是要求会计人员热爱会计工作，安心于本职岗位，忠于职守，尽心尽力，尽职尽责。爱岗就是会计人员热爱自己的会计岗位，安心于本职岗位，恪尽职守地做好本职工作。爱岗是会计人员的一种意识活动，是敬业精神在其职业活动方式上的有意识的表达，具体表现为会计人员对自己应承担的责任和义务所表现出的一种责任感和义务感。如果会计从业人员对其所从事的会计工作不热爱，就很难在工作中做到尽心尽力、尽职尽责。敬业就是会计人员应该充分认识本职工作在社会经济活动中的地位和作用，充分认识本职工作的社会意义和道德价值，具有会计职业的荣誉感和自豪感，在职业活动中具有高度的劳动热情和创造性，以强烈的事业心、责任感从事会计工作。

爱岗敬业指的是忠于职守的事业精神，是会计职业道德的基础。爱岗和敬业互为前提，相互支持，相辅相成。“爱岗”是“敬业”的基石，“敬业”是“爱岗”的升华。

（二）爱岗敬业的基本要求

1. 热爱会计工作，敬重会计职业

热爱一项工作，首先就意味着对这项工作有一种职业的荣誉感，有自信心和自尊心；其次是对这项工作抱有浓厚的兴趣，把职业生活看成一种乐趣。只要人们是根据自己的爱好、兴趣和特长来选择职业，通常都对所选职业充满情感，喜爱这一职业。但是，任何社会、任何时候都难以绝对保证人们所选择的职业是自己满意的。因而，在所从事的职业与自己的兴趣、爱好不一致时，要求人们对其所从事的职业有一个正确的认识和态度。如果做了会计，就应该热爱会计工作，敬重会计职业。

我国各行各业的无数职业道德标兵的先进事迹告诉我们，热爱自己的工作、敬重自己的岗位是做好本职工作的前提。会计人员只要树立了“干一行爱一行”的思想，就会发现会计职业中的乐趣；只有树立了“干一行爱一行”的思想，才会刻苦钻研会计业务技能，才会努力学习会计业务知识，才会发现在会计核算、企业理财领域有许多值得人们去研究和探索的东西。有了对本职工作的热爱，就会激发出一种敬业精神，自觉自愿地执行职业道德的各种规范，不断改进自己的工作，在平凡的岗位上作出不平凡的业绩。

2. 严肃认真，一丝不苟

从业者对自己本职工作的热爱，必定会体现在对工作所必需的职业技能的态度上，体现在对自己工作成果的追求上，这就是对工作严肃认真、一丝不苟，对技术精益求精。会计工作是一项严肃、细致的工作，没有严肃认真的工作态度和一丝不苟的工作作风，就容易出现偏差。对一些损失浪费、违法乱纪的行为和一切不合法、不合理的业务开支，要严肃、认真地对待，把好费用支出关。严肃认真、一丝不苟的职业作风贯穿于会计工作的始终，会计工作不仅要求数字计算准确，手续清楚完备，而且绝不能有“都是熟人不会错”的麻痹思想和马马虎虎的工作作风。

3. 忠于职守，尽职尽责

忠于职守，不仅要求会计人员认真地执行岗位规范，而且要求会计人员在各种复杂的情况下，能够抵制各种诱惑，忠实地履行岗位职责。尽职尽责具体表现为会计人员对自己应承担的责任和义务所表现出的一种责任感和义务感，这种责任感和义务感包含两方面的内容：一是社会或他人对会计人员规定的责任；二是会计人员对社会或他人所负的道义责任。

在现代经济生活中，会计职业因其所处的环境具有特殊性，不同的岗位要求承担的责任和义务不尽相同。注册会计师接受单位委托对委托者进行审计、鉴证或咨询，要维护委托人的权益，保守商业秘密，依法出具审计报告。单位内部会计人员不仅要尽职尽责地履行会计职能，客观、真实地记录、反映服务主体的经济活动状况，负责其资金的有效运作，积极参与经营和决策，而且应抵制不当的开支，防止有人侵占单位的资产，保护单位财产的安全、完整。在对单位（或雇主）的忠诚与国家及社会公众利益发生冲突时，会计人员应该忠实于国家、忠实于社会公众，承担起维护国家和社会公众利益的责任。单位会计人员应对外提供有关服务主体真实、可靠的会计信息；注册会计师不仅要对委托人负责，更应对广大的信息使用者负责，对被审计单位的财务状况和经营成果作出客观、公允的审计报告。

二、诚实守信

（一）诚实守信的含义

诚实守信要求会计人员做老实人，说老实话，办老实事，执业谨慎，信誉至上，不为利益所诱惑，不弄虚作假，不泄露秘密。诚实是指言行跟内心思想一致，不弄虚作假，不欺上瞒下，做老实人，说老实话，办老实事。守信就是遵守自己所作出的承诺，讲信用，重信用，信守诺言，保守秘密。诚实守信是做人的基本准则，是人们在古往今来的交往中产生的最根本的道德规范，也是会计职业道德的精髓。

诚实与守信具有内在的因果联系，一般来说，诚实即为守信，守信就是诚实。有诚无信，道德品质得不到推广和延伸；有信无诚，信就失去了根基，德就失去了依托。诚实必须守信。

中国现代会计学之父潘序伦先生认为，“诚信”是会计职业道德的重要内容。他终身倡导“信以立志，信以守身，信以处事，信以待人，毋忘‘立信’，当必有成”，并将其作为立信会计学校的校训。为突显并倡导会计职业的诚信，潘序伦先生一生所创办的实业，皆冠之以“立信”，如立信会计师事务所、立信会计学校、立信会计出版社等。

人无信不立，国无信不强。在现代市场经济中，“诚信”尤为重要。市场经济是“信用经济”“契约经济”，注重的就是“诚实守信”。可以说，信用是维护市场经济步入良性发展轨道的前提和基础，是市场经济赖以生存的基石。朱镕基同志在 2001 年视察北京国家会计学院时，为北京国家会计学院题词：“诚信为本，操守为重，坚持准则，不做假账。”这是对广大会计人员和注册会计师最基本的要求。

（二）诚实守信的基本要求

1. 做老实人，说老实话，办老实事，不搞虚假

做老实人，要求会计人员言行一致，表里如一，光明正大。说老实话，要求会计人员说话诚实：是一说一，是二说二，不夸大，不缩小，不隐瞒，如实反映和披露单位经济业务事项。办老实事，要求会计人员工作踏踏实实，不弄虚作假，不欺上瞒下。总之，会计人员应言行一致，实事求是，如实反映单位经济业务的情况，不为个人和小集团的利益伪造账目，弄虚作假，损害国家和社会公众利益。

近年来，在财政部进行的会计信息质量抽查中，存在假凭证、假账簿、假报表。而虚假信息均是出自单位管理层和会计人员之手，而且一些注册会计师也扮演了不光彩的角色，严重影响了会计职业的社会信誉。会计人员要树立良好的职业形象，就必须恪守诚实守信的基本道德准则。

2. 实事求是，如实反映

会计是经济管理的重要组成部分，会计活动的目的就是要为会计信息使用者及时提供真实、可靠、相关的会计信息。会计资料不仅是各单位进行经营管理和业务管理的依据，而且也是国家据以进行宏观经济分析和调控的重要依据。如果会计数据失真，那会计核算就毫无意义，这不仅影响微观管理，而且影响宏观决策。因此，会计人员在办理会计事务中，必须以实事求是的精神和客观公正的态度，完整、准确、如实地反映各项经济活动的情况，不隐瞒歪曲，不弄虚作假，不搞假账真算、真账假算。维护会计信息的真实性，是会计职业道德的起码要求。

3. 保密守信，不为利益所诱惑

所谓保密守信，就是会计人员在履行自己的职责时，应树立保密观念，做到保守商业秘密，对机密资料不外传、不外泄，守口如瓶。在市场经济中，秘密可以带来经济利益，严守单位的商业秘密是极其重要的，它往往关系到单位的生死存亡。会计人员因职业特点经常接触到单位和客户的一些秘密，如单位的财务状况、经营情况、成本资料及重要单据、经济合同等，因而，会计人员应依法保守单位秘密，这是会计人员应尽的义务，也是诚实守信的具体体现。

泄密不仅是一种不道德的行为，而且是违法行为，是会计职业的大忌。会计人员在没有法律规定或经单位批准的情况下，不能以任何借口或方式把单位的商业秘密泄露出去。我国有关法律制度对会计人员保守秘密作了相关的规定。如《注册会计师法》第十九条规定：“注册会计师对在执行业务中知悉的商业秘密，负有保密义务。”财政部印发的《会计基础工作规范》第二十三条规定：“会计人员应当保守本单位商业秘密。除法律规定和单位领导人同意外，不能私自向外界提供或者泄露单位的会计信息。”

会计人员要做到保密守信，就要注意不在工作岗位以外的场所谈论、评价企业的经营状况和财务数据。此外，在日常生活中会计人员应保持必要的警惕，防止无意泄密。俗话说，说者无意，听者有心。人们在日常交流中经常会对熟知的事情脱口而出，而没有想到后果。为了防止这种情况的发生，会计人员要了解自己所知的信息中，哪些是商业秘密，哪些是无关紧要的事项，以防止无意泄密的情况发生，而且要抵制住各种各样的利益诱

惑，绝对不能用商业秘密作为牟利的手段。

4. 职业谨慎，信誉至上

诚实守信要求会计人员在工作中始终保持应有的谨慎态度，对单位和社会公众尽职尽责，形成“守信光荣，失信可耻”的氛围，以维护职业信誉。注册会计师在选择客户时应谨慎，不要一味地追求营业收入，迎合客户的不正当要求，接受违背职业道德的附加条件。注意评估自身的业务能力，正确判断自身的知识、经验和专业能力能否胜任所承担的委托业务。

三、廉洁自律

（一）廉洁自律的含义

廉洁自律要求会计人员公私分明、不贪不占、遵纪守法、清正廉洁。廉洁就是不贪污钱财，不收受贿赂，保持清白。自律是指自律主体按照一定的标准，自己约束自己、自己控制自己的言行和思想的过程。廉洁自律是会计职业道德的前提，也是会计职业道德的内在要求，这是会计工作的特点决定的。

作为整天与钱财打交道的会计人员，必须坚持不取不义之财，做到面对金钱不眼红。会计人员只有首先做到自身廉洁，严格约束自己，才能要求别人廉洁，才能理直气壮地阻止或防止别人侵占集体利益，正确行使反映和监督的会计职责，保证各项经济活动正常进行。

自律的核心就是用道德观念自觉地抵制自己的不良欲望。一个能自律的人，能保持清醒的头脑，把持住自我不迷失方向；而不能自律的人则头脑昏昏，丧失警惕，终将成为权、财的奴隶。在我们身边这方面的事例有很多。惩治腐败，打击会计职业活动中的各种违法活动和违反职业道德的行为，除了要靠法制手段建立和完善法律外，还要会计人员严格自律，防微杜渐，构筑思想道德防线。

会计人员的廉洁是自律的基础，而自律是廉洁的保证。自律性不强就很难做到廉洁，不廉洁就谈不上自律。

（二）廉洁自律的基本要求

1. 树立正确的人生观和价值观

廉洁自律，首先要求会计人员必须加强世界观的改造，树立正确的人生观和价值观。人生观是人们对人生的目的和意义的总的观点与看法。价值观是指人们对于价值的根本观点和看法，它是世界观的一个重要组成部分，包括对价值的本质、功能、创造、认识、实现等有关价值的一系列问题的基本观点和看法。会计人员应以马克思列宁主义、毛泽东思想、邓小平理论、“三个代表”重要思想、科学发展观、习近平新时代中国特色社会主义思想为指导，树立科学的人生观和价值观，自觉抵制享乐主义、个人主义、拜金主义等错误的思想，这是在会计工作中做到廉洁自律的思想基础。

2. 公私分明，不贪不占

公私分明就是指严格划分公与私的界线，公是公，私是私。如果公私分明，就能够廉洁奉公，一尘不染，做到“常在河边走，就是不湿鞋”。如果公私不分，就会出现以权谋私的腐败现象，甚至出现违法违纪行为。

廉洁自律的天敌就是“贪”“欲”。在会计工作中，由于大量的钱财要经过会计人员之手，因此，很容易诱发会计人员的“贪”“欲”。一些会计人员贪图金钱和物质上的享受，利用职务之便，自觉或不自觉地行“贪”。有的被动受贿，有的主动索贿，有的贪污、挪用公款，有的监守自盗，有的集体贪污。究其根本原因是这些会计人员忽视了世界观的自我改造，放松了道德的自我修养，弱化了职业道德的自律。

3. 遵纪守法，尽职尽责

遵纪守法，正确处理会计职业权利与职业义务的关系，增强抵制行业不正之风的能力，是会计人员廉洁自律的又一个基本要求。会计人员的权利和义务在《会计法》中作出了明确规定。会计人员不仅要遵纪守法，不违法乱纪、以权谋私，做到廉洁自律，而且要敢于、善于运用法律所赋予的权力，尽职尽责，勇于承担职业责任，履行职业义务，保证廉洁自律。

案例分析 5－1

小张和小林是同一个单位的会计和出纳，多年来同处一室，在工作上互相配合，关系很好。小林的丈夫开办了一家经销电脑配件的公司，最近根据电脑市场信息得知，有一种计算机软件销售前景看好，但因公司资金不足，无法进货。于是小林的丈夫让小林想办法借些款项。小林想到了单位账户的存款，于是自己填了票面金额为 24 000 元的现金支票一张，在小张下班离开办公室后，私自将小张保管的印鉴加盖在现金支票上，从银行提取了现金。一个月后，小林又将 24 000 元现金填现金缴款单存入单位银行账户。不久，小张在月末对账时，发现了此事。试从会计职业道德的角度分析小林的行为属于何种行为。如果你是小张，发现了此事应该如何处理？

分析与提示：

（1）小林的行为属于挪用公款、公私不分，违背了会计职业道德规范中对于廉洁自律的要求。

（2）小张发现了此事，应向单位会计部门负责人（会计主管）报告，由其对小林违背会计职业道德规范的行为进行处理。

四、客观公正

（一）客观公正的含义

客观公正要求会计人员端正态度，依法办事，实事求是，不偏不倚，保持应有的独立性。客观是指按事物的本来面目去反映，不掺杂个人的主观意愿，也不为他人意见所左右。对于会计职业活动而言，客观主要有两层含义：一是真实性，即以实际发生的经济活动为依据，对会计事项进行确认、计量、记录和报告；二是可靠性，即会计核算要准确，记录要可靠，凭证要合法。公正就是平等、公平、正直，没有偏失。但公正是相对的，世上没有绝对的公正。客观公正是会计职业道德所追求的理想目标。在会计职业活动中，由于涉及对多方利益的协调处理，因此，公正就是要求各企事业单位管理层和会计人员不仅应当具备诚实的品质，而且应公正地开展会计核算和会计监督工作，即在履行会计职能时，摒弃单位、个人私利，公平公正、不偏不倚地对待相关利益各方。注册会计师在进行审计鉴证时，应以超然独立的姿态，进行公平、公正的判断和评价，出具客观、适当的审计意见。

客观是公正的基础，公正是客观的反映。要达到公正，仅仅做到客观是不够的。公正不仅仅单指诚实、真实、可靠，还包括在真实、可靠中作出公正选择。这种选择尽管是建立在客观的基础之上，但还需要在主观上作出公平、合理的选择。是否公平、合理，既取决于客观的选择标准，又取决于选择者的道德品质和职业态度。

（二）客观公正的基本要求

1. 端正态度

坚持客观公正原则的基础是会计人员的态度、专业知识和专业技能。没有客观公正的态度，不可能尊重事实。有了正确的态度之后，没有扎实的理论功底和较高的专业技能，工作也会出现失误，力不从心。

2. 依法办事

依法办事，认真遵守法律法规，是会计工作保证客观、公正的前提。当会计人员有了端正的态度和专业知识、技能之后，必须依据《会计法》《企业会计准则》《企业会计制度》等法律、法规和制度的规定进行会计业务处理，并对复杂、疑难的经济业务，作出客观的会计职业判断。总之，只有熟练掌握并严格遵守会计法律法规，才能客观、公正地处理会计业务。

3. 实事求是，不偏不倚

社会经济是复杂多变的，会计法律制度不可能对所有的经济事项作出规范，那么会计人员对经济事项的职业判断，就可能会出现偏差。因此，客观公正是会计工作和会计人员追求的目标，通过不断提高专业技能，正确理解、把握并严格执行会计准则、制度，不断消除非客观、非公正因素的影响，才能做到最大限度的客观公正。

客观公正应贯穿于会计活动的整个过程：一是在处理会计业务的过程中或进行职业判断时，应保持客观公正的态度，实事求是、不偏不倚；二是会计人员对经济业务的处理结果应是公正的。例如，某人出差丢失了报销用的车票，在业务处理时，不能因为无报销凭证就不报销，也不能随意报销，而是要求出差人员办理各种合法、合理的证明手续后，才能报销，即最终结果是客观公正地进行会计处理。不报销或随意报销，都是不客观公正的。总之，会计核算过程的客观公正和最终结果的客观公正都十分重要，没有客观公正的会计核算过程作为保证，结果的客观公正就难以保证；没有客观公正的结果，业务操作过程的客观公正就没有意义。

注册会计师的职业特征是维护国家和社会公众利益。注册会计师在进行职业判断时，将会涉及多方的利益，在处理这些复杂的利益关系时，绝不能采取折中的态度和方法。注册会计师应始终站在第三者的独立立场上，不偏不倚地对待有关利益各方，不以牺牲一方利益为条件而使另一方受益，应超然独立地对企业遵守会计准则、制度的具体情况进行客观公正的评价并出具恰当的审计意见。只有这样，财务报告的使用者才能确定企业财务报告的可信度，并作出适当的投资决策或信贷决策。

4. 保持独立性

客观公正是会计职业者的一种工作态度。它要求会计人员对会计业务的处理，对会计政策和会计方法的选择，以及对财务会计报告的编制、披露和评价，必须独立进行职业判断，做到客观、公平、理智、诚实。

保持独立性，对于注册会计师行业尤为重要。工作关系和经济利益等问题，单位会计人员在形式上或实质上都难以保证绝对的独立性。所以，这里所说的独立性主要是指注册会计师在执行审计业务的过程中，与相关利益当事人应保持独立。独立是客观、公正的基础，也是注册会计师行业存在的基础。根据《中国注册会计师职业道德规范指导意见》，注册会计师保持其独立性应当做到以下两点：

一是注册会计师应当回避可能影响独立性的审计事项，实现形式上的独立。注册会计师在履行其职责时，保持独立性固然十分重要，但财务报表的使用者对这种独立性的信任也很重要。如果审计人员在执业过程中实质上是独立的，但报表的使用者认为他们是客户的辩护人，则审计职业的大部分价值将随之丧失。

二是注册会计师应当恪守职业良心，保持实质上的独立。形式上独立是实质上独立的必要条件，形式上不独立，就不能保证实质上独立，而形式上独立也不一定能够保持实质上独立。注册会计师更重要的是保持实质上的独立。

五、坚持准则

（一）坚持准则的含义

坚持准则是指会计人员在处理业务的过程中，要严格按照会计法律制度办事，不为主观或他人意志左右。这里所说的“准则”不仅指会计准则，而且包括会计法律、法规、国家统一的会计制度以及与会计工作相关的法律制度。坚持准则是会计职业道德的核心。

会计人员在进行核算和监督的过程中，只有坚持准则，才能以准则作为自己的行动指南。在发生道德冲突时，应坚持准则，以维护国家利益、社会公众利益和正常的经济秩序。注册会计师在进行审计业务时，应严格按照独立审计准则的有关要求和国家统一的会计制度的规定，出具客观公正的审计报告。

（二）坚持准则的基本要求

1. 熟悉准则

熟悉准则是指会计人员应了解和掌握《会计法》和国家统一的会计制度及与会计相关的法律制度，这是遵循准则、坚持准则的前提。只有熟悉准则，才能按准则办事，才能遵纪守法，才能保证会计信息的真实性、完整性。

2. 遵循准则

遵循准则，即执行准则。准则是会计人员开展会计工作的外在标准和参照物。会计人员在会计核算和监督时要自觉地严格遵守各项准则，将单位具体的经济业务事项与准则相对照，先作出是否合法合规的判断，对不合法的经济业务不予受理。在实际工作中，由于经济的发展和社会环境的变化，会计业务日趋复杂，因而准则规范的内容也会不断变化和完善。这就要求会计人员不仅要经常学习、掌握准则的最新变化，了解本部门、本单位的实际情况，准确地理解和执行准则，还要在面对经济活动中出现的新情况、新问题以及准则未涉及的经济业务或事项时，通过运用所掌握的会计专业理论和技能，作出客观的职业判断，予以妥善处理。

3. 坚持准则

市场经济是利益经济。在会计工作中，各种利益的交织，常常引起会计人员道德上的冲突。如果会计人员为了自己的个人利益不受影响放弃原则，做“老好人”，就会使会计工作严重偏离准则，会计信息的真实性、完整性就无法保证，作为会计人员，也应当承担相应的责任。如果会计人员坚持准则，往往会受到单位负责人和其他方面的阻挠、刁难甚至打击报复。为了切实维护会计人员的合法权益，《会计法》强化了单位负责人对单位会计工作的法律责任，赋予了会计人员相应的权力，保证了会计人员的执法环境。会计人员应认真执行国家统一的会计制度，依法履行会计监督职责，发生冲突时，应坚持准则，对法律负责，对国家和社会公众负责，敢于同违反会计法律法规和财务制度的现象作斗争，确保会计信息的真实性和完整性。

案例分析 5-2

某公司财务部门年末时发现，该年度业务招待费超过规定的开支标准。于是，会计人员按照领导的意图，搞来一些假发票，准备将超支的业务招待费列入管理费用的其他项目。这种做法是否违背了会计职业道德？为什么？

分析与提示：

这种做法违背了客观公正和坚持准则的会计职业道德要求。因为该公司的会计人员无视国家法律、法规和国家统一的会计制度，按照领导的意图实施会计舞弊。

六、提高技能

（一）提高技能的含义

提高技能要求会计人员通过学习、培训和实践等途径，持续提高会计职业技能，以达到和维持足够的专业胜任能力。会计人员是会计工作的主体。会计工作质量的好坏，一方面受会计人员职业技能水平的影响，另一方面受会计人员道德品行的影响。会计人员的道德品行是会计职业道德的根本和核心，会计人员的职业技能水平是会计人员职业道德水平的保证。会计工作的专业性和技术性很强，从业人员必须“具备一定的会计专业知识和技能”，才能胜任会计工作。会计工作者必须不断地提高其职业技能，这既是会计人员的义务，又是在职业活动中做到客观公正、坚持准则的基础，是参与管理的前提。

职业技能，也可称为职业能力，是人们进行职业活动、承担职业责任的能力和手段。

就会计职业而言，职业技能包括会计理论水平、会计实务操作能力、职业判断能力、自动更新知识的能力、提供会计信息的能力、沟通交流能力以及职业经验等。提高技能就是指会计人员通过学习、培训和实践等途径，持续提高上述职业技能，以拥有和维持足够的专业胜任能力。遵守会计职业道德客观上需要不断提高会计职业技能。

会计人员对会计事项进行确认、计量、记录和报告以及对单位内部会计控制制度进行设计等都需要有扎实的理论功底和丰富的实践经验；对会计处理方法的选择、会计估计的变更、会计信息的电算化处理等都是技术性很强的工作。没有娴熟的专业技能，是无法开展会计工作、履行会计职责的。特别是我国加入世界贸易组织以后，中国经济逐渐融入全球经济体系，要求会计准则、会计制度与国际会计惯例充分协调，这就需要会计人员不断地学习新的会计理论和新的准则、制度，熟悉和掌握新的法律法规。会计人员只有不断地学习，才能保持持续的专业胜任能力、职业判断能力和交流沟通能力，不断地提高会计专业技能，以适应我国深化会计改革和会计国际化的要求。

（二）提高技能的基本要求

1. 要有不断提高会计专业技能的意识和愿望

随着市场经济的发展、全球经济一体化以及科学技术日新月异，会计在经济发展中的作用越来越明显，对会计的要求也越来越高，会计人才的竞争也越来越激烈。会计人员要想生存和发展，就必须具有不断提高会计专业技能的意识和愿望，不断进取，主动地求知、求学，刻苦钻研，使自身的专业技能不断提高，使自己的知识不断更新，从而掌握过硬的本领，在会计人才的竞争中立于不败之地。

2. 要有勤学苦练的精神和科学的学习方法

专业技能的提高和学习不可能是一劳永逸之事，必须持之以恒，不间断地学习、充实和提高，“活到老学到老”。只有锲而不舍地“勤学”，同时掌握科学的学习方法，在学中思，在思中学，在实践中不断锤炼，才能不断地提高自己的业务水平，才能推动会计工作和会计职业的发展，以适应不断变化的新形势和新情况的需要。

谦虚好学、刻苦钻研、锲而不舍，是练就高超的专业技术和过硬本领的唯一途径，也是衡量会计人员职业道德水准高低的重要标志之一。

案例分析 5－3

某企业每周二下午都有两个小时固定的业务理论学习时间。因为会计人员工作繁忙，现会计主管向领导提出，财务部门的全体人员能否不参加或少参加学习。该会计主管的建议是否正确？为什么？

分析与提示：

该会计主管的建议不正确，违背了提高技能的会计职业道德要求。提高技能就是要求会计人员增强提高专业技能的自觉性和紧迫感，勤学苦练，刻苦钻研，不断进取，提高业务水平。会计人员只有通过不断学习、培训和实践等途径持续提高职业技能，才能一直保持足够的专业胜任能力。不能因工作繁忙就不参加或少参加学习。

七、参与管理

（一）参与管理的含义

参与管理，简单地讲就是间接参加管理活动，为管理者当参谋，为管理活动服务。会计管理是企业管理的重要组成部分，在企业管理中具有十分重要的作用。但会计工作的性质决定了会计在企业管理活动中，更多的是从事间接管理活动。参与管理就是要求会计人员积极主动地向单位领导反映本单位的财务、经营状况及存在的问题，主动提出合理化建议，积极地参与市场调研和预测，参与决策方案的制定和选择，参与决策的执行、检查和监督，为领导的经营管理和决策活动当好助手和参谋。如果没有会计人员的积极参与，企业的经营管理就会出现问题，决策就可能出现失误。会计人员特别是会计部门的负责人，必须强化自己参与管理、当好参谋的角色意识和责任意识。

（二）参与管理的基本要求

1. 努力钻研业务，熟悉财经法规和相关制度，提高业务技能，为参与管理打下坚实的基础

娴熟的业务、精湛的技能是会计人员参与管理的前提。会计人员只有努力钻研业务，不断提高业务技能，深刻领会财经法规和相关制度，才能有效地参与管理，为改善经营管理、提高经济效益服务。钻研业务、提高技能，首先要求会计人员有扎实的基本功，掌握会计的基本理论、基本方法和基本技能，做好会计核算的各项基础性工作，确保会计信息真实、完整。其次，会计人员要充分利用掌握的大量会计信息，运用各种管理分析方法，对单位的经营管理活动进行分析、预测，找出经营管理中的问题和薄弱环节，提出改进意见和措施，把管理结合在日常工作之中，从而使会计的事后反映变为事前的预测和事中的控制，使会计工作真正起到当家理财的作用，使会计人员成为决策层的参谋和助手。

2. 熟悉服务对象的经营活动和业务流程，使管理活动更具针对性和有效性

会计人员应当了解本单位的整体情况，特别是要熟悉本单位的生产经营、业务流程和管理情况，知晓单位的生产经营能力、技术设备条件、产品市场及资源状况等情况。只有如此，才能充分利用会计工作的优势，更好地满足经营管理的需要，才能在参与管理的活动中有针对性地拟订可行性方案，从而提高经营决策的合理性和科学性，更有效地服务于单位的总体发展目标。

八、强化服务

（一）强化服务的含义

强化服务就是要求会计人员具有文明的服务态度、强烈的服务意识和优良的服务质量。服务态度是服务者的行为表现，“文明服务，以礼待人”，不仅仅是对服务行业提出的道德要求，也是对所有职业活动提出的道德要求。在我们的社会生活中，各岗位上的就业者都处于服务他人和接受他人服务的地位。在服务他人的过程中，人们承担对他人的责任和义务的同时，也接受着他人的服务。

会计工作虽不能说是“窗口”行业，但其工作涉及面广，又往往需要服务对象和其他部门的协作及配合，而且会计工作的政策性很强，在工作交往和处理业务的过程中，容易同其他部门及服务对象发生利益冲突或意见分歧。因而会计人员待人处世的态度直接关系到工作能否顺利开展和工作的成效。这就要求会计人员不仅要有热情、耐心、诚恳的工作态度，待人平等、礼貌，而且遇到问题要以商量的口吻，充分尊重服务对象和其他部门的意见，做到大事讲原则，小事讲风格，沟通讲策略，用语讲准确，建议看场合。

强化服务的结果，就是奉献社会。任何职业的利益、职业劳动者个人的利益都必须服从社会的利益、国家的利益。如果说爱岗敬业是职业道德的出发点，那么，强化服务、奉献社会就是职业道德的归宿点。

（二）强化服务的基本要求

1. 强化服务意识

会计人员要树立强烈的服务意识，为管理者服务、为所有者服务、为社会公众服务、为人民服务。不论服务对象的地位高低，都要摆正自己的工作位置，管钱管账是自己的工作职责，参与管理是自己的义务。只有树立了强烈的服务意识，才能做好会计工作，履行会计职能，为单位和社会经济的发展作出应有的贡献。

2. 提高服务质量

强化服务的关键是提高服务质量。单位会计人员的服务质量表现在：是否真实地记录单位的经济活动，向有关方面提供可靠的会计信息；是否积极主动地向单位领导反映经营活动情况和存在的问题，提出合理化建议，协助领导决策，参与经营管理活动。注册会计师的服务质量表现在，是否以客观、公正的态度正确评价委托单位的财务状况、经营成果，出具恰当的审计报告，服务好社会公众及信息使用者。

需要注意的是，在会计工作中提供上乘的服务，并非无原则地满足服务主体的需要，而是在坚持原则、坚持准则的基础上尽量满足用户或服务主体的需要。

案例分析 5－4

会计人员看人办事——官大办得快，官小办得慢，无官拖着办。这种现象违背了哪种会计职业道德规范？为什么？

分析与提示：

违背了“强化服务”的会计职业道德规范，因为“强化服务”要求会计人员具有文明的服务态度、强烈的服务意识和优良的服务质量。强化会计职业服务的基本要求就是会计人员要有强烈的服务意识，服务要文明，质量要上乘。“官大办得快，官小办得慢，无官拖着办”，违背了“强化服务”的基本要求。

相关链接

会计人员职业道德规范

会计人员承担着生成和提供会计信息、维护国家财经纪律和经济秩序的重要职责。

党的十八大以来，党中央、国务院部署加快社会信用体系建设、构筑诚实守信的经济社会环境，将会计人员作为职业信用建设的重点人群，要求引导职业道德建设与行为规范。为贯彻落实党中央、国务院关于加强社会信用体系建设的决策部署，推进会计诚信体系建设，提高会计人员职业道德水平，根据《中华人民共和国会计法》《会计基础工作规范》，2023 年 1 月，财政部发布《会计人员职业道德规范》（财会〔2023〕1 号）。

《会计人员职业道德规范》内容包括：

（1）坚持诚信，守法奉公。

牢固树立诚信理念，以诚立身、以信立业，严于律己、心存敬畏。学法知法守法，公私分明、克己奉公，树立良好职业形象，维护会计行业声誉。

（2）坚持准则，守责敬业。

严格执行准则制度，保证会计信息真实完整。勤勉尽责、爱岗敬业，忠于职守、敢于斗争，自觉抵制会计造假行为，维护国家财经纪律和经济秩序。

（3）坚持学习，守正创新。

始终秉持专业精神，勤于学习、锐意进取，持续提升会计专业能力。不断适应新形势新要求，与时俱进、开拓创新，努力推动会计事业高质量发展。

加强会计人员职业道德建设，对长期以来会计职业活动实践中形成的职业道德要求进行总结提炼和大力宣传，引导会计人员形成正确的价值追求和行为规范，对于提高会计工作水平和会计信息质量，加强社会信用体系建设，推动经济社会高质量发展具有重要意义。此次制定的规范，提出"三坚三守"，将新时代会计人员职业道德要求总结提炼为三条核心表述。三条要求逻辑清晰、层层递进：第一条"坚持诚信，守法奉公"，是对会计人员的自律要求；第二条"坚持准则，守责敬业"，是对会计人员的履职要求；第三条"坚持学习，守正创新"是对会计人员的发展要求。各地区各有关部门积极营造良好职业道德环境，加强典型宣传和警示教育，通过鼓励先进、树立典型，激励广大会计人员自觉遵守职业道德规范，形成见贤思齐、争当先进的生动局面；推动建立会计人员失德失信行为惩戒机制，加强对典型失信案例的警示教育，形成扶正祛邪、惩恶扬善的行业风气。

练习题

在线测试 5－2

第三节 会计职业道德教育

实现以“诚信”为核心的会计职业道德目标，必须开展全方位、多形式、多渠道的会计职业道德教育，以逐步培养会计人员的会计职业道德情感，树立会计职业道德观念，提高会计职业道德水平，从而使会计职业健康发展。

一、会计职业道德教育的含义

会计职业道德教育是指根据会计工作的特点，有目的、有组织、有计划地对会计人员施加系统的会计职业道德影响，促使会计人员形成会计职业道德品质，履行会计职业道德义务的活动。会计职业道德教育是使外在的会计职业道德规范转化为会计人员的内在品质和行为的有效途径，它根据会计工作的特点，用会计职业道德对会计人员进行灌输和施加影响，使会计职业道德和优秀的会计职业传统深入会计人员的心中，提高会计人员在会计工作中的职业道德水平。会计职业道德教育是对会计人员的一种外在的影响和督促，是会计工作的主管部门、会计职业的管理机构等对会计人员进行职业教育的一项基本内容。

二、会计职业道德教育的形式

（一）接受教育

接受教育即外在教育，是指通过学校或培训单位对会计人员进行以职业责任、职业义务为核心内容的正面灌输，以规范其职业行为，维护国家和社会公众利益的教育。接受教育具有导向作用，对职业道德教育的组织者来说，接受教育是主动开展正面教育和灌输，对会计人员则是被动学习、被动接受教育。

（二）自我修养

自我修养即内在教育，它是一种自我学习、自身道德修养的行为活动。著名教育家叶圣陶所说的“教是为了不教”，也就是实现由接受教育到自我教育的过程。把外在的会计职业道德的内容要求，逐步转变为会计人员内在的职业道德认识，会计职业道德情感、会计职业道德意志和会计职业道德信念，要通过内在的自我教育才能实现。要大力提倡和引导会计人员自我教育，在社会实践中不断地加强职业道德修养，养成良好的道德行为，从而实现道德境界的升华。

三、会计职业道德教育的内容

（一）会计职业道德观念教育

普及会计职业道德基础知识，是会计职业道德教育的基础。要广泛宣传会计职业道德基本常识，树立会计职业道德观念，了解会计职业道德对社会经济秩序、会计信息质量的影响，以及违反会计职业道德将受到的惩戒和处罚。把会计职业道德教育同社会教育、学校教育、家庭教育结合起来，形成会计人员遵守职业道德光荣，不遵守职业道德可耻的社会氛围。

（二）会计职业道德规范教育

会计职业道德规范教育是指对会计人员开展以会计职业道德规范为内容的教育。以爱岗敬业、诚实守信、廉洁自律、客观公正、坚持准则、提高技能、参与管理和强化服务为主要内容的会计职业道德规范是会计职业道德教育的核心内容，并贯穿于会计职业道德教育的始终。

（三）会计职业道德警示教育

会计职业道德警示教育是指通过开展对违法会计行为典型案例的讨论，给会计人员以启示和警示。根据不同的教育对象，选择一些违法会计行为的典型案例和违反会计职业道德的典型案例，开展广泛、深入的讨论，从而提高会计人员的法律意识和会计职业道德观念，提高会计人员辨别是非的能力。

（四）其他教育

其他与会计职业道德相关的教育主要有形势教育、法制教育、政策教育、反腐斗争教育、品德教育等。通过这些教育形式，会计人员可以了解国家政治、经济、科技发展形势，把握会计工作和理论发展趋势，以增强职业责任感和社会责任感。

四、会计职业道德教育的途径

（一）接受教育的途径

1. 岗前职业道德教育

岗前职业道德教育是指对将要从事会计职业的人员进行的道德教育，它一般是指会计专业学历教育中的职业道德教育。教育的侧重点应放在职业观念、职业情感及职业规范等方面。

《新时代公民道德建设实施纲要》指出：“学校是公民道德建设的重要阵地。要全面贯彻党的教育方针，坚持社会主义办学方向，坚持育人为本、德育为先，把思想品德作为学生核心素养、纳入学业质量标准，构建德智体美劳全面培养的教育体系。”在我国大专院校会计类专业就读的学生，以后大部分将加入会计队伍，从事会计工作，是会计队伍的预备人员。会计学历教育的阶段是他们的会计职业情感、道德观念和是非善恶判断标准初步形成的时期，在会计学历教育中开展会计职业道德教育，可以促使会计队伍预备人员将会计职业道德要求转化为内在的会计职业道德品质，把会计职业道德规范变成未来职业活动中遵循的信念和标准，从而对潜在的会计人员职业道德水准起着基础性作用。所以，开设会计类专业的大专院校是会计职业道德教育的重要阵地，是会计人员岗前道德教育的主要场所，在会计职业道德教育中具有基础性地位。我国每年有几十万名大中专毕业生加入会计队伍的行列。为保证进入会计队伍的新鲜血液具有良好的职业道德观念，会计职业道德教育必须从会计学历教育抓起。

2. 岗位职业道德继续教育

岗位职业道德继续教育是对已进入会计职业的会计人员进行的继续教育。会计人员继续教育是强化会计职业道德教育的有效形式。

会计职业道德教育应贯穿于整个会计人员继续教育的始终，在职业道德继续教育中应体现出社会经济的发展变化对道德的要求，也就是说在不同的阶段，道德教育的侧重点应有所不同。就现阶段而言，会计人员继续教育中的会计职业道德教育目标是适应新的市场经济形势的发展变化，在不断更新、补充、拓展会计人员业务能力的同时，使其政治素质、职业道德水平不断提高，具体包括以下内容：

（1）形势教育。形势教育的重点是要贯彻“以德治国”的重要思想和“诚信为本，操守为重，坚持准则，不做假账”的指示精神，通过形势教育，让会计人员了解国家政治、经济、科技发展形势，正确理解党的路线、方针、政策，把握会计工作和理论的发展趋势，踏实做好本职工作，进一步全面、系统地加强会计职业道德培训，提高广大会计人员的政治水平和思想道德意识。

（2）品德教育。品德教育主要包括会计职业信念教育、会计职业业务教育、会计职业荣誉教育、会计职业尊严教育和会计职业节操教育。教育的重点是引导会计人员自觉地用会计职业道德规范指导和约束自身的行为，提高职业道德自律能力，最终形成良好的、稳定的道德品行。

（3）法制教育。教育的重点是引导会计人员熟悉并了解不同历史时期的会计法律法规，学会运用法律的手段处理会计事务。

（二）自我修养的途径

1. 慎省慎微

“慎省”，就是认真自省，即通过自我反思、自我剖析、自我总结而发扬长处、克服短处，从而实现自我升华，自我超越。古人云，“吾日三省吾身”，就是“内省”的修养法则。“慎微”，就是指在微处、小处自律，从微处、小处着眼，积小善成大德。

2. 慎独慎欲

“慎独”，即在一个人单独处事、无人监督的情况下，仍能坚持道德准则，自觉地按照道德准则去办事，不做任何对国家、对社会、对他人不道德的事情。“慎欲”，是会计人员要控制私欲，用正当的手段获得物质利益。会计人员要把国家、社会公众和集体利益放在首位，在追求自身利益的时候，不损害国家和他人利益。

3. 自警自励

“自警”，就是要随时警醒、告诫自己，要警钟长鸣，防止各种不良思想对自己的侵蚀。“自励”，就是要以崇高的会计职业道德理想、信念激励自己、教育自己。

练习题

在线测试5－3

第四节　会计职业道德建设组织与实施

会计职业道德建设是一项复杂的系统工程，要抓好会计职业道德建设，关键在于加强和改善会计职业道德建设的组织和领导，并使其得到切实贯彻和实施。各级财政部门、会计职业团体、机关和企事业单位要充分认识到加强会计职业道德建设对于促进社会经济健康发展的重要意义，积极探索会计职业道德建设组织与实施的制度和机制，齐抓共管，保证会计职业道德建设的各项任务和要求的切实贯彻和实施。

一、财政部门的组织推动

财政部门应组织和推动会计职业道德建设，依法行政，探索会计职业道德建设的有效途径和实现形式。各级财政部门应当根据会计法律制度，积极探索将会计职业道德建设与会计从业人员管理相结合的机制，逐步完善会计从业人员的资格准入、考核、奖惩、培训、退出等制度。各地在组织开展会计人员继续教育的过程中，要将会计职业道德作为一项重要内容，通过组织一定学时的继续教育，使会计人员了解和掌握会计职业道德的主要内容。

（一）采用多种形式开展会计职业道德宣传教育

加强会计职业道德建设，是当前会计队伍建设和会计秩序建设的一项重要任务，需要各方面的配合，应有计划、有步骤地开展会计职业道德的宣传教育工作，要结合本地区的实际情况，制定切实可行的宣传教育方案，采取灵活多样的宣传形式，如举办会计职业道德演讲会、有奖知识竞赛、征文、专题研讨等活动引导广大会计人员积极参与会计职业道德教育活动，要充分利用广播、电视、网络、报刊等媒体，广泛宣传遵守会计职业道德的先进典范，弘扬正气，树立诚实守信等会计新风尚，在全社会营造会计职业道德建设的良好氛围。

（二）会计职业道德建设与会计专业技术资格考评、聘用相结合

我国《会计专业技术资格考试暂行规定》及其实施办法规定，报考初级资格、中级资

格的会计人员，应坚持原则，具备良好的职业道德品质。会计专业技术资格考试管理机构在组织报名时，应对参加报名的会计人员职业道德情况进行检查。对有不遵循会计职业道德记录的，应取消其报名资格。

目前我国有不少地方已开始试行高级会计师资格考试与评审相结合的方式，在考试和评审两个方面对其会计职业道德进行检查、考核。一是在考试方面，考虑到职业道德对高级会计师的重要性，有必要增设职业道德的内容，从理论上加深其对会计职业道德的理解和认识。二是在评审方面要对申报人的会计职业道德情况严格审查。此外，还规定一些关于职业道德规范的否决条款。比如，申报人曾因违法犯罪行为而受过刑事处罚，则不能参加高级会计师资格的评审等。

将会计职业道德奖惩与会计专业技术资格的考、评、聘联系起来，必将使广大会计人员像重视自己的专业技术职称一样重视自己的职业道德形象，在日常的学习和工作中不断提高自身的职业道德修养。

（三）会计职业道德建设与会计法执法检查相结合

财政部门作为《会计法》的执法主体，可以依法对社会各单位执行会计法律制度的情况及会计信息质量进行不同形式的检查或抽查。通过检查，一方面督促各单位严格执行会计法律法规，另一方面也是对各单位会计人员遵守会计职业道德规范的情况的检查和检验。

违反《会计法》的行为，同时也一定是违反了会计职业道德要求的行为。会计人员若存在这种行为，不仅要承担《会计法》规定的法律责任，受到行政处罚或刑事处罚，同时还必须接受相应的道德制裁，可以在会计行业范围内通报批评、指令其参加一定学时的继续教育课程、在行业内部的公开刊物上予以曝光等。法律惩罚和道德惩罚两者是并行不悖、不可替代的，应同时并举。

（四）会计职业道德建设与会计人员表彰奖励制度相结合

《会计法》规定：“对认真执行本法，忠于职守，坚持原则，做出显著成绩的会计人员，给予精神的或物质的奖励。”因此，在对违反会计职业道德的行为进行惩戒的同时，还应对自觉遵守会计职业道德的先进人物进行表彰。实践中的大量事实表明，奖励和惩罚相结合的方法优于只奖不罚或只罚不奖。赏罚结合可以带来双重的激励效果。

对会计人员的表彰奖励应注意将物质奖励和精神激励有机结合起来，具体可以采用给予一定数额奖金、晋升工资、授予荣誉称号、颁发荣誉证书等方式，并通过大众媒体予以广泛宣传。我国会计人员的庞大队伍中蕴藏着许许多多先进人物和动人事迹。在会计职业道德建设中，应善于发现典型、树立榜样。通过对优秀会计工作者进行表彰、奖励，营造抑恶扬善的环境，从而在潜移默化中提高全体会计人员的职业道德素质。

二、会计行业的自律

会计职业道德的建设，除了依靠财政部门的组织推动外，行业自律也是一种重要手段。会计行业自律是一个群体概念，是会计职业组织对整个会计职业的会计行为进行自我约束、自我控制的过程。会计职业组织起着联系会员与政府的桥梁作用，应充分发挥协会等会计职业组织的作用，改革和完善会计职业组织自律机制，有效发挥自律机制在会计职业道德建设中的促进作用。

在日常会计工作中，经常发生一些虽然没有触犯法律，但违反了会计职业道德要求的做法。在会计行业自律组织比较健全的情况下，可以由职业团体通过自律性监管，对发现的违反会计职业道德规范的行为进行相应的惩罚，根据情节轻重采取通报批评、罚款、取消其会员资格、警告、退回向客户收取的费用、参加后续教育等方式。

近些年来，我国正在逐步完善会计职业的行业自律机制，加大对违反会计职业道德的会计人员和会计师事务所的惩处力度，并取得了一定进展。中国注册会计师协会作为注册会计师行业自律组织，先后发布了《中国注册会计师职业道德基本准则》《中国注册会计师职业道德规范指导意见》《注册会计师行业诚信建设纲要》等。由于我国会计职业组织建立比较晚，自律性监管相对薄弱，因而在注册会计师职业道德规范的实施与惩戒过程中仍存在一些问题。这就要求注册会计师职业组织从行业整体利益和社会责任出发，切实改进管理和服务，把行业建设好。

三、企事业单位的内部监督

作为会计主体的企事业单位，是做好会计职业道德建设的最基础环节。会计人员职业道德建设的好与差，其所在单位是最直接的受益者或受害者。因此，企事业单位要任用合格的会计人员，开展会计人员职业道德教育，建立和完善内部控制制度，形成内部约束机制，防范舞弊和经营风险，支持并督促会计人员遵循会计职业道德，依法开展会计工作。

首先，单位负责人要切实抓好会计职业道德建设。《会计法》规定，单位负责人对本单位的会计工作真实性和完整性负责。因此，单位负责人必须重视和加强本单位会计人员的职业道德建设，选择任用业务素质高、职业道德好、无不良记录的人员从事会计工作。其次，要根据会计职业道德规范要求，结合本系统、本行业的特点，有针对性地制定具体的会计职业道德规范，并开展宣传教育，抓好督促落实。

四、社会各界的监督与配合

加强会计职业道德建设，既是提高广大会计人员素质的一项基础性工作，又是一项复杂的社会系统工程。它不仅是某一个单位、某一个部门的任务，也是各地区、各部门、各单位的共同责任。《新时代公民道德建设实施纲要》指出："各级党委和政府要担负起公民道德建设的领导责任，将其摆上重要议事日程，纳入全局工作谋划推进，有机融入经济社会发展各方面。纪检监察机关和组织、统战、政法、网信、经济、外交、教育、科技、卫生健康、交通运输、民政、文化和旅游、民族宗教、农业农村、自然资源、生态环境等党政部门，要紧密结合工作职能，积极履行公民道德建设责任。发挥基层党组织和党员在新时代公民道德建设中的战斗堡垒作用和先锋模范作用。工会、共青团、妇联等群团组织，各民主党派和工商联，要积极发挥自身优势，共同推动公民道德建设。"因此，加强会计职业道德建设，不仅各级党组织要管，各级机关、群众组织等也要管。只有重视和加强各级组织、广大群众和新闻媒体的监督作用，齐抓共管，形成合力，才能有效地搞好会计职业道德建设，更好地提高广大会计人员的思想道德素质。

各有关部门和单位要关心、支持会计职业道德建设，根据会计职业道德规范的要求，结合本系统、本行业的特点，有针对性地制定具体的会计职业道德规范，并开展宣传教育，抓好督促落实。

良好的会计职业道德风尚的树立，离不开社会舆论的支持和监督。一些会计造假案被发现，媒体的追踪报道功不可没。强化舆论监督，有利于在全社会形成诚实守信的氛围。要以新闻媒体为阵地，广泛开展会计职业道德的宣传教育，使社会各界了解会计职业道德规范的内容，促进良好的会计职业道德深入人心。要在全社会会计人员中倡导诚信为荣、失信为耻的职业道德意识，引导会计人员加强职业修养。要通过会计职业道德建设中正反典型的宣传，弘扬正气，打击歪风。要通过强化舆论监督，使各部门、各行业、各会计职业组织和社会各界积极行动起来，齐抓共管，共同做好会计职业道德建设。

练习题

在线测试 5-4

第五节 会计职业道德的检查与奖惩

为了建立健全会计职业道德体系，充分发挥会计职业道德的作用，建立职业道德规范，加强职业道德教育的基础，对会计从业人员的职业道德规范遵循情况进行检查，并根据检查结果进行相应的表彰、奖励和惩罚，建立健全会计职业道德检查和奖惩机制，这是会计职业道德整治的一个重要组成部分。

一、会计职业道德检查与奖惩的意义

（一）促使会计人员遵守职业道德规范

奖惩机制利用人类趋利避害的特点，以利益的给予和剥夺为砝码，对会计人员起着引导和威慑的作用，使会计行为主体不论出于何种动机，都必须遵循会计职业道德规范，否则将受到相应的惩罚或谴责。

（二）裁决与教育作用

会计职业道德的检查与奖惩，可以对各种会计行为的对错作出裁决，而且鞭笞违反道德的行为，褒奖那些符合职业道德要求的行为，并使其发扬光大。因此，会计职业道德的检查与奖惩不仅具有道德法庭的作用，而且对会计人员具有深刻的教育作用。

（三）形成抑恶扬善的社会环境

就道德规范自身特点而言，它主要是依靠传统习俗、社会舆论和内心信念来维系的。这种非刚性的特征也就决定了它的落实、实施还必须借助政府部门的行政监管、职业团体的自律性监管和企事业单位内部纪律等外在硬性他律机制。只有这样，才能有效地发挥道德规范潜在的裁判和激励效力。

二、会计职业道德检查与奖惩机制

（一）财政部门的监督检查

根据我国《会计法》的规定，财政部门是会计工作的行政管理部门。利用财政部门的行政管理职能等资源，开展对会计职业道德的监督检查，是十分有效的。财政部门要将会计法执法检查与会计职业道德相结合，将会计专业技术资格考评、聘用与会计职业道德检查相结合，引导建立健全会计职业道德检查与奖惩机制。

（二）会计行业组织的自律管理与约束

在经济生活中，大量违反会计职业道德的行为并没有违反会计法律、法规，对于这种情况，应对其行为进行道德谴责和行业处罚，这对于建立健全我国会计职业道德检查与奖惩机制有十分重要的意义。在会计行业中，对违反职业道德规范的行为，应由行业协会根据情节轻重，进行通报批评、罚款、取消会员资格、警告、退回客户收取的费用、参加教育等处理。

（三）建立激励机制

1985 年 1 月，新中国第一部《会计法》规定：“对认真执行本法，忠于职守，坚持原则，作出显著成绩的会计人员，给予精神的或物质的奖励。”

1988 年 6 月，财政部印发的《颁发会计人员荣誉证书试行规定》，为在会计工作满 30 年的会计人员颁发《会计人员荣誉证书》。

为了鼓励会计人员热爱和做好本职工作，增强会计人员的职业荣誉感，表彰他们献身会计事业，为社会主义建设做贡献，财政部先后于 1990 年、1995 年组织了两次全国先进财会工作集体和先进工作者表彰大会，共评选出全国先进会计工作者 900 名。

为了评选表彰在社会主义市场经济中作出突出业绩和重大贡献的先进会计工作者，树立当代会计工作者楷模，塑造会计行业良好形象，激励广大会计工作者崇尚诚信、依法理财、锐意创新、敬业奉献，2007 年 4 月财政部印发《全国先进会计工作者评选表彰办法》，有多名会计工作者获得表彰，2019 年有 100 名会计工作者获评“全国先进会计工作者”。

上述规定，对我国会计职业道德建设起到了极大的推动作用，弘扬了正气，激励了先进，鞭策了落后。但是，这些都是不定期的，没有形成一套定期的、规范化的表彰制度。为此，各级政府及其财政部门、各单位可以依法建立健全会计职业道德激励机制，对会计人员遵守职业道德情况进行考核和奖惩。

练习题

在线测试 5－5

财经素养专栏

会计名家

财经素养融入点

1. 学习会计名家执着求真、勇于创新、独树一帜的工匠精神。

2. 以会计名家率先垂范的工作作风、诲人不倦的高尚情操、宽厚慈爱的长者风范为榜样，以立德树人铸就教育之魂。

3. 树立爱岗敬业、乐于奉献、勇于实践的职业理念。

4. 弘扬中华优秀传统文化，发扬开拓创新精神，推动中国会计国际化进程。

参考文献

[1] 丁增稳．财经法规与会计职业道德．5版．北京：中国人民大学出版社，2023.

[2] 财政部会计资格评价中心．经济法基础．北京：经济科学出版社，2024.

[3] 财政部会计资格评价中心．经济法．北京：中国财政经济出版社，2024.

[4] 中国注册会计师协会．经济法．北京：中国财政经济出版社，2024.

[5] 侯永斌．《经济法基础》应试指南．北京：正保会计网校，2024.

[6] 张倩．《经济法》应试指南．北京：正保会计网校，2024.

[7] 王妍荔．《经济法》应试指南．北京：正保会计网校，2024.

[8] 财政部中国财经出版传媒集团．经济法五年真题详解．北京：中国财政经济出版社，2024.

[9] 丁增稳．纳税实务．北京：高等教育出版社，2023.

[10] 中华人民共和国会计法．上海：立信会计出版社，2024.

[11] 王红云．财经法规与会计职业道德．北京：中国人民大学出版社，2022.

附录　模拟题

模拟题 A

模拟题 B